ÉTUDE

SUR LES

PRIVILÈGES ET HYPOTHÈQUES

ÉTUDE

SUR LES

PRIVILÈGES ET HYPOTHÈQUES

ACCORDÉS

A L'ÉTAT, AUX COMMUNES ET AUX ÉTABLISSEMENTS PUBLICS

SUR LES BIENS DE LEURS COMPTABLES

PRÉCÉDÉE

D'UN ESSAI SUR LE PRIVILÉGE DU FISC

DANS LA LÉGISLATION ROMAINE

PAR

CH. DU BOYS

Avocat à la Cour d'appel,
Docteur en droit.

PARIS

IMPRIMERIE DE LA SOCIÉTÉ DE TYPOGRAPHIE

NOIZETTE, DIRECTEUR

8, RUE CAMPAGNE-PREMIÈRE, 8

1883

INTRODUCTION

La loi du 5 septembre 1807 et les articles 2098 et 2121
§ 3 du Code civil ne sont pas des innovations des législateurs modernes. Les dispositions qu'ils édictent contre
les comptables se trouvaient déjà contenues dans la législation ancienne qui, en ces matières, avait elle-même adopté
les principes du droit romain. Pour bien comprendre les
lois précitées, il faut donc remonter à notre ancien droit et
à la législation romaine. C'est cette étude que nous allons
chercher à effectuer, en nous attachant particulièrement à
faire ressortir les modifications qui furent apportées aux
principes aux différentes époques.

A Rome, les comptables publics ne furent jamais, au point
de vue des garanties à fournir, soumis à des règles spéciales :
on leur appliquait le droit commun qui régissait alors les débiteurs du Trésor. Nous aurons donc à rechercher quel était
ce droit commun.

Pendant la République, nous trouverons tout d'abord, sous
le nom de *jus prœdiatorum,* une législation compliquée et
mal connue, qui ne survécut guère à l'*œrarium,* pour lequel
elle avait été créée. Mais c'est seulement sous l'Empire que
s'établirent les principes qui devaient plus tard passer dans

la législation moderne. Nous verrons comment le fisc, d'abord réduit à la condition des simples créanciers ordinaires, en sortit bientôt, grâce aux tendances fiscales des empereurs et des jurisconsultes, et finit par obtenir une hypothèque tacite qui, à l'époque d'Hermogénien, garantissait presque toutes ses créances, et nous chercherons à montrer que cette hypothèque n'eut jamais à Rome le caractère d'hypothèque privilégiée.

Toutefois nous verrons que, par suite d'une fausse interprétation d'un passage d'Ulpien, la jurisprudence en France accorda au roi, dès la fin du XVIe siècle, un privilège sur les biens de ses comptables. Ce privilège, législativement consacré par l'ordonnance du 13 août 1669, était alors fondé sur une présomption légale de fraude ; nous nous efforcerons de prouver qu'il n'en est plus de même aujourd'hui.

Nous rechercherons de même l'origine de l'hypothèque accordée aux communes et aux établissements publics par l'article 2121 du Code civil. Sous la République romaine, les cités avaient joui, sur les biens de leurs débiteurs, des mêmes avantages que l'*ærarium*. Cette assimilation disparut avec le *jus prædiatorum* car aucun texte n'accorda d'une manière générale une hypothèque tacite aux cités. Aussi, pendant longtemps, les villes furent-elles reléguées, à ce point de vue, dans la catégorie des créanciers ordinaires. Nous montrerons comment, vers la fin du XVIIe siècle, leur qualité d'incapables leur fit reconnaître une hypothèque qui, assimilée d'abord à celle du mineur, se rapproche aujourd'hui, à beaucoup de points de vue, de celle de l'État.

Enfin nous terminerons notre travail en commentant la loi du 5 septembre 1807, ainsi que les articles 2098 et 2121

§ 3 du Code civil, et en cherchant à résoudre quelques-unes des difficultés que leur interprétation soulève.

Tel est le plan général de cette étude. Toutefois, comme beaucoup des questions que nous aurons à traiter dans la première partie se trouvent intimement liées à l'organisation financière des Romains, nous essaierons de présenter en quelques pages un tableau résumé de l'administration des finances romaines aux différentes époques.

DROIT ROMAIN

CHAPITRE PRÉLIMINAIRE

APERÇU SUR L'ADMINISTRATION FINANCIÈRE DES ROMAINS

I. — Période royale et républicaine.

Dans le principe, les rois exercèrent à Rome un pouvoir presque absolu. Ils administrèrent les finances comme tout le reste de l'État. Malgré le petit nombre des documents qui nous sont parvenus sur cette époque, on peut affirmer que, seuls, ils avaient le pouvoir d'établir les impôts, de faire exécuter les dépenses et de disposer du domaine public.

Servius Tullius, il est vrai, soumit à la sanction du peuple les règles relatives à l'organisation du cens et du tribut ; mais l'importance tout exceptionnelle de ces lois, destinées à modifier profondément la constitution politique de l'État, suffit pour expliquer une exception qui ne se reproduisit jamais jusqu'à la chute de la royauté.

D'ailleurs, les impôts avaient alors une très faible importance. Les revenus de l'*ager publicus* et des *pascua* (1)

---

1. Pâturages publics où les propriétaires pouvaient envoyer leurs troupeaux, moyennant l'acquittement d'une taxe.

suffisaient presque complètement à l'acquittement des charges publiques qui se réduisaient à peu près aux dépenses du roi et aux frais du culte.

L'armée était alimentée au moyen d'une taxe spéciale perçue, jusqu'à Servius Tullius, sous forme de capitation, et transformée ensuite en un impôt proportionnel qui frappait les six premières classes de citoyens seulement. Presque tous les soldats servant à leurs frais, cette taxe était peu élevée. Le montant même en était remboursé, quand le butin suffisait pour payer l'expédition. Elle ne pesait donc, en réalité, d'aucun poids sur le peuple.

L'avènement de la République modifia profondément cette organisation. Le mécontentement causé par l'établissement de plusieurs impôts arbitraires, avait puissamment contribué à la révolte qui amena l'expulsion des Tarquins. Le Sénat en profita pour accaparer, dans l'ordre de choses nouveau, l'autorité absolue en matière financière, et la garda soigneusement dans la suite.

Dès lors les impôts furent établis et perçus en vertu de sénatus-consultes, et les dépenses ne purent être faites que d'après les mômos actes. Si, conformément à l'ancienne coutume royale, les consuls, représentant le pouvoir exécutif, pouvaient encore puiser dans les caisses de l'État sans s'y faire autoriser, ce droit d'initiative ne leur était laissé que quand ils se trouvaient dans Rome, c'est-à-dire sous la surveillance du Sénat. Celui-ci, d'ailleurs, en refusant de ratifier la dépense, restait toujours maître de la laisser à la charge de celui qui l'avait ordonnée ; et l'on vit, pendant la seconde guerre Punique, Fabius Maximus lui-même obligé de vendre jusqu'à son dernier champ, pour acquitter la rançon de captifs qu'il avait rachetés sans ordres.

En dehors de certaines dépenses peu importantes et

fixées invariablement par la coutume ou les rites religieux, telles que l'entretien des chevaux curules ou des animaux sacrés, le Sénat avait donc l'absolue disposition des finances de la République. Il fixait seul les sommes allouées aux consuls et aux généraux pour les expéditions militaires; il arrêtait toutes celles exigées pour l'accomplissement des différents services publics, cultes, jeux, routes, travaux publics; enfin il disposait à sa guise du produit des impôts en nature levés sur les provinciaux, qui constituaient alors une des parts les plus importantes des revenus publics. En ces matières, le peuple n'avait qu'un seul droit, celui de ne pas voter les expéditions qu'on lui proposait, et de repousser ainsi indirectement les impositions extraordinaires qu'elles auraient entraînées.

Cependant les plébéiens réclamèrent rarement contre cette compétence exclusive du Sénat. La raison de ce silence est la même que pendant la période royale; les charges publiques ne pesaient pas alors sur le peuple. Les revenus de l'*ager publicus* et les contributions imposées aux vaincus suffisaient presque complètement aux dépenses de l'État, et le *tributum ex censu*, qui ne fut d'ailleurs qu'une contribution extraordinaire et très minime, ne frappait guère que les citoyens aisés, dont les intérêts se confondaient avec ceux de l'ordre sénatorial. Pendant la République, on ne connaît qu'un seul exemple d'impôt établi par le peuple : ce fut en 357 avant Jésus-Christ. Les Légionnaires cantonnés alors à Sutrium, sous les ordres du consul Manlius, se réunirent en comices et votèrent une taxe d'un vingtième sur les affranchissements pour la création d'un trésor de réserve. Le Sénat comprit la gravité de cette innovation; il ratifia l'impôt, mais prononça la peine de mort contre quiconque ferait à l'avenir voter un impôt hors de Rome, et conserva par ce moyen sa suprématie financière jusqu'à la fin de la République.

Sous sa haute direction, les recettes et les dépenses étaient effectuées par les divers magistrats. Les consuls en furent d'abord seuls chargés ; mais bientôt, à une date qu'on ne saurait fixer avec précision, mais qui est certainement antérieure à l'année 440 avant Jésus-Christ, les questeurs leur enlevèrent l'administration du Trésor (*ærarium*), et devinrent les véritables comptables de la République.

Vers la même époque, la création des censeurs fit perdre également aux consuls toutes les attributions relatives à l'assiette et à la perception des impôts, ainsi que la direction des travaux publics. Au commencement du IVe siècle, l'administration des finances se trouvait donc partagée entre trois magistrats : les consuls, les censeurs et les questeurs, et on peut dire qu'elle était dès lors constituée, telle qu'elle devait subsister jusqu'à l'avènement d'Auguste.

Les revenus comprenaient les produits du domaine et les impôts. Ceux-ci étaient divisés en deux catégories, présentant certaines analogies avec nos impôts directs et indirects. Tous les cinq ans, à leur entrée en charge, les censeurs opéraient un recensement général de la fortune de tous les citoyens, d'après les déclarations faites par chacun d'eux, en présence du curateur de la tribu. Ce recensement servait de base à la fois pour la détermination du *tributum* individuel, et pour l'inscription du contribuable dans telle ou telle classe de citoyens. Comme l'influence politique de chacun se trouvait alors fixée par le cens payé, les déclarations trop faibles n'étaient pas à craindre, et on arrivait ainsi très facilement à une exacte répartition de l'impôt.

Le montant des rôles ainsi arrêtés, était recouvré, suivant les uns, par les questeurs et servait à couvrir les dépenses de l'armée. Suivant les autres, il aurait été perçu par les curateurs des tribus, ou les *tribuni ærarii*, qui payaient directement les troupes et versaient périodiquement les excédents de recettes à l'*ærarium*. Dans tous les cas, c'est certainement aux questeurs qu'il appartenait de poursuivre les contribuables en retard, et il était interdit aux consuls et aux censeurs, sous peine de péculat ou de l'action *residuæ*, d'effectuer par eux-mêmes aucune recette.

Outre le *tributum ex censu*, la République avait, sous le nom de *vectigalia*, diverses autres ressources, dont les principales étaient les droits de douane dans les ports d'Ostie et de l'Italie, les droits de péages, les produits des mines et salines appartenant à l'État, etc. ; enfin, les revenus de l'*ager publicus* et des *pascua*.

Tout autre était le mode de perception de ces taxes. Elles n'étaient pas recouvrées directement par les agents de l'État; les censeurs les affermaient aux enchères publiques, à des sociétés de capitalistes, nommés publicains, qui les percevaient à leur profit, moyennant une annuité fixe, versée périodiquement au Trésor. Des cahiers de charges, soumis à l'approbation du Sénat, réglaient les conditions des marchés qui pouvaient être résiliés lorsque les adjudicataires manquaient à leurs obligations. Les adjudications étaient entourées d'une grande publicité. Elles avaient lieu au forum, en présence des questeurs, qui demeuraient gardiens des titres et chargés d'exiger les versements aux échéances indiquées, de poursuivre les fermiers retardataires et de donner quittance aux autres.

Enfin, à toutes ces ressources de l'*ærarium*, il faut encore ajouter la *vicesima manumissionum*, les tributs et contributions de guerre payés par les vaincus, et divers autres revenus perçus par les questeurs, tels que le produit de la vente du butin, et de certaines portions du domaine public, qu'on adjugeait aux enchères, en vertu d'ordres du Sénat.

La perception des impôts n'exigeait donc à Rome, qu'un personnel excessivement restreint. Les censeurs et les questeurs, aidés d'un certain nombre de scribes, y suffisaient facilement. L'exécution et le payement des différents services publics présentaient la même simplicité. A leur entrée en charge, le Sénat mettait à la disposition des censeurs une portion des recettes. Ceux-ci, après avoir pourvu sur ces crédits à certaines dépenses indispensables, comme les payements des fournitures faites à l'État, l'entretien des esclaves publics, les dépenses des animaux sacrés et des chevaux curules (1), demeuraient pleinement libres d'employer le surplus en grands travaux publics, auxquels ils attachaient leur nom.

De leur côté, les consuls opéraient de même pour tout ce qui concernait l'armée et la flotte. Nous avons vu, qu'à l'origine, ils pouvaient, dans l'intérieur de Rome, disposer du Trésor sans l'autorisation expresse du Sénat. Mais cette prérogative présentait pour eux de si grands dangers, qu'ils y renoncèrent bientôt, et qu'à l'exemple des censeurs, ils prirent vite l'habitude de faire approuver à l'avance toutes les dépenses qu'ils engageaient.

Ils n'étaient, du reste, pas chargés seulement de l'administration militaire ; en l'absence des censeurs, ils exerçaient également toutes les attributions de ceux-ci ; cela arrivait fréquemment. En effet, fixée d'abord à cinq ans, la durée de la censure fut bientôt, on ne sait pourquoi, réduite par la coutume à dix-huit mois. Or, comme on continua à n'élire des

1. On désignait ainsi les chevaux employés au service de certains magistrats supérieurs.

censeurs nouveaux que tous les cinq ans, il s'écoula toujours, entre deux magistratures consécutives, un intervalle pendant lequel les consuls se trouvèrent investis des fonctions censoriales. Ainsi s'explique l'analogie qui exista dès lors entre les formes employées par ces deux sortes de magistrats, et qui ne tarda pas à devenir presque complète.

A côté des censeurs et des consuls, les édiles prenaient également part à l'administration de la fortune publique. A leur entrée en fonction, le Sénat leur faisait remettre les fonds qu'il destinait aux jeux, aux édifices et aux dépenses municipales. Ceux-ci les conservaient dans une caisse particulière et les employaient comme ils le jugeaient convenable. Du reste, les sommes qui leur étaient allouées étant presque toujours insuffisantes, un usage constant les obligeait à ajouter le surplus de leurs deniers personnels. En revanche, une indépendance très grande leur fut toujours laissée dans leur administration.

Sous la direction de ces divers magistrats, les services publics n'étaient pas, comme chez les modernes, exécutés directement par les agents de l'État et pour son compte. Toutes les fournitures, tous les travaux, toutes les entreprises à accomplir pour la République, tant à l'intérieur qu'aux armées, étaient adjugés au rabais, dans les mêmes formes que les fermages des impôts. Par ces marchés, l'adjudicataire s'engageait à exécuter le service à ses risques et périls, moyennant un prix fixé à l'avance et payable, soit à des échéances déterminées, soit après l'achèvement de l'entreprise.

Ces payements n'étaient effectués que par les questeurs, en vertu de mandats délivrés par les censeurs et les consuls, et appuyés de pièces justificatives. En principe, les questeurs devaient satisfaire à tous les ordres de payement émanés des consuls ; quant aux ordonnances des censeurs, elles ne pouvaient être acquittées que dans la limite des crédits ouverts par le Sénat. Du reste, certaines précautions étaient prises contre les falsifications de mandats. Tous devaient être soumis à une commission de scribes, chargés de les vérifier. On pouvait même différer le payement jusqu'à ce que des témoins vinssent certifier la sincérité de la créance et l'identité de la partie prenante. Parfois même les questeurs ne se contentaient pas de simples témoins, et l'on voit dans Plutarque, Caton d'Utique exiger que les consuls se rendent en personne à l'*ærarium* pour affirmer par serment la dette de l'État. Bien plus, en cas de doute, tout questeur avait le droit d'opposer provisoirement son *veto* au payement du mandat par ses collègues.

Même en l'absence de toute contestation les créanciers de l'Etat n'étaient payés qu'après un assez long délai. L'*ærarium* était fermé pendant tous les jours néfastes, et l'on sait combien ils étaient nombreux à Rome ; en outre l'insuffisance des rentrées obligeait parfois à ajourner les payements ; aussi, afin d'éviter les fraudes, avait-on décidé que les mandats ne pourraient être acquittés qu'en suivant l'ordre de leur émission. Malgré cela, à l'époque de Caton, les passe-droits étaient nombreux et un désordre très grand régnait dans l'administration financière.

Les questeurs étaient donc les véritables ministres du Trésor romain. A ce titre, ils tenaient des comptes détaillés de toutes leurs opérations. Comme les particuliers ils avaient des *adversaria* et un *codex* sur lesquels ils enregistraient toutes leurs recettes et leurs dépenses, ainsi que toutes les créances de la République contre ses débiteurs. Cette dernière inscription n'était pas, comme on pourrait le croire, une simple mesure d'ordre; elle constituait un véritable contrat *litteris* créant une cause civile d'obligation. Une novation intervenait, et dès lors la dette n'existait plus en vertu du contrat primitif, mais en vertu de l'inscription qui formait le titre réel de l'État. Les conséquences de ce fait furent nombreuses, et nous aurons l'occasion d'en étudier plusieurs dans la suite de ce travail. Enfin les questeurs avaient la garde de toutes les matières et denrées appartenant à l'État et provenant soit d'achats, soit de contributions imposées aux citoyens, aux alliés ou aux vaincus.

Pour les aider dans ces attributions si diverses, ils avaient sous leurs ordres un nombre considérable d'esclaves publics et de scribes. Ces derniers formaient un véritable corps d'employés attachés à l'*ærarium* et chargés de préparer le travail et d'assurer toutes les parties du service. Tout commerce leur était interdit, mais en revanche ils recevaient un traitement, et leurs charges, bien que révocables au gré du Sénat, pouvaient être cédées par eux à titre onéreux. Cette organisation ne tarda pas à donner lieu à de nombreux abus. Restant longtemps en fonctions, et étant très au courant de tous les détails de l'administration, les scribes profitèrent souvent de la jeunesse et de l'inexpérience des questeurs pour faire peser sur eux un véritable despotisme et se livrer, sous leur nom, à toutes sortes de malversations qui décidèrent Auguste à supprimer la questure.

Nous n'avons jusqu'ici parlé que de l'administration financière de la ville de Rome et des contrées voisines. Tant que le territoire romain se réduisit à une partie de l'Italie, les magistrats purent facilement, sans sortir de la ville, surveiller et administrer les armées, et les pays conquis. Mais bientôt l'importance sans cesse croissante des provinces les obligea à y faire de fréquents voyages, qui nécessitèrent de fort longues absences, lorsque les succès des armes romaines eurent rejeté les frontières de la République en dehors de l'Italie. Le Sénat comprit les inconvénients de ces déplacements continuels, et dès lors créa pour chaque province une administration indépendante de celle de la capitale et ne relevant que de lui seul.

Deux magistrats en furent chargés : L'un nommé préteur ou proconsul, représentant direct du Sénat, eut comme tel le gouvernement supérieur de la province et le commandement des légions qui y étaient attachées; tandis que l'autre sous le nom de questeur s'occupait de l'administration financière. Désignés par la voie du sort parmi ceux qui étaient nommés chaque année par les comices, ces questeurs étaient attachés spécialement à un préteur et restaient en charge aussi longtemps que lui.

La plupart des dépenses des provinces étaient acquittées au moyen des revenus locaux. Toutefois sur les fonds de l'*ærarium,* le Sénat allouait à chaque préteur, au moment où il quittait Rome, une certaine somme (*viaticum*) pour ses frais de voyage et d'administration. Elle était remise au questeur, soit en espèces, soit en mandats sur les publicains de la province. D'un autre côté les préteurs, comme délégués du Sénat, imposaient dans leurs provinces les taxes, tant en denrées qu'en argent et toutes les contributions nécessaires à l'entretien de l'armée et aux besoins des divers services. Quant aux recettes et aux payements effectifs, ils ne pouvaient être exécutés que par les questeurs d'après les ordres des gouverneurs.

A leur sortie de fonctions ces deux magistrats rendaient des comptes séparés par nature de dépenses. Ceux des questeurs étaient rédigés en trois expéditions, dont deux devaient être déposées dans les principales villes de la province, et la troisième envoyée à l'*ærarium* pour être vérifiée par les questeurs urbains avant d'être placée au temple de Saturne.

Cette organisation si parfaitement adaptée à toutes les nécessités publiques du monde romain, subsista presque sans altération pendant toute la durée de la République. Tout au moins l'on peut dire que les modifications qu'on y apporta furent extrêmement rares. Seul le nombre des questeurs varia plusieurs fois, avec l'augmentation du nombre des provinces et le développement des opérations de l'*ærarium*. Fixé primitivement à deux, il fut porté à quatre en 410 ; puis à huit peu de temps après ; il était de douze en 260. Scylla le porta à vingt, et à partir de ce moment il s'éleva constamment jusqu'à l'Empire. Suivant Dion, il aurait été de soixante à l'époque de César.

IIᵉ Période.—De l'avénement d'Auguste (14 av. J.-C.) à Constantin (306 ap. J.-C.).

La chute de la République amena une profonde transformation dans toutes les branches de l'administration romaine. Quelque fût son désir de s'assurer une autorité absolue, Auguste n'osa pas détruire complètement les vieilles institutions qui, pendant cinq siècles, avaient fait la gloire de Rome et auxquelles le peuple était très attaché. Avec le genre d'intelligence qui lui était propre, il adopta un moyen terme. Les provinces furent divisées en deux classes : la première comprenant toutes les provinces intérieures, depuis longtemps pacifiées, et dans lesquelles on laissa subsister l'ancienne administration des proconsuls et des questeurs sous l'autorité nominale du Sénat; la deuxième composée des pays frontières et de toutes les régions importantes par les troupes qui s'y trouvaient attachées. L'administration de ces dernières fut complètement abandonnée à l'empereur, chef supérieur de l'armée qui y fit exercer toutes les fonctions par ses légats sous sa seule responsabilité.

Une séparation analogue fut effectuée dans l'administration financière. A côté de l'*ærarium* dont le Sénat conserva la direction, Auguste créa pour l'armée une caisse spéciale (1), dont il se réserva la libre disposition, et à laquelle il fit attribuer un certain nombre de revenus. Des agents particuliers de l'empereur, *procuratores*, l'administrèrent en même temps que le patrimoine particulier du prince (*fiscus*), avec lequel la caisse militaire se trouva confondue dans la suite.

Du reste, le prince ne resta pas complètement étranger à la gestion de l'*ærarium* : il semble avoir toujours eu le droit de délivrer des mandats sur cette caisse. Bientôt d'ailleurs, le Sénat n'agit plus que d'après les ordres impériaux. C'est ainsi qu'on le voit, sous l'inspiration d'Auguste, enlever aux questeurs l'administration de l'*ærarium* pour la confier à d'anciens préfets, qui prirent le nom de *præfecti ærarii* (2) et reçurent dès lors un salaire comme les agents chargés des finances de l'empereur.

Le Sénat, au contraire, ne s'immisça jamais dans les

---

1. Le trésor militaire aurait été créé, suivant Dezobry, en l'an de Rome 759. — V. *Rome au siècle d'Auguste*, lett. 89, t. III, p. 274.

2. Le nom de ces fonctionnaires changea souvent ; on les appela fréquemment « préteurs du Trésor ».

opérations concernant la caisse militaire ni le fisc. Tandis que dans les provinces de César tous les impôts, y compris ceux attribués à l'*œrarium*, étaient perçus par les *procuratores Cœsaris*, dans celles du Sénat, les questeurs, d'après le conseil d'Ulpien, devaient soigneusement s'abstenir d'effectuer les recettes destinées au fisc. Du reste, la distinction entre les deux caisses alla très-vite en s'affaiblissant. Tous les impôts dont les produits avaient dans le principe été versés à l'*œrarium*, passèrent successivement à la caisse impériale, qui fut d'autre part chargée d'un nombre de dépenses toujours croissant (1). A la fin du IIe siècle, la séparation entre les provinces du Sénat, et celles de l'empereur n'existait plus ; à une époque correspondante, le fisc devenait le seul trésor de l'État, et l'*œrarium* descendait au rang d'une caisse municipale de la ville de Rome, administrée par le *prœfectus Urbis*, qui prenait la place du Sénat, devenu muet. Par une juste conséquence, la distinction entre le fisc, passé au rang de caisse d'État et la cassette privée du prince (*res privata*), s'accentua de plus en plus, et l'on peut dire que sous Alexandre Sévère, le Trésor romain était divisé en deux parties : le fisc et la chose privée.

En même temps que le fisc absorbait toutes les finances romaines, les fonctionnaires qui en avaient l'administration prenaient une importance de plus en plus grande. Les principaux d'entre eux étaient les *procuratores Cœsaris* et les *advocati fisci* (2). D'abord simples intendants des domaines du prince, choisis parmi ses familiers ou même ses affranchis, les *procuratores Cœsaris* avaient de bonne heure été chargés dans les provinces des quelques opérations

1. V. Dernburg, *Rœmisches Pfandrecht*, t. I, p. 339.
2. V. Bouchard, *les Finances dans l'Empire romain*, p. 259 et suiv.

effectuées par la caisse militaire. Ils devinrent vite les véritables comptables des provinces impériales. Mais là ne se bornèrent pas leurs fonctions. Très en faveur auprès des empereurs, dont ils étaient les créatures, ils reçurent bientôt des attributions judiciaires. Claude obtint du Sénat que, dans toutes les affaires intéressant le fisc, leur compétence fût égale à celle des consuls et gouverneurs, et à la fin du v⁰ siècle ils réunissaient entre leurs mains toutes les branches de l'administration dans certaines contrées.

Au-dessous d'eux, Hadrien créa les *advocati fisci*, agents judiciaires chargés d'instruire toutes les affaires dans lesquelles ils jugeaient leur ministère nécessaire et **de** prendre la défense du fisc partout où ses intérêts se trouvaient en péril.

Comme l'administration financière, le système des impôts fut profondément modifié sous les premiers empereurs. Nous savons qu'à l'époque de la République, ils se trouvaient, au point de vue de la perception, divisés en deux classes. Les uns perçus directement par les agents de l'État, les autres affermés à des compagnies de publicains. César et Auguste cherchèrent à généraliser le premier mode de recouvrement. Déjà certaines provinces, désireuses d'échapper aux vexations des publicains, avaient pris l'habitude de racheter les différentes contributions perçues par eux au moyen du payement d'une somme fixe que les magistrats locaux répartissaient ensuite eux-mêmes entre les citoyens. Ce système ayant donné d'assez bons résultats, Auguste ordonna dans les provinces de César la confection d'un cadastre, destiné à servir de base à la perception. Dès lors disparurent en grande partie l'incertitude sur le rendement et la confusion qui avaient toujours régné en ces matières. L'utilité des compagnies fermières n'existait plus et l'on put confier à un personnel administratif le recouvrement de tous les impôts directs. Tacite et Suétone nous apprennent que cela constituait un avantage considérable pour les administrés de l'empereur, qui se trouvaient ainsi soumis à un régime fiscal plus doux et moins arbitraire. La suppression des provinces sénatoriales étendit ce système à tout l'Empire. Certains impôts indirects même furent mis en régie sous Caligula, et à la fin du II* siècle on n'adjugeait guère plus aux publicains que les *portoria* (douanes, péages, etc.) et quelques autres revenus indirects, qui par leur nature même se refusent aujourd'hui encore à toute répartition régulière.

L'effet de ces améliorations fut toutefois d'assez courte durée. Sous la République, la vente des terres conquises et du butin avait été l'une des principales branches des revenus publics. Cette source de richesse disparut complètement au commencement de l'Empire. Le dépérissement de l'agriculture et l'abandon de terres autrefois très fertiles, vinrent encore appauvrir le Trésor, et si à cela on ajoute l'augmentation constante des charges de l'administration et les exigences toujours croissantes d'un peuple et d'une armée dont il fallait sans cesse acheter la faveur, on comprendra que l'équilibre financier devînt de plus en plus difficile.

Le partage de l'Empire sous Dioclétien aggrava encore cette situation par l'établissement de trois cours nouvelles (1). On ne put dès lors faire face aux dépenses qu'en augmentant dans une très large mesure le taux et le nombre des impôts et en supprimant d'autre part presque toutes les immunités que la République et les premiers empereurs avaient

1. V.Naudet, *Changements introduits dans l'administration romaine, à l'époque de Dioclétien.*

accordées assez libéralement à certaines villes et même à
des provinces entières.

Nous venons de dire que le nombre et surtout la nature
des impôts avaient été considérablement modifiés pendant
les premiers siècles de l'empire. Ces changements furent la
conséquence d'une transformation non moins importante
qui s'accomplit, pendant la même période, dans le mode
d'exécution des différents services publics. Pendant les six
premiers siècles de Rome, les impôts en nature avaient été
très peu nombreux. On ne perçut guère d'abord sous cette
forme que quelques denrées nécessaires aux légions dans
les provinces et aux magistrats en voyage. Tous les
autres revenus de la République consistaient en argent, et
servaient comme chez les modernes à payer les entrepreneurs par lesquels on faisait exécuter les fournitures et les
travaux.

Sous les empereurs la difficulté probablement de trouver
des entrepreneurs dans toutes les parties de l'empire, fit
qu'on renonça peu à peu à ce système et qu'on prit l'habitude d'exiger des contribuables de chaque province, sous
forme d'impôt, tout ce qui était nécessaire aux services
publics sur leur territoire. Ce mode de procéder avait l'avantage de supprimer les intermédiaires, en obligeant les débiteurs de l'État à devenir ses fournisseurs, au lieu et place
des entrepreneurs qui eussent été très difficiles à trouver.

C'est alors qu'on vit apparaître cette foule de redevances,
les unes périodiques, les autres accidentelles dont le nombre
au Bas-Empire était presque illimité, ou plutôt n'avait pour
limite que les exigences de l'empereur. Les uns devaient
fournir les chevaux, les habits, le blé et les hommes nécessaires à l'armée ; les autres des cailloux pour les routes,
des chevaux et des voitures pour le transport des envoyés

du prince ; d'autres des logements pour les magistrats en
tournée, ou des fours pour cuire le pain des légions pendant
un certain nombre de jours par an ; d'autres des esclaves
pour les jeux du cirque, etc. Avait-on besoin de construire
un pont ? On taxait les propriétaires du pays voisin à un
certain nombre de pierres de taille, de sacs de plâtre, ou de
journées de travail par chaque mesure de terre possédée.
Voulait-on créer une flotte ? On établissait sur les populations du littoral un impôt consistant en arbres propres
aux constructions navales. Bref, l'État romain n'agissait
plus à la manière des États modernes qui demandent à chaque citoyen une somme d'argent représentant sa part con-
tributive dans la dépense générale et avec laquelle ils se
chargent de pourvoir à tous les besoins du gouvernement ;
il procédait plutôt à la façon d'un général qui cherche à se
procurer par voie de réquisition, dans le pays occupé, tout
ce qui est nécessaire à l'entretien de son armée. Voilà pourquoi les lois romaines de cette époque, loin de favoriser le
rachat en argent des prestations imposées en nature, comme
cela a lieu actuellement en France, ne l'autorisaient qu'ex-
ceptionnellement, et en vertu d'une concession spéciale du
prince, car il avait pour effet de mettre à la charge de
l'État une partie des obligations qui, alors, incombaient
légalement au contribuable.

Certains impôts cependant continuaient à être perçus en
argent. Ils étaient pour la plupart destinés à faire face aux
dépenses du palais impérial, des administrations centrales
placées auprès de lui, ainsi qu'à quelques frais relatifs à
l'administration supérieure des provinces. Mais leur importance était faible, si on la compare à celle des perceptions
en nature ; et cela d'ailleurs se conçoit facilement dans un
État où la solde des troupes et les émoluments même des

magistrats étaient en grande partie payés en denrées.

Toutes ces particularités donnaient à l'administration de la fortune publique à la fin de l'époque classique, une physionomie singulière. Très peu d'opérations en argent, sauf à Rome et à Constantinople ; au contraire, un nombre inouï de perceptions en nature de toutes espèces, effectuées par des employés de tous ordres, chargés de recouvrer, vérifier, conserver, transporter, transformer toutes ces matières et de les distribuer aux ayants droit, conformément aux ordres des magistrats. Enfin un grand nombre de corvées et de services personnels, ayant pour objet, soit l'accomplissement de fonctions publiques obligatoires, soit quelque travail manuel. En somme, partout une complication très grande qui favorisait toutes sortes d'exactions et de malversations.

A la mort de Constantin, il ne restait donc rien de l'organisation financière des premiers siècles de Rome. Quelques sociétés de publicains exploitant les *portoria* étaient presque les seuls vestiges de l'ancien état de choses : une administration nouvelle lui avait succédé et se trouvait dès lors constituée telle qu'elle devait subsister, pendant une grande partie du Bas-Empire. Nous allons chercher à en indiquer brièvement les traits principaux.

III° Période. — De l'avènement de Constantin au Bas-Empire.

Depuis Constantin, le Trésor romain était divisé en trois parties : les *Largesses sacrées*, la *Chose privée*, les *Finances des préfectures*.

Iº. — Les *Largesses sacrées* comprenaient toutes les dépenses relatives à l'exercice du pouvoir central, ainsi que les impôts et revenus destinés à y faire face et à former entre les mains du prince un trésor assez riche pour répondre à tous les besoins de sa politique. Elles étaient placées sous la direction d'un ministre spécial, résidant auprès de l'empereur, le *comes sacrarum largitionum*, et administrées dans les provinces par deux catégories de fonctionnaires. La première, composée du préfet du prétoire, des vicaires, gouverneurs et autres agents sous leurs ordres, qui répartissaient l'impôt, établissaient l'assiette et surveillaient la perception ; la deuxième, placée sous l'autorité immédiate du comte des largesses, qui centralisait les revenus et les appliquait aux dépenses.

Les officiers les plus importants de ce service étaient les *comtes des largesses des diocèses*, qui, selon Godefroy, prenaient également le titre de *comtes du Trésor*. Au nombre de six ou sept dans l'empire, ils avaient pour fonctions, outre la centralisation des recettes, de faire exécuter les payements ordonnés par l'empereur ou le comte des largesses, de surveiller les transports d'argent, et de juger presque toutes les causes intéressant le fisc. Au-dessous d'eux, onze *rationales summorum* avaient dans l'étendue de leur circonscription des attributions analogues, et dirigeaient des *cohortes* d'employés.

Ces différents fonctionnaires n'avaient aucun maniement matériel de fonds. La gestion des caisses des largesses sacrées était confiée aux préposés des quatorze trésors de l'Occident et des dix ou douze trésors de l'empire d'Orient, ainsi qu'aux *thesaurenses* placés sous leurs ordres. Intermédiaires entre la caisse des largesses et les provinces, ces trésors avaient pour mission de centraliser tous les revenus dont le cómte des largesses n'avait pas ordonné l'emploi sur place, puis, une fois toutes les ordonnances, émises par ce fonctionnaire, acquittées, on chargeait les reliquats sur les fourgons des *prosecutores* qui portaient sans cesse à Constantinople les sommes immenses nécessaires à l'administration impériale.

Enfin, des inspecteurs divers sous les noms de *mittendarii*, *opinatores*, etc., étaient chargés d'une foule de fonctions accidentelles, dont les principales consistaient à presser les recouvrements, à surveiller les autres fonctionnaires et à accompagner les envois de fonds.

II°. — A côté des largesses sacrées les biens fiscaux et le patrimoine propre du prince formaient une administration spéciale sous le nom de *chose privée*, comprenant d'une part toutes les terres, forêts, mines, manufactures du domaine public, ainsi que les propriétés particulières du prince qui, à son avènement, se trouvaient provisoirement incorporées au domaine, et de l'autre, la plupart des dépenses de la cour et du palais impérial.

A la tête de ces services, se trouvait le *comte de la chose privée*, ayant pour le seconder à Constantinople le *comte des largesses privées* et probablement celui du patrimoine, et dans les provinces deux ordres de fonctionnaires analogues à ceux que nous avons indiqués à propos des largesses sacrées. Les préfets, vicaires et gouverneurs avaient en effet, relativement au domaine, des attributions importantes. Ils passaient les baux, étaient responsables des recouvrements des arrérages, faisaient inventorier et administrer les biens dévolus au fisc, surveillaient les administrateurs particuliers et intervenaient dans une foule de questions, soit par eux-mêmes, soit par les *numerarii* et les avocats du fisc qui leur étaient subordonnés.

Toutefois, c'étaient là plutôt des actes de surveillance et de contrôle que des actes de gestion proprement dite. L'administration véritable du domaine et la conduite du nombreux personnel qui y était attaché, étaient confiées à un personnel dépendant exclusivement du comte de la chose privée.

Les *rationales*, au nombre de douze en Occident, venaient en première ligne. Chargés chacun dans leur circonscription de la direction du service, ils tenaient les registres où étaient mentionnés : 1° les propriétés du domaine; 2° les revenus que l'État en tirait; 3° tous les titres du domaine contre ses débiteurs. Ils centralisaient entre leurs mains tous les produits et les employaient à l'acquittement, soit des dépenses ordonnées par le comte de la chose privée, soit des dépenses de leur propre administration ; enfin ils envoyaient à la capitale les excédents qui servaient à alimenter le trésor de la chose privée (1). Un bureau ou office les aidait dans toutes ces fonctions, ainsi qu'un corps d'employés qui, sous le nom de *cæsariani*, furent longtemps célèbres par leurs fraudes et leurs malversations.

A peu près au même rang que les *rationales*, se trouvaient, avec des attributions analogues, les *procuratores rei privatæ* au nombre de onze en Occident. La seule différence entre ces deux classes d'agents consistait en ce que les premiers dirigeaient l'administration domaniale d'une région, tandis que les seconds furent presque toujours placés à la tête de quelque domaine important, forêt, métairie, manufacture ou autre (2).

La perception immédiate des revenus domaniaux était confiée à des *susceptores*, nommés par les *rationales* et

1. Ils avaient en outre des attributions contentieuses.

2. Il semble toutefois que les *rationales* occupaient dans la hiérarchie un rang supérieur à celui des *procuratores*.

les *procuratores* et qui dépendaient aussi dans une certaine mesure des gouverneurs responsables de la régularité des recouvrements.

Quant aux dépenses du trésor privé, elles étaient effectuées soit par les *procuratores* des domaines qu'elles concernaient, soit par le *comes privatarum largitionum*, qui, sur l'ordre du comte de la chose privée, délivrait les sommes accordées par l'empereur à certains personnages ou destinées au service du palais impérial.

III°. — Enfin, les largesses sacrées et la chose privée ne constituaient pas toutes les finances publiques. Les contributions en nature et toutes les perceptions nécessaires à l'exécution des différents services dans les provinces, vivres des troupes, annone, fournitures et prestations en matière de travaux publics, de transports, etc., certains impôts même en espèces, destinés aux dépenses provinciales, formaient dans chaque préfecture une administration spéciale dirigée par le préfet.

IV°. — Il nous reste maintenant à voir comment tous ces services fonctionnaient.

L'empereur, sauf le cas de nécessité urgente, paraît toujours avoir eu seul le droit d'autoriser les impôts. Chaque année les divers administrateurs lui faisaient connaître l'état de leurs besoins. D'après ces indications, il répartissait tous les impôts directs et notifiait aux préfets le montant des sommes à percevoir dans leur préfecture. Ceux-ci effectuaient la répartition entre les différents diocèses de leur ressort. Dans chaque diocèse, le vicaire agissait de même à l'égard des provinces placées sous sa juridiction. La division entre les cités était faite dans les bureaux du gouverneur d'après les renseignements fournis par le cadastre que les *agrimensores* et les *perœquatores* tenaient soigneusement au courant. Enfin, dans chaque cité, une commission, formée par les principaux décurions, déterminait la part incombant à chaque citoyen, et les *Tabularii* arrêtaient les rôles que la signature du gouverneur rendait exécutoires.

Ainsi arrêtés, ces rôles étaient remis aux différents agents chargés des recouvrements. L'exaction de l'or et des impôts en espèces était confiée à des *susceptores auri* nommés par le gouverneur et agissant sous sa responsabilité. Ceux-ci à leur tour choisissaient des subalternes dont ils étaient responsables, et adressaient directement le produit de leurs recettes aux différentes caisses (largesses, caisse de la préfecture etc.). La perception des revenus en nature, était, dans chaque cité, imposée aux décurions (1), qui choisissaient, chaque année, à leurs risques et périls, un collecteur assisté de peseurs, mesureurs et vérificateurs. Ces collecteurs versaient les produits de leurs recettes dans les magasins spéciaux, où ils restaient à la disposition du préfet du prétoire, des vicaires et des gouverneurs. Contenant une partie considérable de la fortune publique et tous les objets nécessaires aux besoins de l'administration, ces magasins avaient une importance très grande. Aussi, avait-on placé à la tête de chacun d'eux un comptable spécial, chargé de recevoir les objets apportés par les différents collecteurs, de veiller à leur conservation et de les distribuer selon les besoins du service et les ordres du préfet ou de ses délégués. Nous aurons fréquemment dans la suite à nous occuper de ceux qui, sous le nom de *Primipiles*, dirigeaient les magasins de l'armée.

Tout autre était le mode d'administration des revenus in-

---

1. Les habits étaient cependant, comme l'or, perçus directement par les agents de l'État.

directs, désignés d'une manière générale sous les noms de *portoria* et de *vectigalia*. Établis une fois pour toutes par une loi ou une constitution, ils étaient encore, comme sous la République, adjugés aux enchères, par les soins des préfets et gouverneurs, à des sociétés de publicains ou de *Tenolarii* qui les exploitaient à leur profit, moyennant une somme fixe versée chaque semestre au trésor le plus proche.

Enfin certains agents étaient chargés de faire exécuter les corvées et charges personnelles imposées aux citoyens: tels étaient le *comte des aqueducs* et *des ports*, les *curatores operum publicorum* responsables de l'exécution des travaux et des sommes qui y étaient affectées, etc.

En résumé, il y avait alors à tous les degrés de l'échelle des agents pécuniairement responsables de l'acquittement des charges qu'ils avaient pour mission de faire exécuter.

IV. — Des finances dans les cités.

Nous n'avons jusqu'ici parlé que des finances de l'État ; il nous reste pour terminer cet aperçu à dire un mot des cités. De tout temps les Romains avaient accordé aux municipes une certaine autonomie. Dans la plupart des villes, la police, l'administration intérieure et la gestion des intérêts locaux avaient été, dès l'époque de la République, confiées à un corps de citoyens librement élus, appelés décurions et dont la réunion formait la curie. Cette assemblée administrait les biens appartenant à la cité et en employait les revenus à faire face à certaines dépenses permanentes, telles que l'entretien des marchés, ou accidentelles comme la célébration des jeux.

Ces ressources s'élevèrent sous l'Empire. Beaucoup d'empereurs, dans le but de favoriser le développement des populations urbaines, accordèrent aux villes des privilèges qui eurent pour effet d'accroître considérablement leurs ressources. Nerva et Trajan leur permirent de recevoir des hérédités. Hadrien les autorisa à accepter les dons et legs. Le droit d'établir des taxes locales fut confirmé et étendu ; en sorte qu'à la fin du IIIe siècle de notre ère, les finances de la plupart des cités se trouvaient dans la situation la plus prospère.

Cet heureux état dura peu. Vers la même époque, l'État commençait à se trouver obéré. Pour alléger son budget, il eut l'idée de mettre à la charge des finances municipales une partie importante des dépenses qui le grevaient, notamment un grand nombre de travaux publics. En même temps il s'assurait contre le non-payement des impôts qui commençait à devenir fréquent, en rendant les décurions personnellement responsables du recouvrement de toutes les taxes imposées à leur cité. Dès lors, cette dignité cessa d'être un honneur, chacun se mit à fuir une fonction qui lui imposait de telles responsabilités. On dut la rendre obligatoire comme un impôt, et donner aux gouverneurs une part importante dans la nomination de la curie, afin de leur permettre d'en écarter tous ceux dont la fortune n'était pas suffisante. On fut attaché à elle comme à la glèbe, et il fallut remplir les codes des pénalités les plus sévères contre ceux qui cherchaient à en fuir les obligations.

La curie formait donc une sorte de conseil délibératif pécuniairement responsable. Quant à l'administration proprement dite, elle était confiée à deux *duumvirs*, et à plusieurs *curateurs*. Les *duumvirs* étaient à la tête de l'ensemble des services et ordonnaient le payement de tous les créanciers. Le *curator reipublicæ* affermait les propriétés, et percevait les loyers. Le *curator kalendarii* plaçait à intérêt les fonds communaux sous la surveillance du gouverneur et recevait les arrérages ; le *susceptor* percevait tous les autres impôts, tandis que le *curator operum* récoltait les sommes destinées à l'exécution de travaux publics dont il avait la direction.

En résumé, l'administration des finances romaines eut, selon les époques, deux formes bien distinctes. Pendant la première période une très grande simplicité y règne. L'État n'exécute lui-même ni la perception de ses recettes, ni les différents services publics. Il vend à des particuliers le droit de percevoir ses revenus à leur profit, moyennant le payement d'une somme fixe, qui représentera pour lui la recette ; et il traite à forfait pour tous les travaux avec des adjudicataires qui s'en chargent entièrement, moyennant un prix arrêté d'avance. Aussi un très petit nombre de fonctionnaires suffit-il, car l'État s'en remet pour toutes choses à des traitants. C'est donc sur la stricte exécution des contrats que repose toute la vie publique ; leur inexécution peut avoir les plus fatales conséquences, et l'on a un puissant intérêt à s'assurer contre l'insolvabilité des adjudicataires.

Dans la seconde période, au contraire, l'État adopte un tout autre système. Il renonce à s'adresser aux particuliers, et exécute lui-même tous les services par l'intermédiaire d'agents dont le nombre va sans cesse en croissant. Seulement, afin de simplifier sa tâche, il se fait fournir en nature par les contribuables tout ce qui lui est nécessaire. Dès lors ce n'est plus l'exécution stricte des contrats, c'est la rentrée régulière des impôts et l'intégrité des fonctionnaires qui ont surtout de l'importance.

Cette différence entre les nécessités gouvernementales des deux époques nous permet de prévoir à l'avance quelles seront les garanties spéciales que l'État cherchera contre ses débiteurs pendant chacune d'elles.

Dans la première, le payement régulier de l'impôt par le contribuable lui importe peu, et le petit nombre des fonctionnaires rend leurs malversations moins à craindre ; aussi est-ce contre les débiteurs contractuels seuls que s'organise le système de garanties pécuniaires spécial et très énergique connu sous le nom de *jus prædiatorum ;* tandis que l'hypothèque du fisc, établie pendant la seconde période, frappera immédiatement les biens des contribuables et de tous les fonctionnaires.

Ce sont ces garanties que nous allons chercher à étudier dans la suite de ce travail.

Toutefois, comme le sujet ainsi envisagé serait beaucoup trop vaste pour les limites de cette étude, nous laisserons de côté toutes les règles concernant l'hypothèque attachée à la créance d'impôts, pour nous occuper exclusivement de celle qui compète au fisc sur les biens de ses débiteurs contractuels et de ses agents.

CHAPITRE PREMIER

JUS PRÆDIATORUM

§ I. — *Généralités.*

Sous la République, on prit de bonne heure l'habitude
d'exiger de tous ceux qui traitaient avec l'*ærarium* ou les
cités, fermiers de l'impôt (1), entrepreneurs de travaux (2),
acquéreurs ou locataires des terres du domaine (3), emprunteurs des deniers de l'État (4) ou candidats aux fonctions de
comptables municipaux (5), des garants d'une nature spéciale
qui reçurent le nom de *prœdes* ou de *provides*. Bientôt,
à cette garantie personnelle vinrent s'ajouter des garanties
réelles, *prœdia subsignata*, et l'on désigna sous le nom
de *jus prœdiatorum* l'ensemble des règles applicables aux
prœdes et aux *prœdia* (6).

1. Table de Salpensa et Malaca, § 63.

2. *Qui redemerit prœdes dato prœdiaque subsignato.* (Lex Puteolana
de parieti faciundo). — **V.** Willems, Inscription lat. I, p. 210 ; Cic.,
Verr. II, lib. I, 54.

3. V. Lex Thoria (an de Rome 645). — Willems, Inscript. lat. I,
p. 216.

4. *Dandam ex œrario pecuniam prœdes dato, prœdiaque subsignato.* — V. Tite-Live, l. XXII, § 60.

5. Lex Thoria, ch. xx ; æs Malcitana, ch. LX.

6. V. Jourdan, *Hypoth. rom.*, 1876, p. 51 et suiv. — V. Momsen,
Staatsrecht von Salpensa, p. 466 à 478 ; Dernburg, *Rœmisches Pfan-
drecht*, t. I, p. 26 à 44 ; Bachofen, *Pfandrecht*, ch. x, p. 217 et suiv.;
Rivière, *Untersuchungen über die « Cautio prœdibus prœdiisque »*,
Berlin, 1863 ; Maynz, *Cours de droit romain*, Introduct., § 3, p. 367 et
suiv.

Pendant longtemps ce droit ne fut connu que par quelques fragments d'inscriptions et un petit nombre de phrases éparses dans les ouvrages des écrivains classiques. On était donc réduit à des conjectures, lorsqu'à une époque assez récente, la découverte des lois des colonies de Salpensa et Malaca et de quelques autres documents importants vint jeter un jour plus vif sur cette question (1). Dès lors on s'efforça, en Allemagne surtout, d'établir une théorie générale de la *prædiatura*. Nous allons chercher à indiquer brièvement les principaux systèmes qui ont été proposés.

Formes du contrat. — Mais, tout d'abord, comment se formait l'engagement des prædes ? Il avait lieu *verbis* (2). Au jour indiqué pour les enchères, le magistrat se rendait au forum accompagné d'un crieur qui proclamait les mises à prix. Ceux qui désiraient se porter enchérisseurs levaient la main, et cet acte les constituait débiteurs du peuple romain, ou *mancipes* (3) ; puis ils présentaient leurs cautions (*prædes*), qui, sur l'interrogation du magistrat : « *Præs es ?* » répondaient : « *Præs sum* (4). »

Cela fait, le manceps et les prædes avaient un certain délai pour *subdare prædia* (5), c'est-à-dire pour présenter et faire accepter (*subsignare*) les biens qu'ils offraient comme

1. Voir à la fin les chapitres de ces tables relatifs au *jus prædiatorum*.

2. *Sic* Dernburg, *Pfandrecht*, t. I, p. 26 ; Bachofen, *Pfandrecht*, ch. x, § 3. — *Contra* Momsen admet que cet engagement se formait par l'inscription des *prædes* sur les registres publics. V. *Staatsrecht von Salpensa*, p. 468.

3. *Manceps dicitur qui quid a populo emit, conducitve.* — Festus, *Epitome* (Müller), 151.

4. *Præs est qui a magistratu interrogatus in publicum ut præs siet, a quo et quom respondet, dicit, præs.* — Varron, *Lingua latina*, VI, § 74.

5. V. Jourdan, *Hypoth. rom.*, p. 52 ; Æs Malcitana, § 60.

garantie (1). Si le magistrat les jugeait suffisants, il mentionnait le tout dans un procès-verbal qui était transcrit sur les registres publics de l'ærarium et signé (*subsignatus*) par le manceps et ses prædes. Si au contraire, à l'expiration du délai, les prædia n'avaient pas été fournis et reconnus suffisants, on opérait une réadjudication sur folle enchère aux risques et périls du manceps et de ses prædes, et cette fois le nouvel adjudicataire ne jouissait d'aucun terme pour s'exécuter (2).

A Rome, l'acceptation des prædes et prædia était faite par les différents magistrats, chargés de la fortune publique, c'est-à-dire suivant les cas par les censeurs, les consuls ou les questeurs.

Dans les municipes, les duumvirs paraissent avoir été toujours compétents (3). Du reste, il semble qu'ils aient joui de la plus grande indépendance pour leurs appréciations, et que leur refus ne fut jamais susceptible d'aucun recours (4). Cependant les prædes et prædia devaient remplir certaines conditions. Les prædes devaient être citoyens romains et résider dans la province. Quant aux prædia, ils ne pouvaient se composer que de fonds de terre, et même de fonds italiques. Il fallait qu'ils fussent portés sur les registres du cens, et dans le dominium de celui qui les présentait ; les portions de l'ager publicus, et les terres situées sur le territoire des alliés ne pouvaient donc être offertes (5).

1. V. Lex Thoria, ch. xx ; Æs Malcitana, § 63.
2. Table de Malaca et Salpensa, § 64.
3. Lex Servilia repetundarum, ch. xvii. — Lex Thoria, ch. xxxii, xxxv, xli ; Æs Malcitana, ch. lxiii.
4. V. Lex Thoria, ch. xxxv ; Æs Malcitana, ch. lxvi. — *Sic Verrin. I*, 54 à 142.
5. V. Cicer., *pro Flacco*, XXXII, § 80. — V. aussi Jourdan, *Hypoth. rom.*, p. 53 et suiv. ; Momsen, *Staatsrecht von Salpensa* p. 470 ; Dernburg, *Pfandrecht*, p. 30 et 31.

Enfin les biens présentés devaient ne pas se trouver déjà
engagés à l'État ou à quelque particulier (1), et, sous
l'Empire, avoir une valeur double de la créance à garantir (2).

On conçoit facilement que dans la plupart des cas, les magistrats étaient incapables de vérifier par eux-mêmes l'existence de toutes ces conditions. Aussi exigeaient-ils en général la production de *cognitores* qui, sous la foi du serment, leur fournissaient tous les renseignements dont ils avaient besoin sur la valeur, la situation et la condition juridique des fonds. Ces *cognitores* (3) se trouvaient par l'effet de leur déclaration liés aussi fortement que les præedes, et en cas de fausse appréciation pouvaient être vendus dans les mêmes formes qu'eux.

§ II. — *Præedes.*

Quelle était la condition légale des præedes? Quelle était la nature des droits de l'État sur les præedia? Par quel procédé juridique arrivait-on à les créer? Les auteurs sont très divisés sur toutes ces questions.

Il est certain que les præedes différaient à beaucoup d'égards des cautions du droit privé. En droit privé la fidéjussion avait toujours le caractère d'un contrat adjoint, ayant pour objet l'exécution du même fait que le contrat principal auquel il se trouvait lié. L'engagement des præedes avait une portée tout autre. C'était un contrat spécial, ayant pour but, non pas d'obliger le præes à l'accomplissement de l'obligation du manceps; mais au contraire de créer en faveur de

1. *Mancipes, præevides, præediaque soluti sunto.* Lex Thoria, cap. xx.
2. Tacite, *Annales*, VI, 17.
3. V. Table de Malaca, § 63 et 64.

la République un droit sur la personne et sur le patrimoine du præs. « *Præs populo obligatus esto* (1), » dit la L. Thoria. Et Festus écrit de même : « *Præs est qui populo se obligat,* » c'est-à-dire, non pas celui qui s'oblige à accomplir quelque fait ou quelque prestation déterminée ; mais celui qui se lie au peuple romain, qui lui engage sa personne et ses biens dans le cas où le manceps viendrait à faillir à ses engagements.

En résumé, tandis que le contrat entre le manceps et l'État avait pour objet l'exécution des clauses du marché, celui qui avait lieu entre l'État et le præs, avait pour but de donner à la République le droit conditionnel de faire vendre à son profit tous les biens du præs, sans qu'en principe il pût se libérer en accomplissant lui-même l'obligation inexécutée par le manceps.

Ce droit était donc excessivement rigoureux. Il est probable qu'à l'origine l'exécution avait lieu sur la personne même du præs, qui pouvait être vendu comme esclave au profit de la République. Mais dans la suite, sous l'influence probablement de la loi *potœlia* à l'exécution directe sur la personne, on substitua l'exécution sur les biens. Les prædes continuèrent néanmoins à être tenus d'une manière plus étroite que les créanciers des particuliers. Pour eux, en effet, pas de délai de grâce de soixante jours ; la faculté même d'arrêter les poursuites en présentant un *vindex* leur était refusée. Pour les saisir il n'était pas besoin d'agir devant le préteur ; aussitôt le défaut du manceps (2), la République pouvait sans aucune citation préalable faire vendre en masse tout leur patrimoine.

1. Lex Thoria, cap. xxi, lign. 47.
2. V. Momsen, *Staatsrecht von Salpensa*, p. 472 et 473 ; Maynz *Cours de droit romain*, 3ᵉ édit., t. I, § 367.

Formes de la vente des prœdes et des prœdia.

La mise en vente avait lieu d'abord aux conditions fixées par les magistrats, qui en étaient chargés, questeurs ou préfets du Trésor à Rome, duumvirs dans les municipes. Les clauses de cette espèce de cahier de charges étaient de deux sortes : les unes étaient dues à l'initiative du magistrat, qui les rédigeait comme il le jugeait à propos, en s'inspirant, dans chaque cas, des circonstances particulières. Les autres, au contraire, étaient générales et devaient être nécessairement insérées dans toutes les ventes, en vertu de la *lex prœdiatoria*. Cependant, si à ces conditions on ne trouvait pas d'acquéreur, une deuxième adjudication intervenait, et d'après la table de Malaca, la vente avait lieu cette fois « *in vacuum* (1). »

Quelles étaient les conditions de cette *lex prœdiatoria*, quels étaient les caractères distinctifs de la vente « *in vacuum* » ? Les plus vives controverses existent sur ces deux points.

Suivant l'opinion la plus généralement répandue (2), dans la première vente, la mise à prix ne pouvait être inférieure au montant exact de la créance de l'État, tandis qu'à la deuxième séance, la vente devait avoir lieu à tout prix, c'est-à-dire qu'on adjugeait quel que fût le prix offert, sans être limité par aucun minimum (3).

---

1. Æs Malcitana, § 64 et 65.

2. *Sic* Dernburg, *Pfandrecht*, p. 37. — V. Maynz, *Cours de droit romain*, Introduct., 3ᵉ édit., § 3.

3. Certains auteurs ont donné des mots *in vacuum* une autre étymologie. Ils ont prétendu que lors de l'inscription des prædes sur les registres publics, on laissait une place libre pour enregistrer les quittances qui leur étaient délivrées après l'exécution du contrat. Or, si la première vente ne réussissait pas, cela prouvait que le contrat

Système de Momsen (1). — D'autres supposent que les clauses imposées par la *lex prædiatoria* devaient être beaucoup plus complexes. Nous avons vu que, si au jour de l'échéance, le manceps ne s'exécutait pas, le patrimoine tout entier des prædes était mis en vente et que le prix intégral en était attribué à l'État (2). Frappés de la disproportion qui pouvait exister entre la valeur de ce patrimoine et la créance du trésor, certains auteurs ont pensé que la *lex prædiatoria* avait laissé au præs vendu quelque moyen ultérieur de rentrer dans ses biens en désintéressant l'acquéreur.

A l'appui de cette opinion, on a cité un fragment du chapitre ii de la *lex julia municipalis*. On sait que chez les Romains les propriétaires riverains étaient tenus d'entretenir le pavage des rues. Quand ils manquaient à cette obligation, l'État l'accomplissait pour leur compte et on inscrivait sur les registres publics les créances actives qui en résultaient pour lui. Si, après un certain laps de temps, les propriétaires ne s'acquittaient pas, l'État, au lieu de les poursuivre directement, vendait les créances à l'encan avec les garanties qui s'y trouvaient attachées, et la *lex julia* déclare que trente jours après cette vente, les propriétaires ne pouvaient plus se libérer qu'en payant au cessionnaire moitié en sus du montant de la dette à titre de peine (3).

Partant de l'idée qu'il y avait là une application pure et simple du *jus prædiatorum*, le professeur allemand Momsen a soutenu que dans la vente faite « *lege prædiatoria* »

---

n'avait été exécuté, ni par les prædes, ni par un tiers, consentant à s'en charger aux mêmes conditions qu'eux. La page du livre destinée à l'enregistrement des quittances restait blanche, *vacua*, de là l'expression *in vacuum*. — Bachofen, *Pfandrecht*, ch. x, n° 1, note.

1. V. Momsen, *Staatsrecht von Salpensa*, p. 474 et 475.
2. V. Dernburg, *Rœmisches Pfandrecht*, t. I, p. 37.
3. V. Dernburg, *Rœmisches Pfandrecht*, t. I, p. 38, note 41 et 42

ce n'était pas à proprement parler le patrimoine du præs qui était vendu, mais plutôt le droit de l'État sur le patrimoine; qu'à la vérité, l'acquéreur devenait bien immédiatement propriétaire, mais à la façon du créancier fiduciaire seulement; et que, par une sorte de pacte de réméré toujours sous-entendu en faveur du præs, celui-ci, après la vente, restait pendant un certain délai libre de recouvrer ses biens, en remboursant à l'acquéreur son prix d'achat, plus une quote-part de ce prix à titre de prime. Si, au contraire, le præs n'effectuait pas ce remboursement, l'acquéreur n'avait, dit-on, d'autre droit que celui de faire vendre le patrimoine à son profit.

Ceci, selon Momsen, résulterait plus évidemment encore d'une affaire racontée longuement par Cicéron dans son premier plaidoyer contre Verrès (1). Le père du pupille Junius avait soumissionné les réparations du temple de Castor, et était mort avant la réception du travail par le préteur. Celui-ci ayant trouvé les colonnes en mauvais état, réadjugea l'entreprise aux dépens des héritiers et des cautions de Junius, qui furent obligés de payer au deuxième entrepreneur la somme stipulée par son marché.

Selon les partisans du système que nous exposons, cette vente, à propos de laquelle Cicéron se sert de l'expression « *bona prœdia prœdesque vendere* » n'aurait eu pour but que de reporter par licitation l'entreprise sur un autre entrepreneur, à qui, en guise de paiement, l'État cédait tous ses droits sur le manceps et les prædes (2).

Dès lors, dit-on, on conçoit facilement l'utilité distincte des deux ventes *lege prœdiatoria* et *in vacuum*. Si le

---

1. Cic., *Verrin. II*, lib. I, cap. LIV.
2. *Sic* Maynz, *Cours de droit romain*, 3ᵉ édit., § 3, Introduct.

manceps et ses præedes sont solvables, l'intérêt de l'État se trouve sauf, il est inutile de recourir à la vente définitive de leur patrimoine. Un simple moyen de contrainte suffira, et on procédera alors à la vente, « *lege prædiatoria* », qui tout en évitant que l'État ne souffre du retard, laissera aux prædes et au manceps l'espoir de rentrer dans leurs biens. Si leur situation est bonne, cette vente réussira toujours. On trouvera des adjudicataires ; car, il ne manquera pas de spéculateurs désireux de s'assurer le bénéfice certain, résultant de la plus-value que les intéressés seront obligés de leur accorder pour dégager leurs biens.

Si, au contraire, cette vente ne réussit pas, ce sera la preuve évidente que le manceps et les prædes, n'ont plus aucun crédit, et sont au-dessous de leurs affaires. Il n'y aura donc plus qu'à recourir immédiatement à l'exécution véritable, c'est-à-dire à la *venditio bonorum*, ou vente définitive, appelée dans ce cas, vente *in vacuum*, parce qu'elle était affranchie de toutes les clauses insérées dans la vente *lege prædiatoria*.

Ce système est certainement très ingénieux. Il rend bien compte de l'utilité des deux ventes, et a de plus, l'avantage de présenter le jus prædiatorum, sous un jour plus équitable. Néanmoins, il a été vivement combattu, et pour notre compte nous ne l'admettrions pas sans beaucoup d'hésitation. Et d'abord, remarquons que nulle part il n'est fait mention d'une différence entre les caractères des deux ventes. Aucun texte ne présente l'une comme simplement provisoire, tandis qu'il accorderait à l'autre des effets définitifs. Or, si une pareille distinction avait existé, elle aurait nécessairement eu des conséquences fécondes et nombreuses, dont quelques-unes au moins seraient parvenues jusqu'à nous ; en un mot, on en trouverait trace ailleurs que dans les deux fragments cités ci-dessus. Bien plus, quand on examine attentivement ces deux textes, on ne tarde pas à se convaincre, qu'ils sont loin d'avoir la portée qu'on veut leur donner.

En effet, dans le premier il n'est nullement question ni de prædes ni de prædia. Il s'agit d'une simple créance, née en faveur de l'État, d'un quasi-contrat de gestion d'affaires, créance que l'État ne recouvre pas lui-même, mais qu'il vend comme tous les impôts ; et si elle se trouve frappée d'une certaine majoration aux dépens du débiteur, c'est uni quement parce qu'il était juste de laisser à sa charge le bénéfice qu'on était obligé d'accorder au cessionnaire à titre de frais de recouvrement.

Le texte de Cicéron n'est pas plus explicite. L'orateur parle bien d'une vente des prædes et des prædia, mais ce n'est qu'à titre d'exemple, et sans nous en indiquer les effets. Ce n'est pas, d'ailleurs, à la suite de cette vente que nous voyons le fils de Junius s'engager à indemniser le nouvel adjudicataire, mais à la suite d'une réadjudication du travail, après refus pour malfaçon. Cette réadjudication était faite naturellement aux dépens du mineur, et, s'il ne pouvait payer le prix stipulé par le nouvel entrepreneur, ses prædes et ses prædia devaient être vendus. C'est cette vente que par un mouvement oratoire, Cicéron confond à dessein avec la première, parce qu'elle pouvait en être la conséquence. On ne saurait donc légitimement rien conclure de là, en faveur du système que nous discutons.

L'argument tiré de la disproportion qui peut exister souvent entre le patrimoine des prædes et la créance de l'État, ne nous semble guère plus concluant. L'organisation des prædes et des prædia date selon toute vraisemblance des premiers temps de la République. Or, on sait qu'à cette époque les vieux Romains n'étaient pas tendres pour les débiteurs récalcitrants, qui se trouvaient en quelque sorte mis hors la loi. Pour notre compte, nous ne trouvons rien d'étonnant à ce qu'une législation, qui reconnaissait aux particuliers le droit de mettre à mort et de couper en morceaux leurs débiteurs insolvables, ait permis à la République de faire vendre à son profit le patrimoine de ceux qui n'exécutaient pas leurs obligations envers elle, surtout si l'on se rappelle qu'alors tous les services publics reposaient sur l'exécution ponctuelle des contrats passés avec l'État.

D'ailleurs, ce droit était loin d'être aussi excessif qu'on semble le dire. De très bonne heure on avait apporté au jus prædiatorum certains tempéraments qui avaient atténué ce qu'il avait eu de trop rigoureux dans le principe. Bien avant Cicéron, la jurisprudence admettait les prædes à se porter adjudicataires par préférence à tous autres, dans la vente de leurs biens *lege prædiatoria*, ce qui, en fait, équivalait à leur permettre de se libérer en accomplissant eux-mêmes l'obligation inexécutée par le manceps (1), et mettait leurs biens hors d'atteinte quand ils étaient solvables. Cette facultée était même dans beaucoup de cas accordée au manceps lui-même, et à son égard c'était, en réalité, un moyen détourné de lui accorder un délai de grâce ; car il jouissait à partir de la deuxième adjudication d'un nouveau laps de temps pour se libérer.

Théorie de l'Usureceptio. — Le droit de vente accordé à l'État sur les biens des prædes, n'était donc en fait ni si monstrueux, ni si exorbitant qu'on le suppose (2), et pour le justifier, il n'est pas besoin d'imaginer une différence fonda-

---

1. Cic., *Verrin. II*, lib. I, cap. LIV ; Momsen, *Staatsrecht von Salpensa*, p. 470 et 471 ; Maynz, 3e édit., Introduct., § 3.

2. Enfin la loi 45, § 12, D., *de jure fisci*, permet de croire que sous l'empire on tenait compte au præs du surplus.

mentale entre les effets des ventes *lege prœdiatoria* et *in vacuum*. Aussi les partisans de cette théorie ont–ils mis en avant un autre argument (1). Ils ont dit que seule elle permettait de donner une explication satisfaisante du texte de Gaïus relatif à l'*usureceptio ex prœdiatura* (2). Voici ce que contient ce passage : Gaïus commence par exposer qu'il est des cas où un *non-dominus* peut usucaper sans bonne foi; et après avoir cité l'exemple d'un propriétaire qui a aliéné son bien par pure formalité, et celui d'un débiteur fiduciaire qui rentre en possession d'un objet aliéné à titre de gage après s'être libéré, il déclare que, dans ces circonstances, l'ancien propriétaire peut recouvrer sa propriété par une possession d'un an, ce qu'on appela *usurecipere*; il ajoute : « *Item si rem obligatam sibi populus vendiderit, eamque dominus possederit, concessa est usureceptio, sed hoc casu prœdium bienno usurecepitur et hoc est quod vulgo dicitur usureceptio ex prœdiatura* »; c'est-à-dire : « On accorde également l'usureceptio au propriétaire d'une chose engagée à la République, lorsqu'il en recouvre la possession, après qu'elle a été vendue par l'État. Mais cette usureceptio ne s'accomplit pour les immeubles que par deux ans; c'est là ce qu'on appelle l'*usureceptio ex prœdiatura*. »

La vente dont il est question ici, ne saurait, dit-on, être qu'une vente de pure forme ; car, pour prétendre qu'il s'agit d'une vente définitive, il faudrait admettre que le cessionnaire de l'État était moins favorisé que le cessionnaire d'un particulier, puisque contre ce dernier pour usucaper il fallait être de bonne foi. Au contraire, dans l'hypothèse d'une vente provisoire tout s'explique facilement. Rien de plus

---

1. *Sic* Momsen, *Staatsrecht von Salpensa*, p. 476; V. aussi Dernburg, *Pfandrecht*, t. I, p. 18.
2. Comment. II, 59 à 61.

légitime que d'accorder au præs ou au manceps qui a désintéressé l'acquéreur, la voie facile de l'usureceptio pour recouvrer la propriété de ses biens ; et si, contre l'acheteur d'un bien vendu par l'État, le délai d'usureceptio est de deux ans, au lieu d'un, c'est uniquement, nous dit-on, parce que les droits, même de pure forme, quand ils ont été conférés par l'État, méritent une protection plus efficace que les droits conférés par les particuliers.

L'argument est sérieux ; néanmoins nous ne le croyons pas sans réplique. Constatons tout d'abord que dans ce raisonnement on suppose que, pour pouvoir profiter de l'usureceptio, le præs devait préalablement désintéresser l'acquéreur. Or, c'est là une condition dont le texte ne fait aucune mention, et le fait est d'autant plus remarquable que, quelques lignes plus haut, Gaïus lui-même, à propos du débiteur fiduciaire, distingue formellement entre celui qui s'est acquitté et celui qui n'a pas payé.

Toutefois, nous n'irons pas jusqu'à prétendre avec certains auteurs, que l'usureceptio était accordée à l'ancien propriétaire dans tous les cas ; et cela, non pas par un motif d'humanité et comme dernière planche de salut, mais plutôt en haine des *prædiatores* (acheteurs de prædia), spéculateurs en général tarés, et dont l'unique occupation était de s'enrichir aux dépens des misérables. Nous préférons dire avec Dernburg (1) que l'espèce visée par Gaïus est la suivante.

Il arrivait fort souvent que le præs, tout en étant solvable, se trouvait momentanément à court d'argent, et hors d'état par conséquent de se porter adjudicataire. Que faisait-il ? Il n'avait alors d'autre ressource que de s'adresser à un capi-

____

1. Dernburg, *Pfandrecht*, t. I, 39

taliste, auquel il donnait mandat de racheter son patrimoine, promettant de le désintéresser aussitôt que ses affaires seraient revenues à meilleure fortune (1). Alors qu'arrivait-il? Vis-à-vis de l'État et des tiers, cet acquéreur se trouvait bien propriétaire définitif des biens rachetés ; mais à l'égard du præs, il était, par le fait de son mandat, dans une situation analogue à celle d'un créancier fiduciaire, et dès lors, on conçoit très bien que l'usureceptio ait été donnée au præs contre lui, de la même manière qu'elle était accordée au débiteur fiduciaire par le paragraphe 60. La seule différence consistait en ce que l'acquéreur n'avait pas comme le créancier gagiste acquis sous condition de restitution ; il se trouvait donc propriétaire dans le sens le plus large du mot, c'est pourquoi les délais de l'usureceptio étaient contre lui ceux du droit commun.

L'usureceptio ex prædiatura s'explique donc très facilement sans qu'il soit besoin de recourir à l'hypothèse d'aucune vente provisoire, ni de pure forme. Nous l'écarterons donc d'une manière définitive, et, tout en reconnaissant que les textes laissent place à quelques incertitudes, nous dirons que, dès le moment de l'adjudication *lege prædiatoria*, l'acheteur acquérait la propriété quiritaire par le fait de la loi, et sans autre formalité, de telle sorte qu'il avait immédiatement la revendication pour se faire mettre en possession ; et qu'inversement, le præs perdait, à partir de ce moment, tous ses droits, sans avoir pour les recouvrer d'autres moyens que ceux résultant du bon vouloir de l'acquéreur.

Pour terminer cette rapide étude des *prædes*, il nous reste à dire quelques mots d'une opinion qui a été également mise en avant par Momsen (2), et d'après laquelle, les

1. V. D.. L. 52, § 4, *de pactis*; L. 22, § 5, *mandati*.
2. V. Momsen, *Staatsrecht von Salpensa*, p. 470 et 471, note.

præedes auraient été obligés d'une manière plus rigoureuse que le manceps lui-même. Nous n'insisterons pas sur ce qu'une pareille législation aurait eu de singulier, et, pour abréger, nous irons de suite au texte, duquel on a cru pouvoir induire ce système. C'est une table de marbre découverte dans les ruines de Pouzzoles et qu'on désigne sous le nom de *lex Puteolana de parieti faciundo*, parce qu'elle contient les clauses et conditions auxquelles devait être adjugée la construction d'un mur public. Après l'énumération des charges imposées à l'adjudicataire, l'inscription indique le nom du manceps, et le fait suivre de ces mots « *præs idem...* » Or, a-t-on dit, si à la qualité de débiteur principal déjà énoncée, on a cru devoir joindre celle de præs, c'est évidemment parce qu'on avait quelque intérêt à le faire : par conséquent la qualité de præs ajoutait quelque chose aux obligations du manceps, autrement dit la condition du præs était plus rigoureuse que celle du manceps.

Nous doutons fort que ce soit là une exacte interprétation des deux mots « *præs idem* » car on peut en trouver une explication beaucoup plus simple. Bien qu'en général les textes parlent à la fois de præedes et de præedia, il ne faudrait pas croire que ces deux espèces de garanties aient toujours été exigées simultanément des adjudicataires. Nous avons vu que les magistrats jouissaient d'un pouvoir discrétionnaire dans l'appréciation des sûretés à fournir. Maints textes prouvent que pour les travaux peu importants on se contentait de præedes sans subsignatio de præedia (1) : de même, lorsque les biens du manceps paraissaient suffisants, on n'exigeait pas qu'il fournît de garants et on l'autorisait à se servir à lui-même de præs (2) ; alors par suite du formalisme

1. V. Lex Servilia, repetundarum, cap. xvii.
2. V. Dernburg, pp. 29 et 30, t. I.

inhérent à la procédure romaine, on mentionnait dans l'acte ces deux qualités de l'adjudicataire. C'est une espèce de ce genre que contient la *lex puteolana*. Pour s'en convaincre d'ailleurs, il suffit de jeter les yeux sur le deuxième paragraphe de cette loi (1). Son style même prouve qu'il était rédigé en vertu d'une sorte de formulaire, et qu'on a remplacé le nom du præs manquant par le mot *idem*, absolument comme sur nos imprimés administratifs, on remplit par des guillemets ou un paraphe les colonnes destinées à des renseignements qui se trouvent faire défaut dans l'espèce.

RÉSUMÉ. — Nous dirons donc que les prædes étaient des citoyens qui, par un contrat verbis, concédaient à l'État le droit de faire vendre en bloc leur patrimoine, dans le cas où celui qui les présentait viendrait à manquer à ses engagements envers la République.

A partir de ce contrat leur condition devenait la même que celle des débiteurs de l'État. Si à l'échéance l'obligation n'était pas accomplie, tous leurs biens étaient vendus au profit de l'État sur une mise à prix égale à la créance, et, si l'on ne trouvait pas d'acquéreur dans ces conditions, à tout prix. Cette vente était un mode d'acquisition « *lege* » qui transportait *ipso jure*, et sans autre formalité, la propriété définitive à l'acquéreur, de telle sorte que celui-ci avait immédiatement la revendication (2) pour se faire mettre en possession. A partir de ce moment les prædes ne pouvaient plus conjurer le péril qui les menaçait et n'avaient plus en principe aucune action pour contraindre l'acquéreur

---

1. « ... Dies operis : K. Novembribus primus.— Dies pecuniæ : Pars « dimidia dabitur, ubi prædia satis subsignata erunt; altera pars dimi- « dia solvetur, opere effecto probatoque. — C. Blosius. — « Idem p ræs. » — V. Willems, *Inscriptions latines*, I, p. 216.

2. V. Dernburg, *Pfandrecht*, t. I, p. 38.

à leur retransférer la propriété, quand bien même ils auraient offert de le désintéresser entièrement.

§ III. — *Des prædia.*

Nous avons vu que le *jus prædiatorum* autorisait l'État à faire vendre en bloc les biens des débiteurs qui manquaient à leurs obligations, ainsi que ceux de leurs prædes. Ce droit, avons-nous dit, portait sur le patrimoine tout entier, tel qu'il se trouvait au jour de l'échéance, car nulle part dans les auteurs on ne trouve trace de vente partielle (1). Or, on se rappelle qu'à l'époque du contrat, le manceps et les prædes avaient, sous le nom de *prædia subsignata* plus particulièrement donné certains biens en garantie. Quelle était la condition spéciale de ces *prædia?* En quoi se distinguaient-ils du reste du patrimoine? Autrement dit, quels étaient les effets de la *subsignatio.* Il existe sur cette question deux systèmes très différents. Les uns (2) la considèrent comme une véritable constitution de gage au profit de l'État; les autres (3) soutiennent que c'était une simple formalité destinée à prouver la solvabilité des parties, et que les *prædia subsignata* étaient engagés seulement en même temps et au même titre que tout le reste du patrimoine des débiteurs.

La raison de douter viendrait, en faveur du premier système, de ce qu'un grand nombre de textes qualifient le *prædium subsignatum* de « *pignus* » ; en faveur du second, de ce qu'à l'époque où la *prædiatura* a été instituée, les Ro-

---

1. V. Dernburg, *Rœmisches Pfandrecht*, t. I, p. 35 et 36 ; Bachofen, *Rœmisches Pfandrecht*, ch. x, § 5.

2. *Sic* Jourdan, *Hypoth. rom.*, p. 53 et suiv.; Dernburg, *ibid.*

3. *Sic* Zimmermann, *de Notitione et Historia cautionibus, prædibus prædiisque.* — Bachofen, *Pfandrecht*, ch. x, § 5.

mains ne concevaient pas de gage sans aliénation. Or, dit-on, aucun texte ne parle d'une aliénation des præedia au profit de l'État.

Quant à nous, en présence de l'unanimité des textes qui tous qualifient les *præadia subsignata*, de « *præadia pignori data* », « *præadia pignorata* », etc (1)..., l'hésitation ne nous paraît guère possible. Elle nous semble l'être d'autant moins, qu'on peut invoquer contre le deuxième système un second argument presque aussi décisif. Tous les auteurs admettent que la *subsignatio* ne faisait pas perdre au propriétaire le droit de disposer des præadia (2). Or, si elle avait eu pour but seulement d'établir la solvabilité des parties, comment admettre que l'État, après avoir pris la précaution de ne recevoir que des biens libres, ait permis au consignant de les aliéner et de les grever de toutes manières le lendemain du contrat? Dans ce système, en effet, l'aliénation devait évidemment mettre fin à tous les droits de l'État. A quoi bon dès lors exiger tant de preuves de solvabilité des contractants, si on devait ensuite les laisser se ruiner à son préjudice?

On a cherché, il est vrai, à écarter cette difficulté en disant (3) : « Oui, le propriétaire restait libre de disposer comme il l'entendait de ses præadia subsignata ; mais c'était à la charge d'en présenter à la place d'autres de même valeur ; bref, par la *subsignatio*, les débiteurs contractaient l'engagement de maintenir dans leur patrimoine des biens-fonds en quantité suffisante pour que l'État se trouvât constamment garanti contre tout dommage. » Malheureusement,

1. *Præadia dicta quod ea pignori data publice mancipis fidem præstant;* (Varron, *Lingua latina*, V, 40.)
2. D., *de Diversis Regulis juris*, L. 205.
3. V. Huschke, p. 305.

cette assertion ne repose sur rien. Où trouve-t-on trace dans les textes d'une obligation de cette nature? Qu'arrivait-il si le propriétaire n'effectuait pas le remploi? L'État pouvait-il saisir le prædium entre les mains du tiers acquéreur, ou n'avait-il de recours que contre le vendeur devenu peut-être insolvable? Impossible de trouver dans les auteurs une réponse satisfaisante à ces questions. Ce système ne lève donc pas la difficulté; il ne fait que la reculer et la rendre plus inextricable.

Dès lors, il faut bien admettre que l'État possédait sur les prædia subsignata un véritable droit de gage, avec tous les accessoires et toutes les conséquences attachés à ce droit. Reste à savoir comment il prenait naissance. Sur ce point deux opinions sont également en présence.

Premier système (1). — Le jus prædiatorum, disent les uns, fut surtout en usage à une époque où les Romains ne concevaient pas qu'il pût exister de droit de gage au profit d'un *non-dominus*. L'engagement des prædia revêtit donc la veille forme de la mancipation avec fiducie (2) et la *subsignatio* ne fit que constater cet engagement. L'État fut sous la République propriétaire fiduciaire des prædia, et ce n'est que plus tard, lorsque l'hypothèque se fut introduite dans le droit privé, qu'on songea à supprimer toutes les vieilles formalités devenues inutiles. Ainsi, dit-on, s'explique très bien pourquoi les biens italiques sur lesquels on avait le *dominium*, pouvaient seuls faire l'objet d'une

1. *Sic* Klenze, *Fiskalische Forderungen; Kritische Zeitschrift*, t. VIII, p. 380; Walter, *Rechtsgeschichte*, § 387; Hugo, *Rechtsgeschichte*, 1449; Savigny, *Heidelberger Iahrbuch*, 1809, p. 258; Zimmern, *Abhandlungen*, p. 692.

2. De là, dit-on, le nom de *manceps* donné à l'adjudicataire. — Nous avons montré ci-dessus qu'on pouvait donner de ce mot une autre étymologie aussi simple.

subsignatio : c'est parce que seuls, ils étaient susceptibles d'être mancipés.

A cela, on répond que nulle part dans les textes il n'est question d'une mancipation en faveur de l'État ; que bien plus, l'État ne pouvait figurer dans une mancipatio, et qu'il ne lui était pas non plus possible de prendre, dans les formes solennelles, l'engagement de restituer ; qu'enfin le consignant conservait, malgré la *subsignatio,* le droit de disposer des præadia subsignata, ce qui, évidemment, eût été impossible, s'il avait cessé d'être propriétaire.

Deuxième système (1). — L'engagement des præadia à l'État, disent les autres, n'a, à aucune époque, emprunté la forme de l'aliénation fiduciaire. Les plus anciens textes nous présentent la signature des parties comme suffisante pour le créer. Dès lors, la *subsignatio* n'avait pas seulement lieu *ad probationem,* mais bien *ad solemnitatem* ; l'acte dressé par le magistrat et signé des contractants n'était pas un simple mode de preuve, il formait la matière même du contrat. Le consignant conservait la propriété des præadia, ce qui explique pourquoi la faculté d'en disposer ou de les grever lui a toujours été reconnue ; quant à l'État, sa situation de gagiste lui donnait les moyens de ne pas souffrir de ces aliénations. Enfin, si on ne pouvait consigner que des biens sur lesquels on jouissait du *dominium,* c'est parce que c'était là une des règles du *jus pignoris* que l'on voulait créer.

Cette opinion nous semble préférable à la première. De nombreux exemples prouvent qu'à Rome, l'État pouvait acquérir ou transmettre certains droits sans se soumettre aux formes imposées aux particuliers. C'était là un effet de sa

---

1. *Sic* Maynz, *Cours de droit romain,* 3ᵉ édit., Introd., § 3, nᵒ 7 ; Jourdan, *Hypoth. romaine.,* 353 et suiv.; Dernburg, t. I, p. 35.

puissance souveraine, qui, considérée par les jurisconsultes comme la source de tous les droits, iui rendait possible, des actes juridiques que n'auraient pu accomplir de simples citoyens. Il n'est donc pas surprenant que les Romains, dès la République, aient imaginé en faveur de l'État un gage sans transport de propriété et aient ainsi pratiqué de très bonne heure dans leur droit public une institution qui ne devait s'établir que beaucoup plus tard dans le droit privé.

Nous dirons donc que la *subsignatio* créait en faveur du Trésor sur les *prædia subsignata* un vrai droit de gage qui, à la différence du pignus ordinaire, avait sa source, non pas dans une mancipation, non pas dans une aliénation fiduciaire quelconque, mais dans la puissance souveraine de l'État.

§ 4. — *Comptables*.

Bien que sous l'Empire l'usage se fût introduit de faire fournir des prædes et des prædia par les candidats aux emplois de comptables municipaux, il ne semble pas qu'on ait jamais songé à en exiger des fonctionnaires chargés de l'*ærarium*. Sous la République, il n'y eut contre eux qu'un système de répression pénale ; mais jamais on ne les obligea à donner caution pour leur administration. Les raisons de ce fait sont faciles à trouver. Le petit nombre des agents chargés de l'administration des finances, la courte durée de leurs fonctions, le compte détaillé qu'ils étaient tenus de rendre à leur sortie de charge, le droit d'accusation publique ouvert contre eux à tout citoyen, enfin, par-dessus tout, la surveillance étroite exercée par les censeurs et le droit de veto accordé à tous les magistrats supérieurs, suffisaient pour empêcher le détournement des fonds de l'État (1). Les fonctionnaires peu scrupuleux avaient d'ailleurs dans l'exploitation des provinciaux un moyen de s'enrichir à la fois plus facile et plus sûr que de piller le Trésor. Aussi, sous la République, les cas de péculat furent-ils excessivement rares, et encore les quelques procès de ce genre dont l'histoire a conservé la trace nous apparaissent-ils bien plutôt comme des procès politiques dus à la haine de factions rivales, que comme des procès financiers.

Ils furent en général intentés, soit devant le Sénat, soit devant le peuple qui nommait une commission, ou jugeait directement. La peine était le plus souvent l'interdiction de l'eau et du feu avec confiscation de tous les biens (2). Toutefois un passage de Plutarque semble indiquer que les scribes des questeurs convaincus de malversation, n'encouraient que la privation de leur office. Comme ces offices étaient vénaux (3), il ne serait pas impossible qu'il eût existé, dès cette époque sur les biens de certains agents, un système de garanties pécuniaires, distinct du *jus prædiatorum*, et dont il ne reste plus aucune trace.

Tel était le *jus prædiatorum* sous la République. Créé exclusivement en faveur de l'*ærarium* et de certaines personnes publiques, telles que les cités, il ne fut jamais applicable aux contrats passés entre particuliers (4). Nous verrons dans le chapitre suivant comment il tomba en dé-

1. V. Humbert, *Origines de la comptabilité sous la République romaine* (discours prononcé à l'audience solennelle de rentrée de la Cour des comptes, le 4 nov. 1879).

2. V. Laboulaye, *Essai sur la responsabilité des magistrats pendant la République romaine*, p. 195; V. aussi Walter *Geschichte des Rœmischen Rechts*, n° 813 ; Humbert, *ibid.*, p. 67.

3. Humbert, *ibid.* p. 56 ; Plutarque, *Cato Minor.* cap. XVI, XVII et XVIII.

4. V. Momsen, *Staatsrecht von Salpensa*, p. 467.

suétude ; pour le moment, nous nous bornerons à constater qu'en accoutumant les Romains à concevoir un droit de gage immobilier indépendamment de toute translation de propriété, il les prépara à accepter le contrat hypothécaire, que les jurisconsultes allaient bientôt importer de la Grèce à Rome.

CHAPITRE II

ÉTABLISSEMENT DE L'HYPOTHÈQUE LÉGALE DU FISC SOUS L'EMPIRE

Nous avons vu que sous la République, il existait en faveur de l'État contre ses débiteurs, un système complet de garanties, présentant quatre caractères : 1° Il était conventionnel, c'est-à-dire qu'il devait faire l'objet d'une clause expresse du contrat. 2° Il comprenait à la fois des garanties réelles *prœdia*, et des garanties personnelles *prœdes*. 3° Les comptables de la République n'y étaient pas soumis. 4° Les cités, comme l'État romain, pouvaient s'en prévaloir contre leurs débiteurs. Comment ces garanties furent-elles sous l'Empire remplacées par une hypothèque légale, accordée au fisc seul sur les biens de tous ses débiteurs et de ses comptables ? C'est ce que nous avons maintenant à étudier.

On se rappelle qu'Auguste, tout en laissant subsister l'ancien *œrarium* avec la législation qui lui était propre, créa à côté de lui une caisse spéciale de l'armée, dont il se réserva la libre disposition. Cette caisse jouit-elle dans le principe des avantages du *jus prœdiatorum* ? Nous ne le pensons point (1). Les dernières traces du *jus prœdiatorum* disparaissent de la législation avec la période classique, c'est-à-dire

1. *Sic* Dernburg, *Pfandrecht*, I, p. 335. — *Contra* Bachofen, *Rœmisches Pfandrecht*, p. 234, qui semble admettre que la loi qui attribua à la caisse militaire l'impôt sur les successions soumit les adjudicataires de la perception à toutes les obligations du *jus prœdiatorum*. — V. aussi Maynz, *Cours de droit romain*, t. I, p. 368 et 369.

précisément à l'époque ou l'*ærarium* disparut comme caisse d'État. Ce fait s'explique de lui-même si ce droit resta propre à la caisse du peuple ; mais on ne saurait l'interpréter, si l'on admet que la *prædiatura* devint applicable aux créanciers du fisc. Nulle part d'ailleurs, dans les textes, il n'est question de *prædes*, ni de *prædia*, fournis à la caisse militaire ; et certainement Gaïus qui, dans son deuxième commentaire, cite les cas d'*usureceptio ex prædiatura*, n'aurait pas manqué de mentionner les débiteurs de l'empereur à côté des débiteurs du peuple, si les uns comme les autres avaient pu faire usage de ce mode spécial de prescription (1).

D'autre part, il est à remarquer qu'à l'origine la caisse militaire se présenta moins avec les caractères d'une caisse publique que comme une sorte de trésor privé, appartenant en propre au prince. L'empereur eut donc recours aux modes de cautionnement, qui se trouvaient à l'usage des particuliers, et qui, par suite surtout de l'introduction récente de l'hypothèque dans la législation romaine, étaient pour lui plus avantageux que le *jus prædiatorum*. La *prædiatura*, en effet, avait de nombreux inconvénients. Les fonds italiques seuls pouvaient être présentés comme garanties. Par suite de l'importance de plus en plus grande que chaque jour les terres provinciales prenaient dans la fortune des Romains, cette disposition surannée mettait les adjudications à la merci d'un petit nombre de propriétaires qui en profitaient souvent pour n'offrir que des prix peu élevés. De plus, les formalités de la vente prædiatoriale étaient minu-

____

1. V. Gaïus, Comment. II, § 60 et suiv. — Ou a cependant cité comme contraire à ce système la loi 5, § 10, D., *de jure immunitatis*. Mais cette loi, due à Callistrate, date d'une époque où les conventions d'hypothèque étaient devenues de style dans les contrats passés avec le fisc. Il est donc probable que l'expression *subsignatæ* a été employée dans le sens d'*obligatæ*.

tieuses et compliquées. Les magistrats manquaient de la
liberté nécessaire pour fixer avantageusement les mises à
prix. On conçoit donc que les premiers empereurs, plutôt
que de réclamer pour leur caisse le jus *prædiatorum*, aient
préféré insérer des conventions d'hypothèque dans les contrats qu'ils passaient(1).

Ces conventions devinrent bientôt de style dans tous les
contrats où le fisc était partie. Fit-on tout d'abord un pas de
plus ? Déclara-t-on dès le principe, qu'en l'absence de toute
mention expresse, la convention d'hypothèque serait nécessairement sous-entendue dans certains contrats passés avec
le fisc ? Autrement dit, le fisc, dès le règne d'Auguste, eut-il
une hypothèque tacite ? Au premier abord l'affirmative
semblerait peu conforme aux habitudes des législateurs romains, qui, pour insérer une disposition dans la loi, attendaient
qu'elle fût passée dans les mœurs. Certains auteurs cependant l'ont soutenue. Il existe, en effet, un fragment d'un jurisconsulte contemporain de Gaïus qui porte : § 5 : « *Bona
eorum qui cum fisco contrahunt lege... aria veluti pignoris jure fisco obligantur non solum ea quæ habent
sed ea quoque quæ postea habituri sunt.* » Le mot
« *aria* » est évidemment incomplet et différentes restitu-
tions en ont été proposées. Les uns (2) proposent de lire
« *XX aria* », *lege vicesimaria,* ou « par la loi du vingtième
sur les successions » ; d'où il résulterait que dès l'origine
de l'impôt du vingtième, c'est-à-dire dès le règne d'Auguste,
le fisc eut une hypothèque légale sur les biens des fermiers
de cet impôt. Les autres (3), au contraire, lisent simple-

1. Dernburg, *Pfandrecht*, I, p. 336.
2. Bœcking; Dernburg, p. 337, note semble peu favorable à la restitution de Boecking; Bachofen l'adopte, p. 236.
3. Giraud, *Novum Enchyririum*, p. 142, n° 1.

ment « *vacuaria* » ce qui ne permettrait plus de rien conclure. Quant à nous, nous ne saurions prendre parti dans ce
débat. Tout se réduit à savoir si le texte primitif portait,
oui ou non, *lege XX aria*. Si cette restitution est exacte,
le doute n'est pas possible. Si elle ne l'est pas, le fragment
ne prouve rien. Or c'est là une question d'épigraphie, sur
laquelle nous ne pouvons pas avoir d'opinion. Nous nous
contenterons donc d'exposer les raisons juridiques qui nous
paraissent rendre plus vraisemblable, l'un ou l'autre système.

Édit du préfet d'Égypte. — Parmi les textes de la période impériale traitant des débiteurs du fisc, le plus ancien
qui nous soit parvenu, est une table découverte au commencement du siècle dans le temple de la grande oasis d'El-
Khargeh, en Égypte (1). C'est l'inscription en langue grec-

1. *Édit de Tibérius Julius Alexander, préfet d'Egypte :*
« Afin que que les actions pour dettes atteignent les biens, non les
personnes, conformément à la volonté du Div. Auguste, j'ordonne que
nul (employé public) ne se fera concéder sous prétexte de l'intérêt du
fisc, des créances de sommes qu'il n'aurait pas lui-même prêtées dès
l'origine ; et je defends que, sous aucun motif, on incarcère des personnes libres dans une prison quelconque, à moins que ce ne soient des
malfaiteurs, ou dans le *practorium*, excepté les débiteurs du fisc.

« Et afin que le prétexte de dette envers le fisc ne puisse servir à
gêner et à troubler les transactions entre particuliers, et que nul ne
puisse comprimer la confiance publique en faisant valoir abusivement
le titre de dette privilégiée pour des affaires où le privilège ne saurait
avoir lieu, j'ai pris également un arrêté formel à l'égard de ce privilège.

« Car plusieurs fois on m'a fait voir que certaines gens ont tenté
d'annuler des hypothèques fondées légalement, d'enlever de force à des
créanciers l'argent qu'ils avaient reçu de leurs débiteurs, d'annuler
des marchés en dépouillant les acquéreurs de leurs biens, sous prétexte qu'ils avaient contracté avec des personnes soit *stratèges*, soit
employées à l'administration des finances, soit tous autres qui, ayant
obtenu des délais, étaient reliquataires envers le fisc.

« J'ordonne ici en conséquence à quiconque fait fonction de procureur de César ou d'économe, s'il a des soupçons sur quelqu'un des employés publics, d'engager le nom de cet individu ou de défendre de

que d'un édit fort long, rendu sous l'empereur Galba, par le préfet d'Égypte, Tiberius Alexander. Ce fragment est pour nous d'une haute importance, car il permet d'établir nettement les droits du fisc vers l'année 70 de l'ère chrétienne.

Nous y voyons que contrairement aux autres créanciers, il pouvait exercer contre ses débiteurs la contrainte par corps. De plus, il jouissait déjà sur leurs biens d'un *privilegium exigendi*, car le préfet se plaint qu'on abuse du privilège du fisc pour commettre une foule d'exactions dans des causes où il n'y a aucunement lieu à privilège. A l'inverse le fisc n'avait pas encore d'hypothèque légale, car l'édit interdit de contester les gages et hypothèques constitués par les débiteurs de l'État et de rescinder les aliénations ou les payements régulièrement faits par eux.

A l'égard des comptables et fonctionnaires publics, le texte contenait une disposition singulière. Il permettait aux *procuratores Cæsaris* de former sur les biens de ceux qui paraissaient suspects, une sorte de saisie-arrêt anticipée (1), soit en défendant de contracter avec eux, soit en mettant sous séquestre une partie de leur patrimoine (2). C'était là, pour ainsi dire, une prise de gage anticipée et publique qui en cas d'insolvabilité autorisait l'État à ne pas tenir compte des actes faits au mépris de l'avertissement donné, tout

contracter avec lui ou de retenir dans le *tabularium* une part de ses biens, comme caution du reliquat de sa dette. Après cela, si quelqu'un des employés, dont le nom n'est point engagé, ni dont les biens n'ont souffert aucune retenue, a prêté sur hypothèque légale, ou est parvenu à rentrer dans ses fonds, ou enfin achète une propriété, son nom n'étant point engagé, ni ses biens retenus, on ne pourra l'inquiéter en rien. » (*Journal des savants*, année 1822, p. 180, traduction de Letronne.)

1. Nous verrons que Charles IX employa plus tard le même moyen en France.

2. Probablement par une inscription dans le Calendarium du Trésor. — V. Bachofen.

en laissant intact le crédit des débiteurs solvables (1).

Ce mode de procéder était-il adopté d'une manière générale dans l'Empire; ou bien devons nous le considérer seulement comme une disposition ingénieuse imaginée par un magistrat local intelligent ? Cela est fort difficile à préciser. Toutefois, une chose résulte clairement de ce texte; c'est qu'à l'époque de Galba, non seulement le fisc n'avait pas d'hypothèque tacite sur les biens de ses administrateurs et comptables, mais qu'il n'en avait pas non plus sur les biens de ses autres débiteurs (2).

Cette hypothèque n'existait pas davantage sous les empereurs Marc-Aurèle et Verus, c'est-à-dire vers les années 161 à 169 (3). En effet dans la *l. 21. Qui potior in pign.* (4) empruntée au Digeste de Scævola et datant de cette époque, le fisc stipule une hypothèque expresse pour sûreté d'un contrat de prêt (5). On a dit, il est vrai, que cette clause n'était qu'un pléonasme. Mais cela semble d'autant plus difficile à admettre que plusieurs textes postérieurs parlent encore d'hypothèques conventionnelles consenties en faveur du fisc. Telle est notamment la loi *uniq. Cod. rem alienam ge-*

1. Cet édit contient également une disposition relative aux dots que nous étudierons plus loin.

2. *Contra* Bachofen, *Pfandrecht*, p. 241. — *Sic* Schrader, *Kritische Zeitschrift*, 1826, I⁰ʳ vol. (RheinischesMuseum, Jahrgang, II).

3. Bachofen, p. 247.

4. Certains auteurs citent également pour prouver que l'hypothèque légale n'était pas encore accordée au fisc vers le milieu du II⁰ siècle (138 á 161, Bachofen), la loi 10, *de pactis*, qui traite du cas où le fisc n'a aucune hypothèque. Toutefois cette loi ne nous paraît pas en elle-même une raison suffisante de décider, car nous verrons que même à l'époque où une hypothèque légale fut donnée au fisc, il resta toujours un certain nombre de créances pour lesquelles le fisc ne put s'en prévaloir.

5. V. Hellfeld, *Dissertatio de hypotheca fisci, præsertim in bonis vost contractum quæsitis*, § 5; V. Glück, *Erlæuterung der Pandeckten*, t. XIX, p. 67.

rentibus (1), datant des premières années du IIIe siècle, et où il est parlé d'un tuteur hypothéquant ses biens à l'État.

Ainsi donc, d'une manière générale, pendant les deux premiers siècles de l'ère chrétienne, le fisc n'eut d'hypothèque légale ni pour ses créances contractuelles, ni pour ses créances contre ses agents. Dès lors, si la restitution de Bœcking était exacte, il faudrait reconnaître que la *lex vice-simaria* aurait créé contre les fermiers du vingtième un droit exceptionnel qui, pendant plus de deux siècles, aurait été une singularité dans la législation. Quant à nous, à moins d'une preuve certaine, nous ne saurions l'admettre, et nous dirons que, comme les particuliers, le fisc n'eut d'abord hypothèque que lorsqu'il l'avait stipulée expressément. Toutefois, les empereurs ayant peu à peu recommandé à leurs agents d'exiger des hypothèques de tous ceux avec lesquels ils traitaient en leur nom, ces conventions se multiplièrent si bien qu'elles devinrent promptement de style dans tous les traités passés avec le fisc, et qu'on s'accoutuma peu à peu à considérer toutes les créances du fisc comme des créances hypothécaires. Dès lors la règle était déjà admise et passée dans les mœurs ; il ne restait plus qu'à l'inscrire dans la législation, en déclarant que le fisc, en vertu de la loi, avait toujours hypothèque sur les biens de ses débiteurs. C'est ce qui se fit vers la fin de l'époque classique.

Le moment était, du reste, bien choisi : l'*ærarium* était en train de disparaître en tant que caisse d'État. Cessant d'être la cassette privée (2) de César pour devenir le véritable Trésor public de l'Empire, le fisc commençait à être vu avec plus de faveur, et des jurisconsultes du plus grand mérite, comme Callistrate ou Papinien, travaillaient à étendre

1. V. Bachofen, *Pfandrecht*, p. 249.
2. V. Dernburg, *Pfandrecht*, t. I, p. 339.

ses prérogatives, tout en empêchant qu'il en fût fait un usage contraire à l'équité.

A quelle époque précise le pas fut-il franchi ? Les auteurs ne sont pas absolument d'accord sur ce point. Les uns (1) prétendent que la première mention de l'hypothèque tacite se trouve dans la *L. 2, C. de servo pign. dato,* datant du co-principat des empereurs Sévère et Antonin Caracalla, et par conséquent antérieure à l'année 211 : *Libertas a debitore fisci servo data, qui pignori non est ex conventione speciali, sed tantum privilegio fisci obligatus, non aliter infirmatur, quam si hoc fraudis consilio effectum detegatur.* Les autres soutiennent que l'hypothèque générale dont parle cette loi n'était que conventionnelle, et qu'il faut aller jusqu'au règne d'Antonin Caracalla pour trouver des preuves certaines d'une hypothèque légale en faveur du fisc (2).

Toujours est-il que cette hypothèque existait en l'année 214. Cela résulte d'une manière incontestable des trois textes suivants, datant de cette année ou de la suivante :

1° *La Loi 2 Cod, de Priv. fisc. : Quamvis ex causâ dotis vir quondam tuus tibi sit condemnatus, tamen si, priusquam res tibi obligarentur cum fisco contraxit, jus fisci causam tuam prævenit. Quod si post bonorum (ejus) obligationem rationibus meis cœpit esse obligatus, in ejus bona cessat privilegium fisci.*

1. V. Glück, *Erlæuterung der Pandekten,* t. XIX, p. 68 ; Dernburg, *Pfandrecht,* t. I, p. 339; Bachofen, *Pfandrecht,* p. 251.

2. Ils traduisent alors le texte à la manière suivante : la liberté donnée par un débiteur du fisc à un esclave, *qui, en vertu de la convention ne se trouve l'objet d'aucun gage spécial,* mais est seulement soumis à une hypothèque générale en faveur du fisc, etc. ; les mots *ex conventione* porteraient alors sur les deux membres de phrase cela paraît assez vraisemblable si l'on rapproche ce texte de ceux qui le précèdent et le suivent dans le Code.

2° *La loi 3 Cod. de Priv. fisc. : Si cum pecuniam pro marito solveres, neque ius fisci in te transferri impetrasti neque pignoris causâ domum vel aliud quid ab eo accepisti : habes personalem actionem : nec potest præferri fisci rationibus, a quo dicis ei vectigal denuo locatum esse, cum eo pacto, universa quæ habet, habuitve tempore, quo ad conductionem accessit, pignoris jure fisco teneatur. Salva igitur indemnitate fisci, debitorem tuum pro pecuniâ quam pro eo fisco solvisti, more solito convenire non prohiberis.*

3° *Enfin la Loi 2 Cod. In quibus causis., pignus. certum est ejus, qui cum fisco contrahit, bona veluti pignoris titulo obligari, quamvis specialiter id non exprimatur.*

Plusieurs auteurs ont cru voir dans cette dernière loi le texte même qui avait créé l'hypothèque légale du fisc (1). Cela semble difficile à admettre en présence des termes employés par l'empereur, qui en parle comme d'une chose déjà établie. Quant à nous, comme nous l'avons déjà dit, nous ne pensons pas que cette prérogative ait été instituée par un texte précis. Le droit romain d'alors était dans une très grande mesure coutumier. En présence de la pratique universellement admise de joindre des conventions d'hypothèque aux contrats passés avec le fisc, les juges chargés de statuer sur les cas où elles venaient à manquer, finirent par décider de plus en plus fréquemment que l'intention sous-entendue des parties avait été d'accorder au fisc hypothèque sur leurs

1. V. Spangenberg, *Civiliste Archiven*, t. XI, p. 451; Zimmern, *Geschichte des Rœmischen Rechts.* II, p. 260; Rudorf, *Das Edict. des Tib. Julius* (Rheinische Museum, Jahrgang II, p. 167); Sintenis, p. 289; Klenze, *Ueber die gesetzlichen Vorzüge fiscalischer Forderungen. Zeitschrift für geschicht. Rechtswissenschaft.*, t. VIII, p. 386.

biens. Il s'établit ainsi une présomption qui rejeta sur les débiteurs la charge de la preuve. Cette preuve fut de plus en plus difficile ; et la présomption, après avoir admis la preuve contraire, finit par devenir rapidement, en fait, irréfragable (1). Dès lors le droit nouveau était établi : l'empereur n'avait plus qu'à l'enregistrer, et il put, en toute vérité, le faire en ces termes : « *Certum est...* etc. »

L'hypothèque légale du fisc eut donc alors pour objet de suppléer une convention expresse d'hypothèque présumée toujours sous-entendue, et qu'on omit dès lors d'insérer. Cette présomption était pleinement fondée à l'égard des fermiers des impôts ; elle ne l'était peut-être pas autant à l'égard de tous les autres débiteurs. Aussi, s'est-on demandé si, à l'origine, l'hypothèque tacite n'avait pas frappé seulement les biens des publicains. Il est certain que dès le principe, elle atteignit également ceux des contribuables en retard (2) et cependant, en ce qui les concerne, on ne pouvait admettre une convention d'hypothèque sous-entendue. Toutefois, il faut remarquer qu'à Rome le Trésor avait de tout temps joui de certaines garanties pour la rentrée de ses revenus. On y était habitué ; et, lorsqu'au lieu d'affermer les impôts, il commença à les percevoir directement, on conçoit très bien qu'on lui ait reconnu à l'encontre des contribuables l'hypothèque qu'il avait eue jusqu'alors contre les fermiers (3).

Pour prouver que l'hypothèque légale ne frappa d'abord que les publicains, on a cité également un passage de Callis-

1. Le droit de vente du créancier gagiste sur l'objet engagé s'établit d'une manière analogue.

2. La loi 1, Cod., *in quib. caus. pign.*, est de l'année 214.

3. Ceci est une simple observation. Tout ce qui concerne le fisc créancier des impôts est en dehors de notre cadre, et nous éviterons avec soin d'en parler.

trate relatant une décision des empereurs Caracalla et Géta et datant par conséquent des années 211 ou 212. Il est ainsi conçu (1) : *Conductores enim vectigalium fisci necessitate subeundorum municipalium munerum non obstringuntur: idque ita observandum divi fratres rescripserunt... ex quo rescripto principali intelligi potest,non honori conductorum datum, ne compellantur ad munera municipalia, sed ne extenuentur facultates eorum quæ subsignatæ (2) sunt fisco.* — En effet, a-t-on dit, la raison donnée par Callistrate, *ne extenuentur,* etc., « afin de ne pas diminuer les garanties hypothécaires du fisc », existerait au même degré pour tous les débiteurs s'ils avaient été tous soumis à l'hypothèque ; par conséquent, puisque l'empereur n'a exempté que les publicains, c'est qu'eux seuls étaient tenus de *subsignare* (3). Ce raisonnement nous paraît peu concluant. La situation prédominante que les publicains occupaient parmi les débiteurs du fisc suffit très bien pour expliquer l'exception contenue dans le rescrit. Il est même très probable qu'en fait, c'est à leur égard seulement que Caracalla et Géta avaient été consultés. D'ailleurs, l'insertion de ce texte dans la compilation de Justinien prouve qu'il contenait encore l'exposé de la législation en vigueur sous cet empereur; or, personne ne conclut de là qu'alors les biens des publicains étaient seuls grevés de l'hypothèque tacite (4).

1. L. 5, § 10, D., *de jure immunitatis.*
2. Ce mot a donné lieu à bien des discussions. Est-ce une expression vicieuse, employée pour *obligatæ ?* ou bien l'hypothèque, conformément au vieil usage, donnait-elle lieu alors à une inscription sur les registres du fisc ? Si l'on admet cette hypothèse, on est conduit à constater qu'à l'origine l'hypothèque du fisc fut publique.
3. V. Bachofen, *Rœmisches Pfandrecht*, p. 250.
4. A l'inverse, pour prouver que le fisc jouissait dès lors d'une

Toujours est-il que le fisc ne fit d'abord usage de ses prérogatives qu'avec beaucoup de modération. Paul (1) déclarait que l'équité l'obligeait à poursuivre le débiteur principal, avant de saisir les biens hypothéqués entre les mains des tiers détenteurs ; Callistrate (2) exigeait, pour qu'il pût se prévaloir de ses privilèges hypothécaires, que la créance fût née en sa personne ; Antonin (3) reconnaissait encore qu'il n'avait aucun droit sur les biens de la femme d'un primipile insolvable, et Alexandre Sévère (4) proclamait que, pour ses créances résultant de condamnations pénales, il prenait rang après tous ceux qui agissaient en vertu d'une action reipersécutoire.

Ce système fut bientôt abandonné. A l'époque d'Ulpien, le fisc cherchait déjà à appliquer ses privilèges à toutes les créances qu'il avait acquises par cession ou autrement (5) et les mêmes prérogatives étaient accordées aux patrimoines privés de l'empereur et de l'impératrice (6).

Depuis lors, les empereurs cherchèrent à élargir le plus qu'ils purent le champ d'application de l'hypothèque fiscale (7). A mesure qu'on avance les textes qui s'y rapportent deviennent de plus en plus nombreux, et à la fin du IVe siècle le jurisconsulte Hermogénien put dire assez exactement : « *fiscus habet semper jus pignoris* (8) » : « Toutes les créances du fisc sont garanties par une hypothèque. »

hypothèque pour ses créances *ex empto*, on a cité la loi 2, D., *de reb. eorum*. Malheureusement rien dans ce texte n'indique que l'hypothèque dont il fait mention fût légale. *Sic* Bachofen, *Pfandrecht*, p. 250.
1. L. 47, Pr. D., *de jure fisci*.
2. L. 3, § 7, D., *de jure fisci*.
3. L. I, Code, *de priv. fisc*.
4. L. uniq., Cod., *Pœnis fiscalibus. Creditores præferri* (225 ap. J.-C.).
5. L. 6, Pr. D., *de jure fisci* .
6. Même loi, § 1.
7. V. Jourdan, *Hypoth. rom.*, p. 422.
8. L. 46, § 3, D., *de jure fisci*.

CHAPITRE III

EXPLICATION DES LOIS 21, D., « QUI POTIOR IN PIGNORE »
ET 28, « DE JURE FISCI »

Nous avons vu dans le chapitre précédent que, dès l'époque de Caracalla, le fisc eut une hypothèque tacite sur les biens de la plupart de ses débiteurs. Fit-on un pas de plus dans cette voie, et accorda-t-on dans certain cas à cette hypothèque la qualité d'hypothèque privilégiée ? C'est là une des questions qui, depuis la renaissance des études de droit romain, ont été les plus discutées par les jurisconsultes, et « le débat, dit M. Jourdan (1), est devenu, il faut bien le reconnaître, une véritable mêlée, dans laquelle on a invoqué, tantôt dans un sens, tantôt dans un autre, bien des textes qui sont absolument étrangers à la matière, ou n'ont avec elle qu'un rapport indirect ». Ce sera là notre excuse ; et si, comme nous le craignons, cette partie de notre travail manque souvent de la clarté et de la concision nécessaires, nous espérons qu'on voudra bien nous tenir compte à la fois de l'obscurité du sujet et de la multiplicité des systèmes et des arguments proposés.

La difficulté vient de la contradiction apparente de deux textes, qui tous deux appartiennent à l'époque classique, et dus, l'un à Scævola et l'autre à Ulpien.

1º *Loi 21, Pr. D., Qui potior in pign., — Scævola. —*

____

1. V. Jourdan, *Étude sur l'Hypothèque romaine*, p. 316.

Titius Seiæ, ob summam quæ ex tutela ei condemnatus erat, obligaverat pignori omnia bona sua, quæ habebat, quæque habiturus esset : postea mutuatus a fisco pecuniam, pignori ei res suas omnes obligavit et intulit Seiæ partem debiti, et reliquam summamnovatione facta, eidem promisit, in qua obligatione similiter ut supra de pignore convenit. Quæsitum est, an Seia præferenda sit fisco, et in illis rebus quas Titius tempore prioris obligationis habuit : item in his rebus, quas post priorem obligationem adquisiit donec universum debitum suum consequatur ? Respondit nihil proponi cur non sit præferenda.

« Titius, condamné envers Seïa au payement du reliquat d'un compte de tutelle, lui avait engagé, pour l'acquittement de cette dette, tous ses biens présents et à venir, puis, ayant fait un emprunt au fisc, il lui a engagé encore tous ses biens. Dans la suite Titius a payé à Seïa une partie de ce qu'il lui devait ; puis, par une novation, il lui a promis le surplus en joignant au contrat la même convention d'hypothèque que précédemment. On se demandait, en premier lieu, si Seïa devait être préférée au fisc sur les biens que Titius possédait à l'époque de la première convention ; en second lieu, si elle devait l'être également sur ceux qu'il avait acquis dans la suite? Réponse : Rien dans l'espèce ne s'y oppose. »

2° *Loi 28, De jure fisci. — Ulpien.— Si qui mihi obligaverat quæ habet habiturusque esset, cum fisco contraxerit, sciendum est in re postea acquisita, fiscum potiorem esse debere Papinianum respondisse, quod et constitutum est : prævenit enim causam pignoris fiscus.* — Ce qui signifie :

« Un individu m'ayant engagé tous ses biens présents et à venir avait contracté avec le fisc. Papinien consulté déclara qu'en vertu d'une constitution, le fisc m'était préférable, *in re postea acquisita, prævenit enim causam pignoris fiscus* (1). »

Ainsi donc, tandis que Scævola donnait dans tous les cas l'avantage au créancier hypothécaire plus ancien, Ulpien peu après déclarait que la préférence appartenait au fisc sur les biens acquis par ses débiteurs, depuis le jour où ils avaient contracté avec lui,

Comment expliquer cette contradiction? Les circonstances du fait ou les principes généraux de l'hypothèque suffisent-ils pour cela; ou bien faut-il admettre qu'entre Scævola et Ulpien, une constitution impériale avait accordé au fisc un privilège *stricto sensu* sur certains biens? Bien des systèmes ont été proposés à cet égard. Nous allons exposer les principaux et pour introduire un peu de clarté dans cette étude, nous les diviserons en trois grandes catégories. Nous exposerons d'abord ceux qui tendent à expliquer le rang accordé au fisc dans la loi 28, par les seules circonstances du fait; en second lieu, nous discuterons les opinions des auteurs qui voient dans cette loi une application pure et simple des principes généraux régissant l'hypothèque légale; enfin nous terminerons en faisant connaître les arguments produits par ceux qui y trouvent la preuve d'une préférence spéciale accordée au fisc.

---

1. Nous omettons à dessein de traduire les derniers mots du texte, car c'est sur l'interprétation à leur donner que les principales controverses se sont élevées.

§ 1. — *Systèmes qui expliquent par les circonstances du fait la préférence accordée au fisc par la loi 28.*

I. Exposé du système. — Lorsque dans une étude de jurisprudence on rencontre deux décisions contemporaines qui paraissent contradictoires, on doit tout d'abord rechercher si les deux espèces proposées sont bien identiques et si, dans l'une d'elles au moins, il ne se rencontre pas quelques circonstances accessoires, qui ont pu modifier la solution tout en laissant intacts les principes juridiques sur lesquels elle s'appuie. Tel est, d'après certains auteurs, le cas dans la discussion qui nous occupe. Suivant eux, non seulement la réponse de Papinien et d'Ulpien n'aurait pas la portée doctrinale qu'on lui attribue, mais elle serait une simple application de la règle : *Prior tempore, potior jure ;* car, disent-ils, si sans s'arrêter à la première impression l'on se donne la peine d'étudier avec soin les termes dans lesquels les jurisconsultes ont posé la question, on reconnaîtra bien vite que, dans l'espèce, l'hypothèque du fisc était antérieure à celle du particulier.

Cela, dit-on, ressort à la fois et de l'examen attentif du texte, et de l'impossibilité qu'il y a de donner de cette loi une autre interprétation raisonnable (1).

1° Du texte : Pour s'en convaincre il suffit de remarquer que *contraxerit* n'est évidemment pas ici au futur, mais au prétérit, qui marque un temps antérieur au plus-que-parfait *obligaverat ;* il faudrait donc lire comme s'il y avait, *cum fisco* **jam ante** *contraxerit.* En second lieu, dit-on, le

1. *Sic* Donnellus, *de Pignoribus et Hypothecis*, t. II, § 9, p. 938.— V. *contra*, Voet, *Commentar. ad Pandectas*, t. I, p. 728 ; Glück, *Erlæuter. der Pandekten*, t. XIX, p. 254 et suiv.

mot *prævenit* qui se trouve à la fin de la loi, ne saurait s'appliquer qu'à une antériorité de temps et non à une antériorité de rang. Car, si le fisc avait contracté après le particulier, on pourrait à la rigueur dire que les deux hypothèques coïncident, mais jamais *prævenit... fiscus* (1).

Cette interprétation se trouve, ajoute-t-on, confirmée par la *Loi 2, C., de priv. fisc.*, qui est évidemment la constitution à laquelle le jurisconsulte fait allusion dans les mots : « *quod et constitutum est* ». En effet, le rapprochement des deux textes permet de voir qu'Ulpien a emprunté à cette constitution, non seulement l'esprit, mais les termes mêmes de sa décision, *prævenit*, etc... Dès lors toute idée de privilège spécial accordé au fisc tombe d'elle-même ; car la *Loi 2, C., de priv. fisc.*, la repousse formellement.

2° Outre les textes, les partisans du système que nous exposons, s'appuient encore sur l'impossibilité qu'il y a, suivant eux, à donner de la loi 28 une autre explication satisfaisante (1). Sur quel motif baser le privilège exorbitant qu'on accorde ainsi arbitrairement au fisc ? D'ailleurs si l'on admet la théorie du privilège, la constitution même dont parle Ulpien n'existe ni au Digeste ni au Code. Or, comment admettre que les compilateurs aient négligé d'insérer dans leur recueil un texte de cette importance ? Bien plus, s'il y avait eu une constitution à cet égard, la question n'eût pas été douteuse, et il n'aurait pas été besoin de la double autorité de Papinien et d'Ulpien pour la trancher. Ce qui

1. V. Donnellus, loc. cit. — Ceci prouve implicitement que Donnellus, qui écrivait vers le milieu du XVIᵉ siècle, ne considérait pas comme possible que les Romains aient admis que les biens acquis postérieurement au contrat avec le fisc fussent présumés acquis de ses deniers.

véritablement était controversable dans l'espèce, c'était, dit-on, de savoir si la convention d'hypothèque sur tous biens passée avec le fisc s'appliquait même aux biens à venir, car à cette époque, le droit commun ne lui accordait pas cette étendue ; peut-être aussi, si l'on admet que les hypothèques n'avaient rang sur les biens à venir que du jour de leur acquisition, était-ce de savoir si, par exception, celle du fisc ne prenait pas rang du jour du contrat (1). C'est sur ces points que les deux jurisconsultes, en raison de l'habitude qui s'établissait de décider en faveur du fisc dans les cas douteux, répondirent qu'il devait l'emporter ; mais, bien entendu, en supposant que son contrat fût antérieur à celui du particulier. Voilà quel était le litige. Voilà ce qu'il faut chercher dans la loi 28.

D'ailleurs, toutes ces incertitudes, prétend-on (2), viennent de l'incorrection du texte qui nous est parvenu. Pour les faire cesser, il suffit de modifier le passage de manière à lui rendre sa forme primitive. Au lieu de *cum fisco contraxerit* on a donc proposé de lire : *cum cum fisco contraxerit*, ce qui, en remplaçant *obligaverat* par *obligaverit* (3), permettrait de traduire littéralement : « Si quelqu'un m'a engagé ses biens, alors qu'il avait déjà contracté avec le fisc », et rendrait par conséquent l'antériorité du fisc indiscutable.

Réfutation. — Voilà dans toute leur étendue les arguments et les objections proposés. Quant à nous, quelque sérieux qu'ils puissent être, ils ne nous semblent aucunement décisifs. Disons tout d'abord que nous n'acceptons

<hr>

1. Nous reviendrons plus loin sur cette question.

2. V. Fornerius, *Selection*, liv. II, ch. xxiv ; Glück, *Erlœuterung der Pandekten*, XIX, p. 255.

3. V. Dernburg, *Rœmisches Pfandrecht*, t. II, p. 438.

en aucune façon les modifications de textes proposées (1). Les textes sont ce qu'ils sont ; et à moins de circonstances de fait spéciales, permettant de concevoir des doutes légitimes sur l'exactitude d'un passage, il n'est pas permis de les modifier arbitrairement pour se dérober à une contradiction apparente ou pour rendre admissible tel ou tel système. Or, si l'on s'en tient à la rédaction habituelle, il semble impossible, sans faire violence aux termes employés par les jurisconsultes, d'admettre que, dans l'espèce, le fisc était premier en date. On aura beau faire, grammaticalement parlant, le plus-que-parfait *obligaverat* marquera toujours une époque antérieure au prétérit *contraxerit*.

Restent seules les autres considérations qui, évidemment, perdent beaucoup de leur importance en présence des expressions précises de la loi. Comment admettre, en effet, que Papinien et Ulpien aient ainsi interverti les temps des verbes et n'aient pas mieux marqué dans leur réponse le motif qui donnait au fisc le droit d'être préféré. On prétend que le point en question était de savoir, si l'hypothèque du fisc frappait les biens à venir, et si, sur ces biens, elle prenait rang le jour du contrat. Mais alors les jurisconsultes ont oublié totalement de l'indiquer (2), et tout cela est bien peu conciliable avec les habitudes de clarté et de précision de Papinien et d'Ulpien, dont les décisions sont, en général, considérées comme les modèles du genre.

Quant à l'objection tirée de la prétendue allusion faite par Ulpien à la *Loi 2, C., de priv. fisc.*, et de la contradiction qu'existerait entre ce texte et la loi 28 si l'on ne suppose

---

1. *Sic* Cujas, *Observat.*, liv. X, ch. xxii ; Glück, *Erlœuterung der Pandekten*, t. XIX, p. 255 et suiv.

2. Nous verrons plus loin que le rang de l'hypothèque du fisc sur les biens à venir est très discutable.

pas le fisc premier en date, nous la croyons dénuée de tout fondement. Le texte d'Ulpien n'est que la reproduction d'une réponse de Papinien. Or Papinien fut mis à mort par ordre d'Antonin en 212, et ne put, par conséquent, connaître la *Loi 2 de priv. fisc.* qui est de l'année 213 ou de l'année 214. Mais en admettant même que les mots : *quod et constitutum est*, aient été ajoutés au texte primitif par Ulpien, rien ne prouve qu'ils visent la loi 2 au Code. Sur quoi s'appuie-t-on pour le soutenir? sur l'analogie des expressions *prævenit causam !* mais ces mots se trouvent en bien d'autres endroits du Digeste, et on ne peut, sur un indice aussi faible, échafauder une théorie. D'ailleurs on peut retourner contre eux l'argument de nos adversaires : la *Loi 2 de priv. fisc.* est un texte clair et précis, et si l'espèce de la loi 28 avait été identique à celle de cette constitution, on n'aurait pas invoqué la double autorité de Papinien et d'Ulpien pour statuer sur un point de droit qui se trouvait déjà tranché par la législation. Si on eut recours à eux, c'est que la question était douteuse ; dès lors, le texte auquel fait allusion le jurisconsulte était évidemment peu connu ; Ulpien en parle, pour ainsi dire, incidemment, et la compilation de Justinien ne doit pas en faire mention.

Mais, dira-t-on, que la *Loi 2, C., de priv. fisc.*, soit ou non le texte auquel Ulpien fait allusion, il n'en est pas moins vrai qu'elle ne fait aucune distinction et qu'elle subordonne d'une façon absolue le droit de préférence du fisc à l'antériorité de son contrat. A cela on peut répondre qu'on connaît fort mal les circonstances dans lesquelles ce *rescrit* fut rendu. Peut-être, dans l'espèce, n'y avait-il pas de biens acquis depuis le contrat avec le fisc (1). Peut-être l'hy-

1. *Sic* Bachofen, *Rœmisches Pfandrecht*, p. 263, note ; Dernburg, *Rœmisches Pfandrecht*, t. II, p. 441.

pothèque de la femme ne les atteignait-elle pas ; car, à cette époque, il fallait une stipulation spéciale pour que l'hypothèque générale s'appliquât aux biens à venir (1).

Enfin, l'argument tiré de la prétendue contradiction qui existe entre la *Loi 21, D.*, *Qui potior*, et la loi 28, si on admet que cette dernière avait pour base quelque privilège particulier au fisc, est également loin d'être sans réplique. Quarante ou cinquante années séparent les rédactions de ces deux textes, et c'est précisément pendant cette période que s'établit la législation spéciale du fisc. Dès lors, on pourrait très légitimement soutenir que, dans cet intervalle, des règles nouvelles s'étaient introduites, et que les principes qui avaient inspiré Scævola avaient cessé d'être applicables à l'époque d'Ulpien (2).

Mais pour écarter la contradiction il n'est pas besoin d'aller jusque-là. Le fisc, dans l'espèce de la loi 21, pouvait fort bien n'avoir hypothèque que sur les biens présents. Il n'avait pas encore d'hypothèque tacite, et à cette époque l'hypothèque conventionnelle de tous les biens, à moins d'une clause spéciale, ne s'entendait que des biens présents. Cela posé, que voyons-nous dans la loi 21 ? Titius hypothèquer à Seïa *omnia sua bona quæ habet, quæque habiturus esset*, puis ensuite, le même Titius hypothéquer au fisc *res suas omnes* seulement. Aux termes de la législation d'alors, Seïa seule avait donc hypothèque sur les biens acquis par Titius depuis son traité avec le fisc, ce qui suffit fort bien pour expliquer la réponse de Scævola : « *Nihil proponi cur non sit præferenda.* »

D'ailleurs, nous verrons plus loin que cette question du rang du fisc n'était posée qu'incidemment dans la loi 21, et

1. V. Seuffert, *Erœrterung des Rœmischen Rechts*, p. 124 et suiv.
2. Dernburg, loc. cit., p. 442.

que, si ce texte a été conservé dans la compilation de Justinien, c'est parce qu'en même temps, il donnait, d'une autre controverse plus importante, une solution qui était encore pleinement en vigueur au Bas-Empire.

Pour le moment, nous nous appuierons seulement sur les mots « *in re postea acquisita* », pour conclure que l'hypothèse de l'antériorité du contrat passé avec le fisc ne suffit pas pour expliquer le texte d'Ulpien ; et nous dirons que la loi 21 contient une règle spéciale dont il y a lieu de chercher le principe.

II. — Toutefois, avant d'en arriver là, il nous reste à examiner les systèmes de plusieurs auteurs qui, se refusant absolument à voir dans la loi 28 une règle nouvelle, ont préféré, pour l'expliquer, avoir recours aux hypothèses les plus bizarres.

Hennemann, le premier, entra dans cette voie (1). Il prétendit que l'espèce de Papinien et d'Ulpien était celle d'un homme qui, après avoir donné à un particulier hypothèque sur tous ses biens présents et futurs, affermait un fonds appartenant au fisc, puis en devenait propriétaire, de telle sorte que les jurisconsultes avaient déclaré que sur cette chose, « *in re postea acquisita* », le fisc était préférable pour les reliquats résultant du contrat de louage, parce qu'il était censé avoir retenu un droit d'hypothèque sur la chose, dès avant l'aliénation, tandis que l'hypothèque du particulier ne frappait le bien qu'après l'acquisition : *prævenit enim causam pignoris fiscus* (2).

Il suffit, dit-on, pour admettre ce système, de suppo-

1. « Ueber die bevorzugte Hypothek des Fiskus in dem nach dem « Contrackt erworbenen Gütern des Schuldners. » — Glück, *Erlæuterung der Pandekten*, t. XIX, p. 263 ; Dernburg, *Rœmisches Pfandrecht*, t. II, p. 438, note.

2. Comp. L. 1 § 4, et L. 2, D., *de reb. cor. qui sub tutel.*

ser que Papinien a employé le mot *contraxerit* pour *conduxerit*. Or il existe plusieurs exemples de cette substitution au Digeste (1).

Schlayer (2) a prétendu que dans l'espèce, il s'agissait d'un bien déjà hypothéqué au fisc du chef d'un précédent propriétaire, et qui, sur la poursuite du *procurator Cæsaris*, avait été adjugé à un tiers dont tous les biens présents et à venir étaient grevés d'une hypothèque générale. La réponse de Papinien aurait alors eu pour but de déclarer que, pour le montant du prix d'achat, le fisc était préférable aux créanciers hypothécaires de l'acquéreur.

Enfin *Unterholzner* cherche à donner du mot *præveni*l une autre interprétation. Il imagine qu'une personne, après avoir constitué hypothèque sur tous ses biens présents et futurs, a, plus tard, vendu un de ses biens au fisc ; et il explique la loi 28, en disant qu'elle donne au fisc propriétaire la préférence sur le créancier hypothécaire.

Malheureusement tous ces systèmes ne reposent absolument sur rien, et prouvent plus en faveur de la subtilité d'argumentation de leurs inventeurs, qu'en faveur de leur bon sens juridique. Ils n'ont, du reste, été acceptés que par eux ; nous nous dispenserons donc de les discuter plus longuement et nous conclurons immédiatement que la préférence donnée au fisc par la loi 28 ne peut être expliquée au moyen des seules circonstances du fait, et que, par conséquent, elle suppose sur les biens acquis depuis le contrat une cause de préférence, n'existant pas sur les biens qui appartenaient antérieurement au débiteur.

1. Glück cite les lois 1, § 9 et 11, D., *de leg. Cornel. de fals.*
2. V. Dernburg, *Rœmisches Pfandrecht*, t. II, p. 438.
3. V. Glück, loc. cit ; Dernburg, *ibid.*

§ 2. — *Systèmes qui tendent à expliquer la loi 28 au moyen des principes généraux qui règlent le concours entre créanciers hypothécaires.*

I. **Exposé du système.** — Quelle était cette cause de préférence ? Etait-ce un privilège spécial du fisc, ou résultait-elle des règles du droit commun en matière d'hypothèque ? Voilà ce qu'il nous reste à examiner.

Plusieurs auteurs ont pensé que le motif de la décision de Papinien et d'Ulpien se trouve tout entier dans la différence profonde qui existe en droit romain entre l'hypothèque conventionnelle et l'hypothèque légale. Suivant eux, l'hypothèque légale prendrait rang du jour du contrat constitutif, tandis que l'hypothèque générale conventionnelle ne daterait, sur les biens postérieurs au contrat, que du jour de leur acquisition par le débiteur. Dès lors, on comprend leur système à l'égard de la loi 28. Sur la *res postea acquisita*, l'hypothèque du fisc est antérieure à celle du particulier, puisqu'elle est antérieure même à l'acquisition du fonds ; par conséquent, en vertu précisément de la règle *Prior tempore, potior jure*, le fisc doit avoir la préférence : *prævenit enim causam pignoris fiscus* (1). Ce système a une importance capitale, car si l'on parvenait à l'établir en droit, la loi 28 ne s'appliquerait pas seulement à l'hypothèque du fisc, mais à toutes les hypothèques légales, qui sur les biens acquis depuis leur constitution, primeraient dans tous les cas les hypothèques conventionnelles. Ce serait là un avantage énorme accordé aux hypothèques légales ; et on concevrait

---

1. *Commentarius juris civilis*, lib. IV, cap. xvii. — Voy. aussi Glück, *Erlæuterung der Pandekten*, t. XIX, p. 551, note 56 ; Bachofen, *Pfandrecht*, p. 264.

qu'il eût fallu une constitution impériale et la double autorité de Papinien et d'Ulpien pour le consacrer.

Cette théorie est-elle fondée? Pour la soutenir on a dit qu'à Rome l'hypothèque légale avait une origine et une force tout autre que l'hypothèque générale conventionnelle. Cette dernière, en effet, réduite dans le principe aux biens présents, n'eut d'abord pour but que de remplacer un grand nombre de conventions d'hypothèques spéciales. Quand la législation permit de comprendre dans la convention générale les biens à venir, elle lui conserva, par rapport à ces biens, la même signification et la même valeur que pour les biens présents. Ce fut un simple moyen de ne pas renouveler après chaque acquisition, la stipulation déjà faite. Mais, pas plus sur les biens à venir que sur les biens présents, la convention générale ne put avoir d'effets plus étendus que les conventions spéciales dont elle tenait lieu. Or, ces dernières ne pouvaient intervenir qu'après l'acquisition du bien par le débiteur. Dès lors, les effets de l'hypothèque générale conventionnelle sur les biens à venir ne remontaient jamais à une époque antérieure à l'acquisition. C'est ce que M. Jourdan (1) exprime en disant : « Lorsque les jurisconsultes romains ont reconnu la validité des conventions d'hypothèques anticipées, ils n'ont pas entendu leur attribuer un effet rétroactif, ils ont seulement voulu soustraire le créancier à l'obligation que lui imposait la formule servienne, de prouver que la chose hypothéquée était *in bonis debitoris* au moment de la convention (2). »

Tout autres, dit-on, sont les effets de l'hypothèque légale. La volonté des individus n'est pour rien dans sa constitution ; c'est la loi qui l'impose pour ainsi dire en dehors

1. *Hypothèque romaine*, p. 309.
2. L. 15, § 1, D., *de pign.*

d'eux : pour naître, elle n'a pas besoin que les parties soient capables de l'établir ; elle existe dès qu'elles ont accompli l'acte auquel la loi l'a attachée ; elle a donc une date unique, celle de cet acte. En d'autres termes, dans ce système, l'hypothèque légale serait considérée moins comme une hypothèque que comme une modification de la capacité légale du débiteur, restreignant son droit en propriété pour le présent et affectant sa capacité d'acquérir pour l'avenir.

Or, ajoute-t-on, avoir ainsi une date unique est bien un caractère propre à l'hypothèque légale, qui ne saurait jamais appartenir à l'hypothèque générale conventionnelle. En effet, on prétendrait en vain que dans cette dernière, les biens à venir sont hypothéqués dès le principe sous condition d'acquisition et que l'hypothèque, une fois la condition accomplie, rétroagit au jour du contrat. Les biens à venir ne sont pas hypothéqués dès le principe. Pour hypothéquer il faut être capable de le faire, c'est-à-dire propriétaire. C'est là une *conditio juris*, une de ces nécessités juridiques, dont les Romains disaient : *Quædam speciem non etiam vim conditionis habent*, et à propos de laquelle on n'appliquait pas les principes de la condition, notamment la rétroactivité (1) ; et si la convention d'hypothèque sur les biens à venir put être valable, c'est précisément parce qu'elle avait pour objet non pas de créer l'hypothèque sur ces biens, mais d'obliger le débiteur à admettre que tous ses biens futurs seraient tacitement hypothéqués au créancier au

____

1. Jourdan, *Hypoth. rom.*, p. 309. — D'ailleurs, quand bien même on admettrait que les biens à venir sont hypothéqués sous condition, il ne s'ensuivrait pas pour cela que, lors de l'acquisition, l'hypothèque dût rétroagir au jour du contrat, car en matière d'hypothèque la condition accomplie n'avait pas d'effet rétroactif lorsqu'elle dépendait entièrement de la volonté du débiteur. — L. 11, § 2, D, *Qui pot. in pign.*

fur et à mesure des acquisitions, pacte qui était pleinement légal.

Réfutation. — Ces dernières observations nous paraissent absolument fondées. Malheureusement nous ne voyons
pas ce qui les empêche de s'appliquer à l'hypothèque légale,
aussi bien qu'à l'hypothèque conventionnelle. Comme le fait
très bien remarquer Hellfeld (1), si l'hypothèque légale sur
les biens à venir datait du jour du contrat, il s'ensuivrait
nécessairement qu'elle primerait toutes celles qui ont été
constituées par le précédent propriétaire depuis cette époque
jusqu'au jour de l'acquisition. Or, jamais les Romains n'ont
admis rien de semblable.

II. — Certains auteurs ont cherché à éluder cet argument
en disant : « Non, l'hypothèque légale ne frappe pas les biens
à venir dès le moment de sa constitution ; mais il n'en est
pas moins vrai qu'elle précède toujours l'hypothèque conventionnelle. En effet, l'hypothèque légale étant une modification de la capacité d'acquérir du débiteur, tous les biens
qu'il acquiert dans la suite n'entrent dans son patrimoine
que grevés de cette charge, tandis que l'hypothèque conventionnelle, ne pouvant naître sur ses biens qu'à partir du
moment où il est capable de l'établir, ne peut commencer
qu'après cette acquisition. L'une précédera donc toujours
l'autre d'au moins un instant de raison (2). »

Ce sont là des subtilités qui ne reposent sur rien ; la distinction même qu'on s'efforce d'établir entre la nature des
deux hypothèques ne se trouve nulle part dans les textes,
et semble avoir toujours été inconnue aux jurisconsultes
romains. Sans cela ils n'auraient pas manqué d'en faire

---

1. Hellfeld, *de Tacita Hypotheca fisci*, § 14.
2. Sic. Faber, *conject.* lib. II, ch. XVI ; Bachof., *Pfandr.*, p. 261.

l'application aux autres hypothèques légales, et on en trouverait au Digeste d'autres vestiges que les derniers mots énigmatiques de la loi 28.

III. — D'autres enfin on dit : « La règle : hypothèque sur biens à venir ne prend naissance que du jour de l'entrée de ces biens dans le patrimoine du débiteur, est vraie seulement pour les particuliers. En faveur du fisc, l'hypothèque prend naissance du jour où s'ouvre, en la personne du débiteur, le droit d'acquisition ; car le fisc a dès lors un droit propre et personnel sur la chose, ainsi que cela résulte de la *L. 45, Pr. D. de Jure fisc.* L'acquisition, à son égard, n'est pas un fait purement protestatif de la part du débiteur ; par conséquent, en vertu de la *L. 9, D. qui potior*, les effets de cette acquisition doivent être rétroactifs (1).»

Ce système a un grave inconvénient ; il suppose que le fisc avait, dans tous les cas, le droit d'obliger son débiteur à effectuer les acquisitions avantageuses. Or, pour que ce droit existât, il fallait que l'inaction du débiteur fût frauduleuse, c'est-à-dire qu'il sût se rendre par là insolvable. Cela résulte, non seulement de la *L. 9, qui pot...*, mais encore, *à fortiori*, de la *L. 47, Pr. D. de Jur. fisc.* qui oblige le fisc à discuter ses débiteurs, avant d'inquiéter les tiers possesseurs des biens aliénés par eux. On ne saurait donc rien conclure de là en faveur de l'antériorité de ses droits.

IV. — Avant d'abandonner cette deuxième classe de systèmes, il nous reste à dire quelques mots d'une explication aussi ingénieuse que singulière, imaginée par certains auteurs allemands, et dont nous ne parlerons d'ailleurs que pour mémoire (2).

1. Confer. Glück, *Erlœuterung der Pandekten*, t. XIX, p. 252.
2. V. Zimmern et Neustetel, *Rœmischrechtliche Untersuchungen*, p. 293 et suiv.

Il existe au Digeste un texte ainsi conçu : « *Si pignus specialiter respublica acceperit, dicendum est præferri eam fisco debere, si postea fisco debitor obligatus est : quia et privati præferuntur.* » — Partant de ce texte, voici comment on a raisonné : « Si Ulpien, au livre de ses controverses, déclare que les cités, comme les particuliers munis d'une hypothèque spéciale, primaient le fisc dont l'hypothèque se trouvait postérieure en date, cela signifie évidemment que s'ils n'avaient pas d'hypothèque spéciale, c'est-à-dire s'ils avaient une hypothèque générale, ils se trouveraient eux-mêmes primés par le fisc. Par conséquent, dit-on, l'hypothèque spéciale est préférable à l'hypothèque générale, bien qu'elle soit postérieure en date. »

Une fois en possession de cette règle, on a remarqué que dans la loi 28 les deux créanciers sur les biens présents avaient des hypothèques générales, qui permettaient à la règle *qui potior* de s'appliquer. Puis, on a imaginé que sur le bien postérieur, le fisc avait une hypothèque spéciale qui, en vertu de la règle qu'on venait de forger, devait primer l'hypothèque générale du particulier. Ainsi, ajoute-t-on, s'explique très bien la réponse d'Ulpien, réponse d'autant plus claire que le jurisconsulte a employé le singulier, « *in re postea acquisita* » pour marquer qu'il s'agissait d'un bien considéré « *in specie* ».

Nous n'insisterons pas sur ce que cette explication a de fantaisiste dans son principe et dans son raisonnement. Pour notre compte, nous croyons plus juridique de voir dans la loi 28 une règle particulière au fisc, règle dont nous allons chercher le principe.

§ 3. — *Systèmes des auteurs qui voient dans la loi 28 un privilège spécial du fisc.*

I.—**Exposé du système**. — La première idée qui vient à l'esprit est évidemment de supposer que, dès l'époque d'Ulpien, le fisc eut pour ses créances contractuelles une hypothèque privilégiée sur les biens acquis après l'époque de son contrat.

Nous avons déjà montré que les *L. 2. C. de Priv. fisc.* et *21 D. qui pot.*, ne constituaient pas des arguments péremptoires contre ce système, et nous avons même laissé entrevoir que le rang du fisc n'était pas la véritable question posée dans la loi 21 ; voici le moment de l'établir. Cette loi suppose que Titius, après avoir engagé tous ses biens à Seïa et au fisc, a payé à Seïa une partie de sa dette ; puis lui a verbalement promis le surplus, en effectuant une novation dans laquelle l'hypothèque primitive avait été réservée. Le jurisconsulte se demandait, d'abord si Seïa devait être préférée sur les biens que Titius possédait au moment du premier contrat, et, ensuite, si elle devait l'être également sur ceux qu'il avait acquis dans la suite. Il ne s'agissait pas ici, comme dans la loi 28, de connaître quel devait être le rang du fisc sur les biens acquis par Titius depuis la convention d'hypothèque, car, sans cela, à l'époque tout à fait indifférente de la première obligation, Scævola aurait évidemment dans son espèce, substitué celle du contrat passé avec le fisc. Le point véritablement en litige était de savoir si la novation faite avec Seïa ne lui avait pas fait perdre son rang, et si la date de son hypothèque ne devait pas être reculée jusqu'à celle de cette novation; à quoi le jurisconsulte répond : rien n'autorise à le croire (1).

Mais, dit-on, Scævola, dans sa réponse, ne distingue pas entre les biens acquis avant ou après le contrat passé entre Titius et le fisc; il donne à ce dernier la préférence d'une façon absolue, et Justinien, en reproduisant sans réserve cette décision, dans le titre *qui potior*, a, par là même, reconnu que le fisc n'avait sur aucune partie du patrimoine d'hypothèque privilégiée.

C'est là, répond-on, exagérer beaucoup la portée de ce fait. Justinien, ayant à marquer les effets de la novation sur l'hypothèque garantissant la dette primitive, a choisi l'exemple de Scævola parce qu'il le trouvait bien approprié à la question, sans d'ailleurs se préoccuper de ce que la réponse du jurisconsulte pouvait avoir de suranné à un autre point de vue. Cela, de son temps, avait d'autant moins d'inconvénients que la qualité de privilégiée sur les biens à venir était sans conteste reconnue à l'hypothèque du fisc depuis trois siècles. Tous ceux qui lisaient alors la loi 21 la comprenaient sous la réserve de ce principe, et en limitaient les effets aux biens acquis avant le contrat fiscal (2).

La règle de préférence applicable à l'hypothèque du fisc était donc double : sur les biens appartenant au débiteur au moment de sa constitution, on suivait, dit-on, le principe général : *prior tempore potior jure*, conformément aux *L. 21, § 1, D. qui pot.* et *2 C. de Priv. fisc ;* tandis que sur les biens acquis par le débiteur depuis cette constitution,

1. *Sic* Hellfeld, *de Tacita Hypotheca fisci,* § 23. V. aussi Cujas, *Observations,* liv. X, ch. xxii; Dernburg, *Rœmisches Pfandrecht,* t. II, p. 441.

2. Certains auteurs ont pensé que la faveur accordée au Bas-Empire au payement des dettes de tutelle suffit pour expliquer l'insertion au Digeste de la loi 21. Cet argument nous paraît peu solide.

le fisc avait une hypothèque privilégiée, dont le rang doit être recherché. Cela, ajoute-t-on, est d'autant plus indiscutable que la loi 28 est empruntée au livre III des controverses d'Ulpien dans lequel il a traité d'un grand nombre d'hypothèques privilégiées (1).

Réfutation. — Malheureusement ce système soulève une grave objection. Nulle part, au Digeste ni au Code, on ne trouve trace de la constitution sur laquelle s'appuie Ulpien dans la loi 28. Or, si cette omission se conçoit dans le système de ceux qui croient pouvoir expliquer la loi 28 au moyen des principes généraux de l'hypothèque légale, il n'en est plus de même lorsqu'on voit dans cette loi une dérogation à toutes les règles, un privilège exceptionnel ne pouvant exister qu'en vertu d'un texte net et précis. Comment admettre qu'une loi aussi capitalee ait été oublié par les compilateurs du Code, alors qu'ils recueillaient avec tant de soin des constitutions et des rescrits aussi peu importants que la *L. 2 de Priv. fisc.* par exemple. On a prétendu que le privilège s'était établi peu à peu par l'usage, grâce à l'esprit fiscal des jurisconsultes de cette époque. C'est véritablement faire injure à Ulpien et à Papinien que de les supposer capables de créer ainsi arbitrairement et uniquement pour favoriser le fisc une innovation, qui, il faut bien le reconnaître, était peu équitable.

D'ailleurs, sur quels motifs fonder cette préférence ? Pourquoi la faire porter sur les biens à venir seulement ? On a essayé de répondre à ces questions. Les débiteurs contractuels du fisc, a-t-on dit, étaient le plus souvent des fermiers des impôts, qui employaient à leurs affaires particulières les

---

1. *Sic* Dernburg, *Rœmisçhes Pfandrecht*, t. II, p. 437. Glück, *Erlœuterung der Pandekten*, t. XIX, p. 266 ; Seuffert, *Erœrterung*, p. 133 et suiv.; Sintenis, *Pfandrecht*, p. 630, etc.

deniers qu'ils avaient entre les mains. Aussi pour protéger l'État dans la limite du possible, dut-on introduire la présomption que les sommes payées par eux à des tiers depuis l'époque où ils avaient contracté avec le fisc, étaient payées avec les fonds publics, de même que les biens acquis par eux l'étaient avec l'argent de l'État. Cette présomption donna lieu à deux règles de droit: la faculté de répétition, et l'hypothèque privilégiée sur les biens acquis (1).

Mais c'est ici précisément que se trouve le vice du système, et que nous allons voir ses partisans se charger d'en faire la critique. Pour être conséquents avec eux-mêmes, il fallait de toute nécessité qu'ils limitassent le privilège aux biens des seuls débiteurs qui ont eu en mains des deniers de l'État, et encore aux biens acquis par eux, à titre onéreux seulement. Ils n'y ont pas manqué, et Dernburg ne craint pas de déclarer sans aucun texte, que l'hypothèque privilégiée ne gréva jamais aucun des biens acquis par le débiteur à titre gratuit; ne s'apercevant pas qu'il fait ainsi, non du droit romain, mais du droit moderne à propos de la loi 28. Quant à nous, nous ne pouvons accepter cette théorie et, avec la plupart des romanistes français, nous dirons que les Romains ne connurent jamais ni l'hypothèque privilégiée du fisc, ni la présomption énoncée ci-dessus.

II. — Le fisc n'eut donc jamais qu'une hypothèque légale simple, hypothèque qui, comme nous l'avons déjà montré, se trouvait sur les biens à venir de même rang que celles des créanciers hypothécaires antérieurs. Toutefois il résulte indubitablement de la loi 28 que le fisc les primait sur ces biens. Il nous reste à déterminer la cause de cette préférence.

1. L. 18, § 10, D., *de jur. fisc.* ; L. 28, *de fisc. priv.* V. Dernburg, *Rœmisches Pfandrecht,* t. II. p. 439 et suiv.

Selon nous, elle réside toute entière dans le *privilegium fisci*, privilegium dont la sphère et les applications se trouvèrent modifiées par suite de l'établissement de l'hypothèque tacite. Nous avons déjà vu que, de très bonne heure, le fisc, quoique simple créancier chirographaire put, en vertu de son privilège, éviter le concours des créanciers de même ordre que lui : nous allons faire voir que ce privilège lui rendit le même service, lorsqu'il se trouva en présence de créanciers hypothécaires de même rang.

Il y avait à Rome deux sortes de privilèges : les uns attachés à certaines créances en raison de leur cause, les autres accordés à certaines personnes en raison de leur qualité. Parmi ces derniers, le premier en rang, d'après Paul, était celui du fisc. Or, voici en quoi consistaient les privilèges attachés à la personne : ils étaient opposables à tous les créanciers de même rang, et ne l'étaient pas à ceux de rang supérieur. Là où un créancier ordinaire aurait eu à subir le concours d'autres créanciers et n'aurait été payé qu'au marc le franc, la personne privilégiée évitait ce concours et avait le droit de se faire payer la première ; au contraire, lorsqu'elle se trouvait en présence d'un créancier, qui, en vertu des règles ordinaires, lui était préférable, son privilège ne lui servait plus à rien.

C'est ainsi, que dans le principe, le fisc muni d'un simple *privilegium inter personales actiones*, primait les simples chirographaires et se trouvait primé par tous les créanciers hypothécaires. Mais ce privilège d'être préféré à parité de droit, il l'opposait, non comme un accessoire de l'action qu'il exerçait, non comme une qualité de la créance qu'il faisait valoir, mais comme un attribut qui lui était propre et personnel, un avantage attaché à sa personne que la concession d'une hypothèque ne put lui faire perdre et qu'il transporta avec lui dans cette matière. Après que les empereurs lui eurent accordé un *tacitum pignus* comme avant, le fisc conserva donc sa qualité de personne privilégiée, c'est-à-dire de personne qui, à égalité de rang d'après l'ordre habituel des préséances, avait le pas sur ses concurrents.

Dès lors, la loi 28 s'explique facilement. Sur les biens acquis avant le contrat passé avec le fisc, le créancier privé avait une hypothèque antérieure à la sienne, et par conséquent un rang supérieur ; le privilège ne s'appliquait donc pas. Sur les biens acquis dans la suite, sur la *res postea acquisita*, il n'en était plus de même. Les deux hypothèques avaient une date unique, celle de l'acquisition, par conséquent même rang (1) ; toutefois le fisc, en raison du privilège attaché, non à son hypothèque, mais à sa personne, obtenait la préférence (2).

C'était là une application pure et simple, bien qu'ingénieuse, des principes. L'autorité de Papinien et d'Ulpien était très suffisante pour établir cette jurisprudence, et si quelque constitution impériale avait été rendue en pareille matière, c'était sans doute quelque texte peu important dont l'omission au Code n'a pas lieu d'étonner (3).

Peut-être objectera-t-on qu'il y avait à Rome entre les créanciers trois degrés de préférence bien tranchés : l'hypo-

1. C'est du moins aujourd'hui l'opinion adoptée par beaucoup d'auteurs.

2. Nous ne reprendrons pas ici la discussion des lois 2, C., *de priv· fisc,* et 21, D, *qui pot,* car nous avons déjà montré qu'elles ne permettaient de rien conclure contre un système semblable.

3. Sic Klenze *Ueber die gesetzlichen Vorzuge,* Zeitschrift für geschichtliche Rechtswissenschaften, t. vIII, p. 390 à 397 ; *Lehrbuch,* § 211 ; Vangerov, *Pandekten,* t. I, § 386. Anmerk I. Villemain, *du concours entre les créanciers gagistes,* p. 30 et suiv ; Savigny, etc. — Contra, Dernburg, *Pfandrecht,* t. II, p. 438 ; Bachofen, *Pfandrecht,* p. 264 et suiv.

thèque privilégiée, l'hypothèque simple, le privilège ; et que dans cette hiérarchie, le privilège ne venait jamais qu'après l'hypothèque, ainsi que cela résulte notamment de la *L. 9, qui potior.* A cela, nous répondrons que cette constitution se borne à énoncer que les créanciers privilégiés munis d'une simple action personnelle, se trouvent primés par les créanciers hypothécaires, qui ont une action *in rem ;* mais qu'elle ne vise en aucune façon le cas où les deux créanciers auraient également une action réelle.

Mais, nous dira-t-on, tous les textes sur les privilèges les présentent comme des causes de préférence, applicables seulement entre créanciers munis d'une simple action personnelle ; on ne peut donc les faire intervenir dans les conflits entre créanciers hypothécaires, c'est-à-dire munis d'une action *in rem.* Remarquons d'abord qu'étant attachés à la personne, ils doivent rationnellement lui appartenir, quelle que soit l'action qu'elle exerce. En effet, à quels résultats bizarres conduirait le système inverse ? Voilà deux créanciers tels, que si tous deux exercent une action personnelle, le premier, à raison de sa qualité, aura le droit d'être préféré au second. Si, au lieu de deux actions personnelles, ils exercent pour la même créance deux actions réelles, le premier ne pourrait plus prétendre à aucun avantage !

D'ailleurs, si l'on ne veut pas reconnaître que le *privilegium* du fisc devint applicable au cas où il se trouvait en concours avec un créancier hypothécaire de même rang que lui, il faut admettre que ce privilège perdit toute application à partir de l'époque où une hypothèque tacite fut accordée au fisc (1). Cependant Paul écrivait encore dans ses sentences : « *Privilegium fisci est inter omnes creditores primum locum*

---

3. Nous verrons en effet plus loin que les créances pour lesquelles le fisc n'avait pas hypothèque n'étaient pas non plus privilégiées.

tenere (1). » Or, ces sentences sont certainement postérieures à la mort de Septime Sévère, puisque l'intitulé du titre xxx du livre II porte « *ad orationem divi Severi* ». Selon toute vraisemblance elles furent écrites vers 230 ; le fisc avait donc déjà son hypothèque tacite.

Du reste, les termes mêmes du fragment fournissent un puissant argument en notre faveur. Le jurisconsulte ne dit pas : *privilegium fisci est semper habere jus pignoris ;* il ne dit pas seulement : *privilegium fisci est primum locum tenere inter creditores* ou *inter chirographarios ;* il dit : « *Privilegium fisci est inter* OMNES *creditores primum locum tenere ;* » c'est-à-dire le fisc par un privilège qui lui est propre, occupe une situation prépondérante parmi *tous* les créanciers : et cette situation il ne pouvait la perdre, par cela seul qu'il exerçait une action hypothécaire.

Le système que nous proposons a un autre avantage. Il remplace par une solution claire et précise toutes les difficultés que soulève le rang du fisc, quand on lui reconnaît une hypothèque privilégiée, difficultés qui sont sans issue, car tous les systèmes se heurtent à quelque texte ou à quelque objection invincible, qui semblent placés tout exprès, pour montrer que la question est insoluble, par l'excellente raison qu'elle n'existait pas en droit romain.

Ainsi donc, la rédaction de la loi ne permet pas de supposer que, dans l'espèce, le contrat du fisc fût antérieur à celui du particulier. Les principes généraux empêchent de faire remonter l'hypothèque légale à une date plus ancienne que l'hypothèque conventionnelle sur les biens acquis par le débiteur depuis leur constitution ; l'absence au Code de la constitution signalée par Ulpien s'oppose enfin à ce qu'on

1. Paul, *Sentences récept.*, liv. V, t. XII, § 10.

reconnaisse au fisc aucune hypothèque privilégiée. Il n'existe qu'un seul moyen d'expliquer la loi 28, c'est d'admettre que le fisc, tout en ayant sur les biens acquis depuis son contrat une hypothèque de même rang que le particulier, possédait néanmoins à leur égard une cause personnelle de préférence qui n'existait pas sur les biens antérieurs. Cette cause se trouve dans son *privilegium*, qui, après lui avoir donné le droit de primer les chirographaires ses égaux, lu donna dans la suite la faculté d'exercer ses droits hypothécaires avant les créanciers dont l'hypothèque avait la même date que la sienne.

Ni la *L. 2 Code de Priv. fisc.*, ni la *L. 21, D. Qui potior in pignore*, ne font obstacle à ce système ; car, dans l'espèce posée par la première, il n'existait probablement que des biens présents ; et, à l'époque où la seconde fut rédigée, l'hypothèque générale conventionnelle ne s'appliquait qu'aux biens à venir. D'ailleurs cette dernière loi donne la solution d'une autre controverse, qui suffit à expliquer son insertion au Digeste. Enfin, du système que nous avons adopté, il résulté que le fisc, en vertu de la loi 28, n'était préférable qu'aux créanciers hypothécaires de même rang que lui, et qu'il se trouva dans la suite primé par toutes les hypothèques privilégiées établies au Bas-Empire.

CHAPITRE IV

EXPLICATION DE LA RÈGLE « FISCUS HABET SEMPER JUS
« PIGNORIS »

Nous avons vu dans un chapitre précédent, qu'à la fin de l'époque classique le jurisconsulte Hermogénien avait posé le principe suivant : *Fiscus habet semper jus pignoris.* « Le fisc a, en toute circonstance, un droit d'hypothèque. » Quelle était sous Justinien la portée de cette règle? Cette hypothèque pesait-elle d'une manière absolue sur les biens de tous les débiteurs? Garantissait-elle toutes les créances? Voilà ce qu'il nous reste à déterminer.

Débets des Fonctionnaires. — Primipiles. — On a contesté très vivement que le fisc eût une hypothèque sur les biens des fonctionnaires pour les créances résultant de l'exercice de leurs fonctions. A l'appui de cette opinion dont il est un des principaux défenseurs, Glück a dit que le fisc n'avait hypothèque que pour ses créances contractuelles; or, ajoute-t-il, l'accomplissement des fonctions publiques ne repose ni sur un contrat, ni sur un quasi-contrat. Ce principe, vrai dans toutes les sociétés, avait, suivant lui, à Rome une force toute particulière. Il suffit, en effet, de parcourir au Digeste ou au Code le titre : *de Muneribus et Honoribus,* pour se convaincre que, sous l'Empire romain, l'exercice des magistratures était une véritable charge imposée aux ci-toyens en raison de leur fortune et dont l'exact accomplissement était garanti par des sanctions pénales. Dès lors, dit Glück, on ne pouvait appliquer en cette matière ni les principes du mandat, ni ceux de la *conductio operarum*, car la violence exclut toute idée de contrat (1).

Ces arguments nous paraissent très peu concluants. En effet, le titre *de Muneribus et Honoribus* ne traite que des fonctions municipales (2) ; et si en raison de circonstances politiques et économiques spéciales, on avait dû rendre obligatoires les honneurs publics dans les cités, ce principe ne fut jamais applicable aux fonctions de l'État. Au Bas-Empire, comme de nos jours, les fonctionnaires agissaient en pleine liberté et conservaient toujours le droit de quitter le service lorsqu'ils le désiraient. Entre eux et l'État intervenait un contrat libre, par lequel ils s'engageaient à exercer fidèlement leurs fonctions, en échange de certains avantages que leur promettait l'empereur. D'ailleurs, si quelque doute pouvait s'élever sur ce point, le titre de *procuratores*, c'est-à-dire « mandataires », accordé à un grand nombre de fonctionnaires suffirait pour le faire disparaître ; car les empereurs, en donnant aux agents de l'État le titre qu'avaient autrefois porté leurs intendants, marquèrent bien clairement la nature des rapports qui existaient alors entre l'État et ses serviteurs (3).

---

1. *Sic* Glück, *Erlæuterung der Pandekten*, t. XIX, p. 71 ; Bluntschli, *Théorie générale de l'État*, p. 467 et suiv. V. aussi Bachofen, *Rœmisches Pfandrecht*, p. 246 et suiv.

2. Tout au plus pourrait-on en déduire que l'État n'avait pas hypothèque sur les biens des *nominatores*, décurions ou autres agents inférieurs. Mais si on considère l'accomplissement de ces fonctions comme un impôt, il faut alors admettre que l'État avait contre les agents qui les remplissaient l'hypothèque garantissant la créance d'impôt.

3. *Sic* Voet, *Commentarius ad Pandectas*, t. I, p. 502 ; Sintenis, *Pfandrecht*, p. 311 ; Dernburg, *Rœmisches Pfandrecht*, pp. 346 et 348 ; Hellfeld, *de Tacita Hypotheca fisc.*, §§ 7 et 30.

Les débets des fonctionnaires se trouvaient donc garantis par l'hypothèque légale comme nés d'un quasi-contrat.

Il existe au Code deux applicatious spéciales de ce principe, toutes deux relatives à une catégorie de comptables militaires dont nous avons déjà parlé, les Primipiles (1). Elles sont contenues dans les textes suivants :

1° *La L. 4 Cod. In quib. caus. pign.* — *Satis notum est et ratione constitutum bona eorum in dotem data quæ nuptæ sunt his qui primipili sarcinam subeunt, obnoxia necessitati ejus teneri, verum certo ordine ut scilicet, tunc demum ad hoc periculum mulieris patrimonium respiciat, si universis viri ac nominatorum facultatibus exhaustis nihil residuum invenietur.* (An, 285.)

« C'est un fait établi par la raison et les constitutions, que les biens apportés en dot par celles qui épousent des primipiles, se trouvent engagés pour les dettes des maris ; toutefois, à un rang spécial, de manière que la dot ne se trouve en péril qu'après épuisement complet des ressources du mari et de ceux qui l'ont nommé. »

2° *La L. 3 Cod. de Primipilo.* — *Utilitas publica præferenda est privatorum contratibus, et ideo si constiterit fisco satisfacium esse ob causam primipili, poteris obligatam tibi possessionem dotis titulo petere ut satis doti fieri possit.*

« L'intérêt public doit passer avant les convenances des particuliers : tu ne pourras donc réclamer l'immeuble affecté à la restitution de ta dot qu'après le complet acquittement de ce qui est dû au fisc. »

Ces textes, néanmoins, n'ont pas été sans soulever quelques objections.

---

1. V. Chapitre préliminaire.

La raison de douter, suivant plusieurs, viendrait de la loi Julia, qui, comme on sait, ne permettait pas de frapper d'hypothèque les immeubles italiques dotaux. Dès lors, dit-on, le fisc ne pouvait pas avoir hypothèque sur ces biens ; la femme n'avait pas non plus d'hypothèque pour la restitution de sa dot, car la loi 4 ne fait mention d'aucune stipulation à cet égard, et, à l'époque où elle fut rendue (285), la créance dotale n'était pas encore garantie par une hypothèque tacite. Tous deux étaient donc réduits à un simple *privilegium exigendi ;* et, si le fisc avait un droit préférable à celui de la femme, c'est, dit-on, parce que la législation d'alors la considérait, de même que les *nominatores*, comme solidaire de son mari pour les créances primipilaires (1). *Satis notum est et ratione constitutum...* Nouvelle preuve, ajoute-t-on, que le fisc n'avait pas hypothèque, car, sans cela, il n'eût pas été besoin de multiplier ainsi les responsabilités (2).

L'objection est sérieuse, mais elle est loin d'être irréfutable. Et tout d'abord il y a lieu de faire une réserve. Le raisonnement précédent prouverait, à la rigueur, que le fisc n'avait pas hypothèque sur les biens dotaux ; il ne prouve absolument rien à l'égard de l'ensemble du patrimoine. Il reste donc toujours acquis que, d'une manière générale, l'hypothèque existait, sauf à ne pas frapper les biens dotaux qui, pour une raison spéciale, n'en étaient pas susceptibles.

Mais cette dernière restriction même est-elle exacte ? Nous ne le pensons pas. La place occupée par la loi 4, dans

1. La loi 4 C., *de primipilo* déclarait également les enfants du primipile tenus de ses dettes, quand bien même ils auraient répudié la succession paternelle.

2. *Sic* Glück, *Erlœuterung der Pandekten*, t. XIX, p. 73 ; Bachofen, *Rœmisches Pfandrecht*, p. 238

7

le titre qui traite des hypothèques tacites prouve bien que le fisc au moins avait une hypothèque. L'objection tirée de la loi Julia est peu sérieuse ; car si cette loi empêchait le mari de grever lui-même ses biens d'hypothèques, elle n'empêchait pas les hypothèques légales de les atteindre (1). C'est là ce que marque ce premier membre de phrase : *Satis notum est et ratione constitutum bona eorum in dotem data quæ nuptæ sunt his... necessitati ejus teneri.* L'hypothèque du fisc portait donc sur les biens dotaux comme sur tout le reste du patrimoine du mari ; et si, à l'égard de ces biens, l'empereur ne lui reconnaissait que des effets subsidiaires, c'était précisément en souvenir de cette loi Julia à laquelle on dérogeait dans l'espèce (2).

Ajoutons d'ailleurs qu'avec l'interprétation que lui donnent nos adversaires la présence de la *loi 4, in quib. caus.,* est inexplicable au Code. En effet, la promulgation du Code de Justinien date de l'année 534. Or, on sait que depuis l'année 530 les créances dotales étaient garanties par une hypothèque tacite. Comment dès lors admettre que, si le fisc n'avait pas eu hypothèque sur les biens dotaux, on ait inséré au Code une constitution qui lui donnait le droit de primer la femme ?

Aussi beaucoup d'auteurs ont-ils accordé au fisc sur les biens du primipile, non seulement une hypothèque, mais même une hypothèque privilégiée. Il est certain qu'elle n'eut pas ce caractère dès le principe. Toutefois, si l'on remarque quo les compilateurs du Code maintinrent dans leur recueil, malgré la constitution *assiduis*, les deux lois qui consa-

---

1. *Sic* Demangeat, *de Fundo dotali*, p. 155.
2. Dernburg, *Rœmisches Pfandrecht*, t. I, pp. 347-348 ; Sintenis, *Pfandrecht*, p. 311 ; Hellfeld, *de Tacita Hypoth. fisc.* § 11 ; Donellus, *de Jure civ., Comment.*, t. VI, p. 876.

craient la préférence de l'État sur la femme, on se trouve conduit à admettre que les avantages accordés à la femme sur le patrimoine de son mari s'étaient, par voie de conséquence, trouvés étendus au fisc sur les biens des primipiles (1).

Amendes. — L'hypothèque garantissait-elle le recouvrement des amendes ou autres condamnations pénales ? Il existe au Digeste ou au Code trois textes sur cette question.

1° *La loi 17 D. de Jure fisci.* — *In summa sciendum est, omnium fiscalium pœnarum petitionem creditoribus postponi.* — (Modestin.)

« Par dessus tout il faut se rappeler que les sommes dues au fisc à titre de peine ne peuvent être réclamées qu'après le désintéressement des créanciers contractuels. »

2° *La loi 37 du même titre.* — *Quod placuit fisco non esse pœnam petendam nisi creditores suum recuperaverint: eo pertinet ut privilegium in pœna contra creditores non exerceatur, non ut jus commune privatorum fiscus amittat.* — (Papinien.)

« Nous avons décidé que le fisc ne devait pas poursuivre le recouvrement de ses créances pénales, avant que les créanciers aient été désintéressés: par là nous entendons qu'en matière pénale, il ne peut exercer son privilège au préjudice des créanciers, mais non qu'il soit privé des avantages du droit commun.

3° *Enfin la loi uniq. cod. Pœnis. fiscalib. creditores præferri.* — *Rem suam persequentibus pœnæ exactio postponitur sicut itaque in sortis quantitate fisci perse-*

---

2. *Sic* Chopin, *Traité du domaine* (1662), p. 559, t. II ; Donnellus, t. VI, p. 876 ; Voet, *Comment. ad Pandect.*, t. I, p. 727 ; Villemain, *Du concours entre créanciers gagistes*, p. 45. — *Contra* Demangeat, *de Fundo dotali*, p. 157.

*cutio potior est : ita in triplo quod pœnæ nomine adjec-
tum est propria forma servanda est.* — (Imp. Alexander 225.)

« Les créances pénales ne passent qu'après les créances
rei, persecutoriæ, et quand bien même le fisc pourrait réclamer le premier rang pour le recouvrement du principal de
la dette, l'acquittement du triple qui vient s'y ajouter à titre
de peine devra avoir lieu au rang spécial que lui assigne ce
caractère. »

Il résulte bien clairement de ces trois textes, que le fisc
n'a jamais eu hypothèque pour le recouvrement des condamnations pénales. Deux questions néanmoins ont été soulevées. D'abord, on se demande, s'il n'avait pas au moins
hypothèque à l'encontre de ceux qui étaient devenus créanciers du condamné depuis la *litis contestatio* ou la condamnation. En second lieu on n'est pas d'accord sur ce qu'il faut
entendre par ce *jus commune privatorum* auquel fait allusion la loi 37.

Beaucoup de textes, dit-on, accordent à la *litis contestatio* les effets d'un quasi-contrat (1). La créance pénale à
Rome naissait donc, en réalité, d'un quasi-contrat. D'ailleurs, ajoute-t-on, par rapport aux créanciers postérieurs à
la condamnation, le fisc avait des droits acquis antérieurs ;
il était donc vrai de dire que, quand il poursuivait le payement des amendes, vis-à-vis d'eux, *suum recipiebat.* Rien
ne l'empêchait donc de se prévaloir de son hypothèque (2).

Ces arguments ne nous paraissent nullement concluants.

1. V. L. 3, § II, D., *de pecul.*
2. *Sic* Cujas *Comment. ad Legem 17 « de Jure fisci »,* (Œuvr. compl. t.
VIII, col. 435) ; Voet, *Commentar. ad Pandectas,* t. VIII, pp. 502 et 703 ;
Hellfeld, *de Tacita Hyp. fisc.,* § 9 ; Dernburg, *Rœmisches Pfandrecht,*
t. I, p. 348.

Remarquons d'abord que les effets de la *litis contestatio*
ou de la condamnation étaient absolument indépendants de
la date à laquelle les cocréanciers du fisc avaient contracté
avec le condamné. Si la *litis contestatio* avait été un quasi-
contrat, et si, comme telle, elle avait muni d'une hypothèque
les créances qu'elle engendrait, il est bien certain que cette
hypothèque n'eût pas existé seulement à l'encontre d'une
certaine classe de créanciers, et il n'aurait pas fallu une constitution pour établir qu'à l'égard des autres, *jus commune
privatorum non amittit fiscus*. D'ailleurs, il n'est pas
vrai de dire que la créance pénale naît de la *litis contestatio*
ou de la condamnation (1). Pour trouver son origine il faut
remonter plus haut. Elle a sa source dans la faute même
commise par le condamné, et c'est précisément en raison de
cette source vicieuse que la loi l'a considérée comme digne
de moins de faveur que les créances nées des contrats. Voilà
pourquoi elle lui a refusé l'hypothèque à l'égard de tous, et
l'a réduite au *jus commune*. Voilà pourquoi la *Loi uniq.
pœnis fiscalibus* a distingué entre le principal de la dette
et la condamnation au triple.

Le fisc n'avait donc jamais hypothèque pour ses créances
pénales. Quelle était sa situation à leur égard ! Que faut-il
entendre par le *jus commune* qui lui était laissé ? Plusieurs systèmes ont été proposés. Les uns ont dit que le
fisc concourait au marc le franc avec les autres chirographaires (2) ; les autres, qu'il passait après les chirographaires plus anciens que lui, mais qu'il primait les plus récents (3).

1. En effet, le quasi-contra de *litis contestatio* en cette matière a
pour objet l'engagement de subir l'instance et non l'obligation à la
peine. (Negusantius, *de Hypothec.* p. 198.)

2. *Sic* Voet, *Commentar. ad Pandectas*, t. VIII, p. 502.

3. *Sic* Glück, *Erlœuterung der Pandekten*, t. XIX, p. 70 ; Sintenis,
Pfandrecht, p. 312.

D'autres enfin, ont soutenu qu'il se trouvait primé par tous ceux qui exerçaient une créance contractuelle, mais concourait au marc le franc avec les créanciers qui, comme lui, réclamaient le montant d'une condamnation pénale (1). Nous adopterons cette dernière opinion, car les deux premiers systèmes nous semblent en contradiction trop directe avec les *lois 17 de Jure fisci* et *uniq. C. Pœnis. fiscalib.* En effet, ces lois ne se bornent pas à dire que le fisc ne pourra pas exercer son privilège ; elles déclarent expressément qu'il ne viendra qu'après les créanciers contractuels; par conséquent, il ne saurait ni concourir avec eux, ni même primer ceux qui lui sont postérieurs en date (2).

Le troisième système, au contraire, nous paraît beaucoup plus conforme aux textes. En effet, le fisc doit jouir du droit commun des particuliers. Quel était le droit commun en cette matière? Il se trouve contenu dans la loi unique du titre *Pœnis fiscalib. creditores* au Code. « *Rem suam persequentibus pœnæ exactio postponitur.* » « Les créanciers qui poursuivent l'acquittement d'une peine ne passent qu'après ceux qui exercent des actions reipersecutoires. » Le fisc se trouve donc relégué au rang des autres créanciers de peines, et comme il ne doit jouir que du droit commun, il concourt avec eux au marc le franc.

Cas où le fisc succède à un autre débiteur. — Nous venons de voir que le fisc ne pouvait pas se prévaloir de son hypothèque pour les créances pénales. En était-il de même lorsqu'il succédait à un simple créancier chirographaire? Il existe au Digeste sur cette question deux textes qui paraissent contradictoires.

1. *Sic* Bachofen, *Pfandrecht*, p. 338.
2. En fait, cela équivaudrait à lui donner hypothèque contre les créanciers postérieurs.

1º *La loi 3 § 7 de jure fisci.* — *Si posteriori credi-*
tori fiscus successerit, eo jure utitur quo is usurus erat
cui successit. — (Callistrate.)

« Lorsque le fisc vient à succéder à un créancier postérieur, il ne peut exercer que les droits qui appartenaient à
son cédant. »

2º *La loi 6 Pr. du même titre.* — *Fiscus cum in pri-*
vati jus succedit, privati jure pro anterioribus suæ suc-
cessionis temporis utitur, cæterum postea quam suc-
cessit, habebit privilegium suum. Sed utrum statim
atque cœpit ad eum pertinere nomen : an vero postea
quam convenit debitorem ; an postea quam relatum
est inter nomina debitorum quæritur ; et quidem usuras
exinde petit fiscales etsi breviores debeantur, ex quo
convenit certum debitorem et confitentem. At in privi-
legio varie rescriptum est : puto tamen exinde privi-
legio esse locum, ex quo inter nomina debitorum rela-
tum est nomen. — (Ulpien.)

« Lorsque le fisc succède à un particulier, il ne peut user
que des avantages qui appartenaient au particulier pour les
droits antérieurs à l'époque où il a succédé. Mais à partir du moment même de la succession, il peut appliquer son
privilège. On se demande toutefois si ce droit lui appartient à partir du moment où il a acquis la créance, ou à
partir de l'époque de la comparution du débiteur, ou bien
enfin à partir de l'instant où la créance est inscrite au
registre des dettes ? Au point de vue des intérêts le doute
ne saurait exister; ils sont dus au taux légal à partir du moment de la comparution du débiteur qui reconnaît la dette,
quand bien même le taux payé jusque là eût été plus faible.
A l'égard du privilège les rescrits ne sont pas d'accord. Notre opinion est qu'il peut être exercé à partir de

l'époque où la créance est portée au registre des dettes. »

Ainsi donc, tandis que Callistrate paraît réduire dans tous les cas le fisc aux droits de son auteur, Ulpien semble lui accorder ses privilèges à l'encontre des créanciers postérieurs à son acquisition.

Système de Glück (1). — En général l'acquéreur d'un droit ne jouit jamais que des avantages qui appartenaient à son auteur. Quelques jurisconsultes ont soutenu que cette règle était entièrement applicable au fisc. Dans ce but, ils ont fait remarquer que la *loi 3 de jure fisci* était empruntée au Livre LXIII de l'édit d'Ulpien, qui traitait exclusivement du droit de poursuite. Le privilège auquel Ulpien fait allusion ne serait donc pas le privilège hypothécaire, mais quelque avantage relatif aux poursuites. Dès lors, dit-on, la seule règle applicable en notre matière est le paragraphe 7 de la loi 3. Le fisc n'a jamais hypothèque ni pour le passé, ni pour l'avenir, ce qui d'ailleurs est conforme au principe posé par les lois *25 D. de Pign. et 60 § 1 de conditionib. et demonstrationib.*

Système de Sintenis (2). — D'autres ont adopté un système moins radical. Ils ont dit que le fisc pouvait exercer son *privilegium exigendi* pour les créances qu'il acquérait, mais seulement à l'encontre des créanciers postérieurs à la cession.

Ces deux systèmes nous paraissent très peu soutenables. Constatons tout d'abord que les textes invoqués en leur faveur sont absolument sans valeur ; car la *Loi 25 de Pignoris* concerne exclusivement le droit de rétention dans le gage proprement dit ; et la *Loi 60 de condit. et demon-*

---

1. *Sic* Glück, *Erlœuter. der Pandekten*, t. XIX, p. 69.
2. *Sic* Sintenis. *Pfandrecht*, p. 312.

strat. ne vise que le maintien des charges et servitudes en matière d'acquisitions réelles et de legs (1).

Cela posé, rien ne prouve que dans le Livre LXIII de son édit, Ulpien n'ait traité que du droit de poursuite. Si, par impossible, il en était ainsi, il faudrait admettre que les compilateurs ont détourné la loi 6 de son sens primitif avant de l'insérer au Digeste, car sans cela ils auraient proposé une véritable énigme plutôt qu'un texte législatif.

D'un autre côté, si on accorde au fisc un *privilegium* à l'encontre des créanciers postérieurs, on ne conçoit guère pourquoi on lui refuserait une hypothèque.

Système de Dernburg (2). — Le professeur allemand Dernburg proposa un autre système. Remarquant que le fisc avait hypothèque pour toutes les créances nées des contrats qu'il passait, il déclara qu'il jouissait de ses privilèges chaque fois qu'une novation l'avait rendu créancier direct du débiteur, au lieu et place de l'ancien titulaire de la créance.

Cela posé, il distingua trois cas : 1° Le fisc devient titulaire de la créance par succession à titre universel. Dans cette hypothèse, aucun contrat n'intervient entre le débiteur et lui ; il ne jouira donc que des avantages accordés au précédent propriétaire. — 2° Le fisc acquiert la créance à titre particulier. Le raisonnement est le même que dans le cas précédent, avec cette circonstance spéciale que, d'après les principes romains en matière de cession de créance, le fisc ne pourra agir que comme *procurator* de son cédant ; il n'exercera donc que les privilèges qui lui appartenaient. — 3° Enfin il devient créancier par suite d'une novation intervenue entre le débiteur, le créancier primitif et lui ; alors

1. V. Müllenbruch, *Cession des Forderungsrechts*, p. 578.
2. V. Dernburg, *Rœmisches Pfandrecht*, t. I, p. 342 et s.

il pourra réclamer son hypothèque suivant le droit com—
mun.

Ce serait à une hypothèse de cette nature que se réfère-
rait le texte d'Ulpien. Ce qui le prouve, dit-on, c'est précisément la solution donnée par le jurisconsulte. A l'égard de
tous les droits ouverts avant la novation, le fisc n'est qu'un
cesssionnaire à titre particulier : *privati jure utitur pro
anterioribus suæ successionis :* au contraire pour tous les
droits nés depuis la novation, il est créancier de son chef :
habebit privilegium suum. Et si Ulpien assigne pour
point de départ à l'hypothèque l'inscription de la créance
sur les registres publics, c'est, ajoute-t-on, parce que,
comme nous l'avons déjà vu (1), cette inscription n'était
pas un simple enregistrement, mais un véritable contrat
litteris effectuant la novation qui était la condition *sine quâ
non* de ce droit.

Ce système paraît assez spécieux. Toutefois il y a un point
qu'il n'explique pas. Ce sont les controverses qui, d'après
Ulpien, existaient sur la question. Si, dans l'espèce, l'inscription effectuait une novation, et si cette novation était la véritable source de l'hypothèque, comment concevoir que la législation ait si fréquemment varié à cet égard ? Comment
comprendre qu'Ulpien lui-même ne semble répondre qu'en
hésitant : *puto tamen...*

4° *Système.* — Aussi beaucoup d'auteurs ont-ils pensé
que tel n'était pas le sens de la loi 6 de *Jure fisci.* Suivant
eux, ce texte consacre en faveur du fisc une dérogation aux
règles générales de la cession. Les privilèges du fisc étant considérés comme attachés à sa personne, on finit par admettre
qu'il pouvait les opposer, même quand il succédait à un sim-

1. Voy. Introduction.

ple chirographaire. Cependant cette dérogation grave aux principes ne s'était pas établie sans bien des hésitations. On l'avait d'abord adoptée pour les intérêts (1); on finit par l'accepter, grâce au développement de l'esprit fiscal, même pour l'hypothèque, mais les détails de la législation n'étaient pas encore bien fixés à cet égard. D'ailleurs, des réserves étaient faites ; l'hypothèque qu'on accordait ainsi arbitrairement ne devait, selon Ulpien, exister qu'à compter du fait clair et précis de la *relatio inter nomina;* elle ne pouvait valoir que pour l'avenir ; autrement dit, le fisc était tenu de respecter toujours les droits acquis.

Du reste, ajoute-t-on, cette interprétation n'est pas contraire à la loi 3 § 7 citée ci-dessus. En effet, que dit cette loi : *Si posteriori creditori succederit fiscus,* c'est-à-dire lorsque le fisc succède à un créancier *posterieur en date,* il ne pourra se prévaloir que des droits qui appartenaient à son cédant, sous-entendu, à l'égard des créanciers qui le précédaient. Or, c'est bien là, dit-on, ce que décide la loi 6 (2).

Ce système est évidemment préférable aux autres. Toutefois il nous semble susceptible d'une restriction. En effet, quand le fisc avait acquis la créance à titre particulier et qu'aucune novation n'était intervenue, on sait que d'après les principes romains, il ne pouvait exercer contre le débiteur que des actions utiles. Il devait en justice se présenter comme le *procurator* du cédant, et ne pouvait donc exercer que les privilèges appartenant à celui dont une fiction légale

---

1. L. 6, *de Jure fisc.* ; L. 17, § 6 D., *de usuris.*
2. *Sic* Donnellus, t. I, col. 1212 ; Voet, *Commentarius ad Pandect.,* t. I, p. 641, § 10 ; Faber, *Rationalia,* t. I, p. 211, 2ᵉ col. ; Hellfeld, *de Tacita Hyp. fisc.,* § 7; Müllenbruch, *Cession des Forderungsrechts,* p. 578.

le constituait le mandataire. La règle énoncée ci-dessus doit donc être limitée au cas où le fisc a acquis par succession universelle, et à celui où une novation l'a rendu créancier direct (1).

En résumé, nous dirons donc qu'à l'encontre des créanciers antérieurs à la *relatio inter nomina creditorum*, le fisc n'avait ni hypothèque, ni *privilegium exigendi* (2), et qu'il en était de même, même vis-à-vis des créanciers postérieurs lorsqu'il avait acquis la créance à titre particulier : qu'au contraire, il jouissait de son hypothèque chaque fois qu'il avait acquis à titre universel ou par une novation, mais que toutefois cette hypothèque ne s'exerçait que contre les créanciers postérieurs à l'inscription du débiteur dans les registres publics seulement (3).

Sens de la loi 46 § 3 D. de Jure fisci. — Ainsi donc la règle : *Fiscus habet semper jus pignoris*, comporte au moins deux exceptions : le fisc n'a jamais eu hypothèque pour ses créances pénales ; il en était de même sauf exception, lorsqu'il succédait à un simple créancier chirographaire. Ces exceptions sont-elles les seules qu'ait admises la législation romaine à l'époque de Justinien, ou bien doit-on soutenir que le texte d'Hermogénien ne s'appliquait qu'à une catégorie limitée de créances seulement? La question est difficile à résoudre.

Certains auteurs ont pensé que l'hypothèque tacite, ayant

---

1. *Sic* Vangerov., *Lehrbuch der Pandekten*, III, p. 121.

2. V. Donnellus, t. IV, p. 641 § 10.

3. Certains auteurs ont pensé que l'hypothèque ainsi accordée au fisc par un privilège personnel pour des créances, qui à l'origine n'étaient munies d'aucune garantie, ne passait pas au cessionnaire du fisc, lorsque la créance venait à être aliénée par lui. Ce système paraît assez rationnel. Cependant toutes les fois que le cessionnaire ne pouvait agir qu'en qualité de *procurator* direct du fisc, il semble qu'il devait bénéficier des avantages qui appartenaient à celui-ci.

pour objet de suppléer une convention hypothécaire réputée présumée, ne pouvait exister lorsque les circonstances rendaient cette convention impossible à concevoir. A l'appui de ce système on a cité la loi *10 de Pactis* et la loi *2 cod. de hereditariis actionibus* (1), toutes deux prévoyant le cas où le fisc n'a pas hypothèque. On a fait remarquer que les deux exceptions précédentes ne suffisaient pas à les expliquer, car, dans l'espèce de la loi 10, le fisc a un *privilegium*, et dans la loi 2 au Code, la poursuite est exercée contre les héritiers, ce qui exclut toute idée de créance pénale.

A cela on répond que la loi 46 § 3 *est formelle* et qu'en dehors des exceptions spécialement indiquées au Digeste ou au Code, on doit lui accorder un plein effet. D'ailleurs, dit-on, les textes proposés ne sont pas des arguments sérieux contre ce système. Les mots : *in his casibus in quibus hypothecas non habet et cæteros privilegiarios* ont très vraisemblablement été ajoutés au texte primitif de la loi 10 par Tribonien (2). Ulpien avait probablement écrit *fiscum quoque exemplum. creditorum sequi oportere.* Le fisc

1. Loi 10, D. *de Pactis* — *Rescriptum autem divi Marci, sic loquitur quasi omnes creditores debeant convenire. Quid ergo si quidam absentes sint ? Num exemplum præsentium absentes sequi debeant ? Sed an et privilegiariis absentibus hæc pactio noceat, eleganter tractatur : si modo valet pactio contra absentes. Et repeto ante formam a divo Marco datam divum Pium rescripsisse, fiscum quoque in his casibus in quibus hypothecas non habet, et cæteros privilegiarios exemplum. creditorum sequi oportere. Hæc enim omnia in his creditoribus qui hypothecas non habent, conservanda sunt.*

Loi 2, Cod., *de Hereditar. Actionibus.* — *Pro hereditariis partibus heredes onera hereditaria agnoscere etiam in fisci rationibus placuit : nisi intercedat pignus vel hypotheca, tunc enim possessor obligatæ rei conveniendus.*

2. *Sic* Faber, *Rationalia* I, p. 211, 2ᵉ col. Il se fonde sur ce que le mot *hypotheca* n'était pas encore employé à l'époque d'Ulpien, au pluriel surtout, et sur une prétendue contradiction entre la loi 10, *de Pactis* et la loi 58, § 1, D., *mandati.*

n'avait donc dans l'espèce ni hypothèque ni privilège, et il agissait probablement pour le recouvrement d'une amende ou de quelque créance acquise à titre particulier.

Pour expliquer la loi 10, ajoute-t-on, il n'est d'ailleurs pas nécessaire de recourir à ces suppositions. Il est certain qu'à l'époque d'Ulpien l'hypothèque du fisc n'atteignait pas encore toutes les créances. Le texte du jurisconsulte se conçoit donc très bien. A l'époque de Justinien il n'en était plus de même : l'hypothèque du fisc avait fait des progrès pendant trois siècles, et on peut dire que si la loi 10 fut insérée au Digeste, ce n'est pas à cause de la phrase *fiscum quoque*, etc. devenue sans effet, mais à cause de la solution finale : *Hæc enim omnia in his creditoribus qui hypothecas non habent conservanda sunt.*

De même, dit-on, la loi 1 au Code peut s'interpréter très bien dans ce système, car l'empereur ne fait qu'énoncer deux principes qui n'ont jamais été contestés : 1° que les héritiers supportent les dettes proportionnellement à leurs parts héréditaires ; 2° que si quelque dette se trouve garantie par une hypothèque, le possesseur de l'objet hypothéqué pourra également être poursuivi. L'hypothèque du fisc existait donc pour toutes les créances sauf les deux exceptions indiquées ci-dessus.

Quant à nous, nous serons un peu moins absolus, car il est bien difficile d'affirmer qu'on connaît toutes les exceptions à une règle. Toutefois nous appuyant sur le texte d'Hermogénien, nous dirons que, pour les créances fiscales, l'hypothèque sous Justinien était la règle, et l'absence d'hypothèque l'exception (1).

Biens frappés de l'hypothèque du fisc. — Enfin

---

1. V. Dernburg, *Rœmisches Pfandrecht*, t. I, p. 343 ; Bachofen, *ibid.*, p. 248.

l'hypothèque du fisc ne frappait que les biens ayant appartenu au débiteur depuis sa constitution. Les biens aliénés par lui sans fraude avant cette époque en étaient affranchis (1); toutefois, pour qu'il en fût ainsi, il fallait que l'aliénation eût été irrévocable avant le moment où le fisc était devenu créancier. La loi 15 au Code nous montre de cette règle une application assez remarquable. Un primipile avant sa nomination, avait fait à sa femme une donation déguisée sous la forme d'un contrat à titre onéreux. Bien qu'il fût mort sans avoir révoqué, l'empereur déclara que le fisc pourrait saisir le bien, si le reste du patrimoine était insuffisant pour désintéresser l'État. En effet, quoique déguisée, la donation n'avait pu devenir parfaite qu'à la mort du primipile ; la ratification était donc intervenue à une époque où le mari avait cessé d'être pleinement capable, puisque le fisc avait hypothèque sur l'action révocatoire comme sur tout le reste de son patrimoine. C'était donc là, comme disaient les Romains, une application subtile et élégante de la règle, mais non, comme on l'a prétendu quelquefois, une dérogation au principe.

Il existait toutefois une exception à ce que nous venons de dire. D'après la loi *15 Cod. de Bonis proscriptorum*, l'État pouvait saisir même les biens propres des femmes des *cœsariani*, ainsi que tout ce qui avait été donné par eux à leurs enfants émancipés, même sans fraude et avant leur entrée en fonction. Mais hâtons-nous de le dire, cette règle était toute spéciale, car elle avait été inspirée non par les principes du droit, mais par la nécessité de mettre un terme aux malversations de ces officiers. On ne saurait donc rien en conclure contre les principes énoncés ci-dessus.

1. L. 4, Cod., *de priv. fisc.* ; L. 1, Cod., *de jur. fisc.*

CHAPITRE V

DES DROITS DES CITÉS

Nous avons vu au commencement de ce travail que sous la République les cités avaient joui sur les biens de leurs débiteurs des mêmes avantages que l'État. Pendant les premiers siècles de l'Empire, elles continuèrent à faire usage du *jus prœdiatorum*. Lorsque cette législation vint à tomber en désuétude, leur donna-t-on en échange une hypothèque légale? Trajan leur accorda un *privilegium exigendi* (1), et des décrets spéciaux attribuèrent à un certain nombre de villes le *jus taciti pignoris* (2). Mais ce privilège fut-il dans la suite étendu à toutes les cités ? Les textes sont peu concordants à cet égard, et deux opinions contraires ont été soutenues.

En faveur de l'affirmative on a invoqué trois lois :

1° *La loi 3 Cod. de jur. Reipubl. — Rempublicam ut pupillam extra ordinem juvari moris est.*

« L'usage est d'accorder aux cités les mêmes modes de protection qu'aux mineurs. »

2° *La loi 4 C. quo quisque ordine conveniatur,* dans laquelle l'empereur répond à un duumvir qui expose que son collègue ne peut pas payer la part mise à sa charge dans le déficit d'un débiteur municipal : .... *Consequens est... suc-*

---

1. L. 38, § 1, D., *de reb. auctorit. judic.*
2. L. 10 D., *ad municipal.* ; L. 2, Cod., *de jure reipubl.*

cessores collegæ tui vel rerum ejus possessores ob personam ejus congredi. « Il y a lieu de poursuivre les ayants cause de ton collègue et tous les possesseurs de ses biens en son lieu et place. »

3° Enfin, dans une longue constitution sur les poursuites à exercer contre les débiteurs municipaux (1), Constantin déclare, qu'en cas d'insolvabilité de leur part : *...Judex omni diligentia et sollicitudine debebit inquirere ad quos ex qualibet conditione transierint debitoris facultates : ut singuli æqua ratione habita, pro rata rerum quas possident conveniantur..*, c'est-à-dire: « Le juge devra rechercher avec la plus grande diligence entre les mains de qui a passé l'avoir du débiteur, de manière à poursuivre chacun des acquéreurs au prorata de la portion des biens qu'il possède. »

Ce droit de poursuite accordé contre les tiers détenteurs prouve évidemment, dit-on, que les cités avaient une hypothèque. Or, comme les espèces proposées ne font mention d'aucune stipulation spéciale à cet égard, il faut bien admettre que, dès le règne de Dioclétien, cette hypothèque existait en leur faveur indépendamment de toute convention (2).

Malheureusement il existe contre ce système des textes péremptoires; en premier lieu, la *loi 2, Cod. de jure reipublicæ* conçue en ces termes :

An respublica in cujus locum succedistis, ideo quia satisfecisse debito vos proponitis jus pignoris in eo fundo habeat, apud suum judicem, quæritur : si enim

---

1. L. 2, Cod., *de debitor.*

2. *Sic* Voet, *Commentarius ad Pandectas*, t. I, p. 709, 2ᵉ col., et Leyser, *Meditationes ad Pandectas*, t. IV, p. 745, qui toutefois limitent l'hypothèque aux biens des administrateurs. — Glück, t. XIX, p. 89, hésite à se prononcer ; *id.* Gothefroy, *Cod. Th. Comment.*, liv. XII, tit. XII, t. IV, p. 576.

*neque beneficio sibi concesso id jus nacta est, neque
specialiter id obligatione pignoris sibi prospexit, causa
ejus non separatur a cœtoris creditoribus.*

« Le juge se demande si la cité, aux droits de laquelle vous
vous trouvez subrogé comme l'ayant désintéressée, avait hypothèque sur le fonds. Si cet avantage ne lui a pas été accordé
par une loi spéciale, et s'il n'existe dans le contrat aucune
clause expresse à cet égard, sa cause se trouve liée à celle
de tous les autres créanciers. »

Ensuite la *loi 10 D. ad Municipalem :*

*Simile privilegium fisco nulla civitas habet in bonis
debitoris nisi nominatim id a principe datum sit.*

« Aucune ville ne possède sur les biens de ses débiteurs les
avantages accordés au fisc, à moins qu'une décision spéciale
de l'empereur ne les lui ait accordés. » Enfin, une foule de
textes nous montrent les cités exigeant des conventions
expresses d'hypothèques.

Ce n'est pas tout ; en l'absence même de texte contraire, il
serait impossible d'expliquer la *loi 2, Cod. de debitor.*, en
accordant aux villes une action hypothécaire. En effet, dit-
on, l'hypothèque est indivisible par essence. Or, voici comment s'exprime cette loi : *Singuli œqua estimatione habita, pro rata rerum quas possident conveniantur.*
« Nous ordonnons que chacun des tiers acquéreurs soit poursuivi en payement de la dette, non jusqu'à épuisement des
biens acquis par lui, mais proportionnellement à la part qu'il
possède dans les biens ayant appartenu autrefois au débiteur (1). » Il y a action *pro diviso*, donc pas d'hypothèque.

Aussi admet-on généralement que la *loi 4, quo quisque
ordine,* ne suffit pas pour prévaloir contre cet ensemble
d'arguments, et on a cherché d'autres explications.

1. *Sic* Negusantius, p. 197.

Les uns ont vu dans les *lois 4, quo quisque* et *2, de Debi-tor* des applications de l'action Paulienne, et ont dit que la loi considérait comme de mauvaise foi ceux qui aidaient les débiteurs des cités à s'appauvrir en devenant acheteurs de leurs biens. Mais cette explication ne peut être acceptée, car les textes ne font aucune distinction entre les tiers qui ont connu la situation du débiteur et ceux qui l'ont ignorée. D'ailleurs l'exercice de l'action Paulienne ferait rentrer le bien aliéné dans le patrimoine du débiteur pour le tout, mais n'autoriserait jamais à poursuivre l'acquéreur jusqu'à concurrence d'une part proportionnelle dans les dettes.

Cujas proposa de voir dans ces deux lois l'exercice d'une *condictio ex lege*. Quant à nous, nous pensons qu'elles doivent être expliquées par des principes différents.

On se rappelle que, dès la République, les cités avaient pris l'habitude d'exiger des garanties réelles des agents chargés d'administrer leur patrimoine (1). Sous l'empire, il devint de règle de réclamer d'eux des hypothèques conventionnelles, et c'est probablement à une espèce de ce genre que se réfère la *loi 4 quo quisque*. La cité avait reçu une hypothèque dans le principe, et si l'empereur n'en a pas fait mention, c'est probablement parce que la chose ne pouvait pas faire doute.

L'interprétation de la *loi 2 de debitoribus* est moins facile à trouver. Néanmoins les mots : *et quia nefas est, obnoxiis corporibus alienatis circumscribi civitates*, insérés au commencement, permettent de supposer qu'il existait un règlement qui interdisait aux débiteurs des cités de vendre leurs biens, et, au cas d'infraction, rendait les acquéreurs responsables d'une partie de la dette. Il y avait probablement là un principe fiscal dont le sens nous échappe, mais

1. V. Æs Malcitana, ch. LIX et suiv.

qui, en cas d'insolvabilité du débiteur, donnait à la cité, non une action hypothécaire, mais, comme le dit Cujas, une *condictio ex lege* jusqu'à concurrence d'une certaine somme, contre les tiers acquéreurs de ses biens (1).

Résumé. — Arrivés au terme de notre étude de droit romain, il nous reste à en résumer les traits principaux.

Dès les premiers temps de la République, tous ceux qui traitaient avec l'État ou les cités, durent par le contrat même soumettre leurs personnes et leurs biens au *jus prædiatorum*. Cette législation spéciale nous est très mal connue. Elle comprenait à la fois des garants personnels *prædes* et des garanties réelles *prædia*, sur la situation desquels on discute très vivement.

Les inconvénients du *jus prædiatorum* étaient nombreux. Aussi, lorsqu'Auguste créa à côté de l'*ærarium* la caisse militaire qui devint le fisc, préféra-t-il faire usage des modes de cautionnement qui se trouvaient à l'usage des particuliers. Les empereurs suivants imitèrent son exemple et prescrivirent à leurs agents d'exiger des hypothèques expresses et générales de tous ceux avec lesquels ils traitaient en leur nom. Cette règle étant passée dans la coutume, la législation, vers le règne d'Antonin Caracalla, déclara que tous les contrats passés avec le fisc emportaient garantie hypothécaire, sans qu'il y eût besoin de l'exprimer formellement. Dès lors, les cas d'application de cette hypothèque devinrent de plus en plus nombreux, grâce à l'esprit fiscal des empereurs de cette époque ; de sorte qu'au ${IV}^{e}$ siècle, le juris-

1. *Sic* Dernburg, *Rœmisches Pfandrecht*, t. I, p. 355.

consulte Hermogénien put, en négligeant les exceptions, écrire d'une manière générale : *Fiscus habet semper jus pignoris.*

Ces exceptions existaient cependant ; et si, malgré les critiques qu'a soulevées ce système, le fisc avait hypothèque même sur les biens des fonctionnaires et des primipiles, il faut reconnaître que l'hypothèque fiscale ne s'appliquait n aux recouvrements des amendes, ni en général aux créances que l'État acquérait en succédant à titre particulier à un simple créancier chirographaire.

Un passage un peu trop concis d'Ulpien, qui contient simplement une application du *privilegium personale* du fisc, au cas où il se trouve en concours avec un créancier hypothécaire de même rang, a fait supposer à beaucoup d'auteurs que, dès cette époque, le Trésor romain avait eu une hypothèque privilégiée sur certaines portions du patrimoine de ses débiteurs. Ce système doit être repoussé pour plusieurs raisons, dont la principale est l'absence au Code de toute constitution établissant ce privilège exorbitant. Enfin la contradiction apparente d'un certain nombre de textes a rendu douteuse la question de savoir si, sous l'Empire, les cités n'avaient pas joui, au point de vue qui nous occupe, des avantages accordés au fisc. Nous verrons dans la suite l'influence qu'eurent toutes ces controverses sur l'ancien droit français ainsi que sur la législation moderne.

ANCIEN DROIT

L'invasion des Barbares modifia profondément l'organisation des Gaules. Les institutions politiques et juridiques des Romains étaient trop compliquées et trop savantes pour pouvoir être pratiquées par les nouveaux maîtres de l'Occident. Ne pouvant les comprendre, ils les supprimèrent, et bientôt la violence et l'arbitraire s'établirent sans conteste, là, où pendant plusieurs siècles, on s'était efforcé de faire régner l'ordre et la loi. Au point de vue politique le pouvoir central perdit toute force et toute autorité. Dans le droit privé un grand nombre d'institutions, notamment l'hypothèque, disparurent pour plusieurs siècles. Dans l'ordre financier il n'y eut bientôt plus, à proprement parler d'impositions publiques, et, à l'exception du service des armes, le souverain finit par ne plus imposer de charges à ses vassaux en qualité de propriétaire ou de seigneur.

Les redevances acquittées directement par un petit nombre de tenanciers de la couronne, constituaient au moyen âge pour le Trésor des ressources assez faibles (1). Le domaine royal avait peu d'étendue ; par conséquent, les dépenses très minimes pouvaient être faites sous les yeux du roi, par quelques officiers qu'il surveillait, comme un père de famille surveille

1. V. Polyptyque de l'abbé Irminon ; Prolégomènes de M. Guérard. Voir aussi un mémoire de M. Vuitry dans les comptes rendus de l'Académie des sciences morales et politiques, 1874, t. CI, pp. 6 et 28.

ses intendants. D'ailleurs, les « Thrésoriers » étaient alors choisis parmi les personnages les plus considérables de l'entourage royal, et, en cas de malversations, les condamnations pénales, et la confiscation qui en était alors presque toujours l'accessoire, suffisaient pour indemniser le roi, quoiqu'il n'eût pas alors véritablement de droits spéciaux sur les biens des comptables de son trésor.

Deux causes contribuèrent à modifier cet état de choses : le développement du pouvoir royal (1), et la renaissance des études du droit romain. A mesure que les rois devinrent plus forts, ils cherchèrent à accroître leurs ressources et à entreprendre des dépenses nouvelles : le Trésor royal prit une importance plus grande, les comptables furent plus nombreux, par conséquent plus difficiles à surveiller, et bientôt des procès fameux, comme celui d'Enguerrand de Marigny et de plusieurs autres, montrèrent combien il était facile aux financiers de piller le Trésor. Les rois comprirent alors l'intérêt qu'il y avait pour eux à prendre des garanties spéciales contre les agents de leurs finances, et à chercher des moyens, qui, sans recourir à la confiscation, leur permissent d'être payés avant tous autres, par les détenteurs de leurs deniers. Ces moyens existaient dans la législation romaine. C'est là que les légistes trouvèrent les armes qu'ils n'eurent plus qu'à perfectionner et à transformer légèrement pour les mettre en rapport avec l'organisation nouvelle.

Dès le milieu du XIIIᵉ siècle, saint Louis obligeait tous les « Thrésoriers, receveurs, prévosts, auditeurs des comptes

1. En 1325 les réclamations des barons de Normandie à Philippe le Bel prouvent que les baillis royaux se permettaient déjà de lever, sans leur intervention, des taxes dans leurs domaines. V. Guyot, *Répertoire*, t. XVII, p. 4, art. *Tailles*.

et autres officiers de ses finances, » à prêter serment de conserver fidèlement tous ses biens (1), et établissait la contrainte par corps contre les débiteurs du fisc, lorsque la dette était certaine (2). Mais c'est à Philippe VI, qu'il appartient d'avoir le premier en France proclamé le droit de préférence du fisc : « Nous déclarons, en ces termes, par la teneur de ces présentes lettres que noz dictes debtes, lesquelles sont et doibvent estre nommées fiscales, doivent estre et soient mises à exécution et payées à Nous ou à noz gens à ce députez, avant toutes autres debtes deües... à quelconques personnes que ce soit (3). » Cette déclaration rendue le 8 décembre 1335, à propos de diverses taxes établies dans les foires de Champagne, fut suivie, deux ans après, d'autres lettres enjoignant à tous les receveurs des finances de « bailler dès le commencement bonne et suffisante caution (4) », caution qui, aux termes d'une ordonnance rendue le 4 mars 1347 par le même prince à Fontainebleau, dut s'engager envers le roi jusqu'à concurrence du montant de la recette d'une année (5).

Ces dispositions ne furent pas acceptées sans résistance

1. Joinville, ch. LXXXVI. V. aussi Chopin, *Traité du domaine*, t. II, p. 551.

2. Etablissements de saint Louis, liv. II, ch. XXI; Laurière, *Ordonnances des rois de France*, t. I, p. 272 : « Nostre sire le Roy est en « sésine et possession, généralement de prendre et de tenir pour sa « dette conneüe et prouvée, cors, avoir, héritage, selon l'usage de « la cort laïe. »

3. Laurière, *Ordonnances des rois de France*, t. II, p. 95.

4. Chopin, *Traité du domaine*, t. II, p. 551.

5. «... Nous voulant sur ce pourvoir à notre indempnité, Nous « mandons, commandons et enjoignons estroitement sur les serre- « ments à quoi vous estes astreint et tenu à Nous que toutes faveurs « cessanz, vous faciez tous nos receveurs qui applégiéz ne se sont « souffisamment, applégier chascun d'autant comme monte sa recepte « d'un an, ou de ce que vous verrez qu'il devra suffire... » (Laurière, *Ordonnances des rois de France*, t. II, p. 283.)

de la part des intéressés : aussi, pendant deux siècles, allons-nous voir chaque roi, pour ainsi dire, obligé de les renouveler, en des termes identiques, en variant seulement les pénalités édictées contre les contempteurs. Ce fut d'abord Charles VI, qui le 23 octobre 1400 (1), défendit de procéder à l'installation des receveurs dans leur office, avant qu'ils n'eussent fourni « cautions bons et exploictables ». Le 22 octobre 1508, Louis XII (2) renouvelait cette défense dans l'ordonnance de Rouen, en prescrivant de suspendre immédiatement de leur office et de « contraindre autrement comme on verra estre à faire », tous les officiers de finances dont les cautions ne seraient pas reconnues suffisantes.

Le désordre, parait-il, était alors grand dans l'administration financière, car deux ans après, dans des lettres datées de Lyon, le 11 juin 1510 (3), Louis XII se plaignait de nouveau de l'insolvabilité des comptables sans pouvoir y mettre un terme. François Ier faisait renaître contre les financiers en retard, la plupart des pénalités empruntées au code Théodosien, notamment la peine du quadruple, et édictait contre ceux qui seraient convaincus de péculat la « confiscation de cors et biens (4) ». Bien plus, comprenant que le luxe affiché par les financiers, contribuait le plus souvent à les rendre insolvables, l'édit de Châteaubriant rendu le 8 juin 1532 (5), leur défendit sous peine de privation immédiate de leur office de « porter drap de soie ni broderies d'or, et de donner à leurs filles des dots, excédant la dixième partie de leurs biens ».

1. Laurière, *Ordonnances des rois de France*, t. VIII, p. 395.
2. Ordonnance sur les pouvoirs et fonctions des thrésoriers de France, §§ 3 et 7. — V. Laurière, *Ordonnances des rois de France*, t. XXI, p. 377.
3. Laurière, t. XXI, p. 413.
4. Lebret, *Traité de la Souveraineté*, p. 98.
5. Isambert, *Anciennes Lois françaises*, t. XII, p. 361.

Les expéditions d'Italie et les guerres malheureuses de François Ier avaient épuisé le Trésor. Les impôts étaient lourds et partout rentraient mal ; la comptabilité était nulle, et beaucoup, comptant sur l'impunité, profitaient du désordre pour employer à leur profit une partie des fonds, dont le roi avait si grand besoin. Les Chambres des comptes ne suffisaient pas toujours à découvrir et à punir les prévaricateurs : c'est pour les aider dans ces recherches qu'en 1556 (1), Henri II créa, à la Chambre des comptes de Paris, l'office de solliciteur général des restes qui eut pour unique fonction de poursuivre la réalisation des débets, en faisant vendre à la criée les biens de tous ceux qui ne s'exécutaient pas après une simple sommation (2). C'est dans un même ordre d'idées que l'année suivante un règlement sur le maniement des deniers du roi (3) prescrivait, § 20 à tous les thrésoriers généraux d'envoyer à la Chambre des comptes les actes contenant les engagements des cautions des comptables sous leurs ordres. Tout cela ne suffit pas encore pour rétablir l'ordre, car six ans après, Charles IX (4) était obligé de prononcer la confiscation pure et simple des offices d'un grand nombre de comptables qui se trouvaient en fuite.

Deux causes contribuaient principalement à favoriser la fraude : d'abord la faculté laissée aux comptables de conser-

1. V. Denisart, *Dictionnaire de jurisprudence*, au mot *Comptable*.

2. Ordonn. du 17 mars 1548 (Isambert, *Anciennes Lois françaises*, t. XIII, p. 75.)

3. Fontanon, *Edicts royaux*, t. II, p. 645.

4. « ... Ordonnons par ces presentes que : ... tous les dicts Estats et « Offices des Receveurs généraux, Thrésoriers et autres Comptables de « nos finances qui... ont retenu... d'icelles plus grandes sommes qu'il « n'est permis et autres, qui pour les dites causes et autres malver- « sations, se sont rendus absents et fugitifs de leurs maisons, aux- « quelles ils doivent résidence pour le deüe exercice de leurs charges, « vacants et à nous acquis et confisqués en pure perte pour les dits « comptables. » — V. Fontanon, *Edicts royaux*, t. II, p. 657.

ver longtemps l'argent entre leurs mains, et de ne fournir leurs comptes qu'à des époques éloignées ; et ensuite la facilité, avec laquelle ils pouvaient rendre vaine toute saisie, en faisant passer leur actif sur la tête de leurs femmes ou de leurs enfants. On ne tarda pas à le comprendre : aussi créa-t-on pour chaque office comptable jusqu'à trois titulaires qui exercèrent à tour de rôle chacun pendant une année, de manière à ne jamais rentrer en fonctions avant d'avoir complètement apuré leurs gestions précédentes. On eut donc ainsi le patrimoine et le cautionnement entiers d'un comptable pour répondre des deniers perçus en une seule année(1).

En même temps l'article 16 de l'ordonnance de Roussillon (2) interdisait « aux prochains habiles à succéder à ceux qui décéderaient en offices, charges et administrations des finances », de se porter héritiers d'eux sous bénéfice d'inventaire. Ils étaient tenus de se porter héritiers purs et simples, ou de refuser, auquel cas il leur était absolument interdit d'acquérir, soit par eux-mêmes, soit par une personne interposée, aucun bien de la succession ; « ce qui avait pour but, dit Charondas (3), d'éfuiter les fraudes des héritiers, lesquels, sous le prétexte du bénéfice d'inventaire, s'estant emparés des finances et des biens du défunt en eussent pu disposer à leur volonté et ensuite s'en décharger par un léger compte. »

Enfin, trois ans après, l'ordonnance de Gaillon (4), repro-

---

1. Peut-être bien ne fut-ce pas là le véritable motif de cette innovation. Le Trésor était alors dans une pénurie extrême, et l'on chercha probablement dans la création d'offices nouveaux que l'on mettait en vente un expédient pour parer à sa détresse. Dans tous les cas le résultat fut celui que nous indiquons.

2. Charles IX, 1553 (Fontanon, t. II, p. 1142).

3. Code Henry III, liv. VI, tit. VIII, p. 167, note.

4. « Défendons qu'aucuns de nos subjects de quelque qualité qu'ils

duisant sans s'en douter la disposition contenue quinze siècles auparavant dans l'édit de Tibérius Julius, interdisait de
contracter pendant une année avec un certain nombre de
comptables soupçonnés de malversations, afin de les empêcher de vendre leurs biens pour en remettre clandestinement
le prix à leurs enfants.

La fermeté de Sully et de Richelieu rétablit un peu d'or
dre. Sous leur administration, les comptables s'acquittèrent
probablement plus régulièrement, car, dans les recueils
d'ordonnances, les textes édictant des mesures de rigueur
deviennent très rares à leur égard.

Avec la minorité de Louis XIV (1), les abus recommen-
cèrent, et il fallut de nouveau multiplier les édits. Le
11 décembre 1647 (2), un arrêt du Conseil d'État ordonnait
que les séparations de biens entre les comptables et leurs
femmes ne pourraient plus être prononcées qu'en Chambres
des comptes, et avec l'autorisation des procureurs du roi,
car « ces séparations, dit Lefèvre de Laplanche, avaient le
plus souvent pour effet de rendre inutiles les privilèges du
roi, tant par suite des reprises franches et quittes de la
femme, que par suite de la facilité qu'avaient dans la suite

« soient n'ayent à achepter dedans un an prochainement venant, à
« compter du jour et date de ces présentes, aucuns meubles ou im-
« meubles, appartenant à ceux qui tiennent ou ont tenu, depuis nostre
« avènement à la couronne, aucuns offices ou charges de nos finances,
« estant déférez et accusez d'avoir malversé en icelles. » (24 sept. 1566 ;
— Guénois, t. II, p. 654.)

1. « L'abus et le désordre que nous avons rencontrés dans l'administration de nos finances, lorsque nous avons voulu en prendre la conduite, nous ont obligé de recourir à des moyens extraordinaires pour
surmonter les mauvaises voies dont ceux qui en avaient l'administration,
s'étaient servis pour cacher leurs dissipations. » (Préambule de la
déclaration du 11 décembre 1673. — (Voir Isambert, *Anciennes Lois
françaises*, t. XIX, p. 123.)

2. V. Ferrières, *Dictionnaire de droit*, I, p. 366 et suiv.

lés maris, de faire passer sous leurs noms les biens qu'ils acquéraient ».

Nous n'allons pas tarder à rencontrer des documents plus importants encore.

Jusqu'ici nous n'avons parlé que des garanties person-- nelles et des précautions pour ainsi dire accessoires pri- ses contre les comptables. En France comme à Rome, ce fut en effet, par elles que l'on commença. Cependant, dès le milieu du XVIe siècle, les interprètes du droit romain, alors en pleine renaissance (1), se mirent à enseigner que le Trésor royal ou fisc, avait une hypothèque sur les biens de tous ses débiteurs comptables ou autres. Cette théorie fut très vite adoptée, car, dès 1563, l'ordonnance de Roussillon article 10, *in fine* parlait du privilège du roi. D'ailleurs, on sait qu'alors l'hypothèque s'attachait à tous les contrats au- thentiques ; il était donc tout naturel qu'on la fit résulter des provisions et nominations émanées du roi.

Conformément à la loi 28, de Jur. fisc., on admit donc que le roi avait une hypothèque simple sur les biens acquis par ses débiteurs avant l'époque où ils avaient commencé à se trouver obligés envers lui, et, sur les biens acquis depuis cette obligation, une cause de préférence qui lui permettait de primer même les créanciers hypothécaires plus anciens. Quel était le fondement de cette préférence? Les romanistes d'alors (2) discutaient très vivement cette question. Profi- tant de cette incertitude, les officiers royaux soutinrent qu'à l'égard des comptables notamment, elle était basée sur une sorte de présomption *de in rem verso*, c'est-à-dire, sur la probabilité que les biens acquis depuis la dette contractée

---

1. Cujas, Donellus.
2. V. Cujas, Œuvr. compl., t. VIII, col. 435, E ; Donellus, t. VI, p. 936, § 7.

envers le roi, avaient été payés avec les deniers royaux.

Les parlements adoptèrent assez facilement cette présomption qui, probablement alors, se trouvait conforme à la réalité des faits dans la grande majorité des cas. Si bien que dans son résumé de la législation du domaine (1), écrit au milieu du xviie siècle, Chopin, après avoir énoncé la règle générale « le roi est en cas de doubte présumé devancer et précéder tous autres particuliers (sauf la dot) si ce n'est que l'on fasse clairement apercevoir du contraire, et encore que le particulier devance en temps le fisque créancier par la générale hypothèque, toutefois le fisque est préféré aux biens qui ont été acquis depuis l'obligation » ; ce qui était la théorie romaine, telle nous l'avons exposée, ajoutait :

« Par présomption de droit, le receveur comptable qui a manié les deniers du roi, est reputé s'être enrichi desdits deniers. »

C'est-à-dire, si le comptable a fait une acquisition, elle sera, à moins de preuve contraire, reputée payée des deniers du roi, qui, en vertu de la théorie de la subrogation aura sur le bien acquis un privilège de premier rang, comme l'indiquait le même auteur un peu plus loin par ces mots : « L'héritage acheté des deniers du roi est subrogé en la place et au lieu du prix et peut être saisi par le roi (2). » Dès lors, sur les biens acquis par les comptables depuis leur entrée en fonctions, le roi ne primait plus seulement, comme à Rome, les créanciers hypothécaires de même rang que lui, il primait aussi tous les créanciers munis de privilèges inférieurs au sien.

Ainsi donc une législation spéciale s'établissait à l'égard

1. T. II, p. 589 et suiv.
2. *Ibid*, § 47 ; *id.*, pour l'Église, D, *de reb. credit.*

dés comptables. On les faisait peu à peu sortir de la foule des débiteurs du fisc dans laquelle, au point de vue des garanties hypothécaires, ils s'étaient trouvés à peu près confondus jusque-là. On les assujettissait à des règles particulières, et pour la première fois alors, il y eut de l'intérêt à distinguer nettement à ce point de vue ceux qui étaient comptables de ceux qui ne l'étaient pas. D'ailleurs, logiques avec eux-mêmes, les jurisconsultes d'alors tirèrent et acceptèrent franchement les conséquences du principe qu'ils établissaient. Ils reconnurent que le privilège n'existait qu'à partir du moment où les comptables avaient manié les deniers du roi (1), parce que c'est à partir de ce moment seulement qu'on peut raisonnablement supposer qu'ils se sont enrichis en les divertissant, et, qu'à l'inverse, il frappait les biens de tous les individus qui avaient eu ce maniement. Ils le limitaient aux biens acquis par eux à titre onéreux, parce que, pour les autres, la présomption de fraude ne saurait exister. Enfin ils étendaient les droits du roi aux biens acquis par les enfants des comptables, et les femmes mêmes séparées de biens (2), parce qu'ils les considéraient en ces matières comme des personnes interposées.

Ordonnance du 13 août 1669. — Ces règles ne s'établirent pas d'un seul coup. Elles étaient, pour la plupart, l'œuvre de la coutume et de la jurisprudence ; aussi ne furent-elles pas appliquées partout de la même manière. Certains parlements les adoptaient complètement, d'autres en partie seulement. Les uns déclaraient que les privilèges du roi frappaient les biens du comptable à dater de sa nomination, les autres à compter seulement de l'époque où son déficit se trouvait constaté judiciairement.

1. V. ci-dessus Chopin : « Le receveur *qui a manié*... »
2. Déclaration du 22 octobre 1648. — V. Néron, t. II, p. 20.

Ce fut pour faire cesser toutes ces divergences et toutes ces incertitudes que Colbert rédigea l'ordonnance du 13 août 1669 (1), qui fut en France le premier texte de loi traitant d'une manière spéciale des droits du Trésor sur les biens de ses comptables. Nous en reproduisons ici les dispositions principales, parce qu'après avoir formé jusqu'à la Révolution l'unique code de la matière, elles passèrent presque entièrement dans la législation moderne, sauf quelques modifications qui, comme nous le verrons, ne furent pas toujours heureuses (2).

1. *Édit du 13 août 1669.* — Saint-Germain. V. Isambert, *Anciennes Lois françaises*, t. XVIII, p. 329.

« Nous... avons remarqué que les ordonnances des rois nos prédécesseurs ont très sagement pourvu au moyen de prévenir le divertissement de nos deniers que les *officiers, comptables, fermiers et autre qui en ont le maniement,* emploient souvent en acquisitions de meubles de charges, de maisons, de terres ; et bien que nous puissions prétendre avoir non seulement un privilège, mais un droit de suite et de propriété sur ces acquisitions ; néanmoins, comme la discussion ne s'en fait qu'avec *beaucoup de longueur* et de frais, il s'en tire souvent peu d'avantage pour nos affaires, tant par l'*incertitude* des privilèges qui nous appartiennent, que le relâchement des temps a rendus arbitraires, que par l'intervention des femmes frauduleusement séparées... c'est ce qui nous a fait résoudre de renouveler l'ancienne disposition du droit et de l'ordonnance, pour conserver le privilège de nos deniers, prévenir l'abus des séparations simulées, et retrancher les procédures inutiles. — A ces causes déclarons :

« Article premier. — Que nous avons la préférence aux créanciers des officiers comptables, fermiers généraux et particuliers et autres, ayant le maniement de nos deniers, qui nous seront redevables, tant sur les deniers comptants que sur ceux qui proviendront de la vente des meubles et effets mobiliers sur eux saisis, sans concurrence ni contribution, nonobstant toutes saisies précédentes, à l'exception, néanmoins des frais funéraires, de justice et autres privilèges, des droits du marchand qui réclame sa marchandise dans les délais de la coutume et du propriétaire des maisons de ville, sur les meubles qui s'y trouveront pour six mois de loyers.

« Art. 2. — La même préférence nous sera conservée, même auparavant le vendeur, sur le prix de l'office comptable et droits y annexés, du chef et exercice duquel il nous sera dû, soit pour débets de clair,

L'article 1ᵉʳ commence par déclarer que les privilèges du roi existent sur les biens de tous les comptables, fermiers généraux, particuliers et autres ayant le maniement des deniers royaux, puis l'édit fait de suite une grande distinction entre les deniers et objets mobiliers d'une part, et les immeubles de l'autre.

Sur les meubles il déclare que le roi a un privilège opposable à tous les créanciers saisissants à l'exception, 1° du vendeur non payé sur l'objet vendu ; 2° du bailleur d'immeubles urbains sur les objets garnissant le fonds pour six mois de loyer ; 3° enfin des créanciers pour frais funéraires et de justice.

Ce privilège s'explique facilement si l'on remarque que la date et la cause de l'acquisition des meubles sont le plus

soit pour débets de quittances, souffrances et supercessions converties en radiations ou pour quelqu'autre cause que ce soit procédant de l'exercice.

« Art. 3. — Nous entendons avoir aussi privilège sur le prix des immeubles acquis depuis le maniement de nos deniers, néanmoins après le vendeur et celui dont les deniers auront été employés dans l'acquisition, et dont il sera fait mention sur la minute et expédition du contrat, nonobstant toutes coutumes et usages contraires.

« Art. 4. — Sur les immeubles acquis avant le maniement de nos deniers, nous aurons hypothèque du jour des provisions des offices comptables, des baux de nos fermes ou des traités des commissions, et sur les offices comptables ou non comptables, du chef desquels il ne nous sera pas dû, après le vendeur et celui qui justifiera d'un emploi comme dessus; nous entrerons en contribution sur le reste du prix avec les autres créanciers, même les opposants, encore qu'il n'y ait aucune opposition faite en notre nom.

« Art. 5. — Voulons que tout ce que dessus, avoir lieu nonobstant les oppositions et actions des femmes séparées de leurs maris, à l'égard des meubles trouvés dans la maison d'habitation du mari, qui n'auront appartenu à la femme avant le mariage, même sur le prix des immeubles acquis par elle depuis la séparation, s'il n'est justifié que les deniers employés en l'acquisition lui appartiennent légitimement. »

Suivent un certain nombre d'articles relatifs à des questions de détail ou de procédure.

souvent incertaines et que dans la plupart des cas, on pouvait présumer qu'ils avaient été acquis avec les fonds royaux. Cette présomption n'était évidemment pas applicable au vendeur non payé, de là l'exception faite en sa faveur.

Quant aux immeubles, l'édit les divisait en trois catégories : 1° immeubles acquis avant l'époque où a commencé le maniement ; 2° immeubles acquis après ; 3° offices comptables.

1° A l'égard des premiers, impossible de supposer aucune fraude ; aussi le roi déclarait-il qu'il avait sur eux une simple hypothèque tacite, à compter du jour des provisions des offices ou des baux pour les fermiers des revenus, et que sur le prix il devait être colloqué à son rang parmi les autres créanciers hypothécaires, ce qui était l'ancienne règle romaine.

2° A l'égard des immeubles acquis depuis l'entrée en fonction, la fraude, au contraire, était légalement présumée. Le roi avait donc sur eux un privilège préférable à toutes les hypothèques et qui n'était lui-même primé que par ceux du vendeur impayé, et du prêteur des deniers ayant servi à l'acquisition. On remarquera l'importance de ces exceptions qui permettent d'établir, sans le moindre doute, les principes sur lesquels se fondait le privilège accordé au roi (1).

---

1. Il est incontestable qu'alors le privilège sur les biens acquis depuis l'entrée en fonction était fondé sur la présomption qu'ils avaient été payés avec les deniers du roi. Toutefois il est à remarquer que dès cette époque, cette théorie présentait déjà certaines anomalies. Ainsi la preuve authentique que l'immeuble avait été acquis avec les deniers prêtés par un particulier ne faisait tomber le privilège qu'à l'encontre du créancier prêteur des deniers. Il conservait malgré cela toute son énergie contre les autres créanciers hypothécaires.

3° Enfin, sur les offices comptables, le roi avait pour les débets de toutes sortes résultant de l'exercice de la fonction, un privilège supérieur à tous autres d'une façon absolue, même à celui du vendeur de l'office. La valeur de l'office était donc alors entre les mains du roi un gage, un véritable cautionnement au sens actuel du mot, lui répondant de la fidélité du comptable.

Afin d'éviter que les comptables ne pussent éluder ces dispositions en faisant passer leur actif sur la tête de leurs femmes, l'article 5 déclarait que le privilège du roi porterait sur tous les meubles trouvés dans les maisons d'habitation des maris, nonobstant toutes les oppositions des femmes, même séparées de biens, sauf le cas où elles pourraient prouver que les meubles saisis leur appartenaient avant le mariage. A l'égard des immeubles acquis par elles depuis la séparation de biens, les femmes étaient également réputées personnes interposées, toutes les fois qu'elles ne pouvaient prouver que l'immeuble avait été payé avec des deniers à elles propres (1).

Telle était l'ordonnance de 1669 qui, à partir de la déclaration du 11 décembre 1673 (2), jusqu'à la Révolution, réglementa exclusivement la matière. Elle contenait cependant deux lacunes : d'abord parmi les immeubles acquis depuis le commencement du maniement et affranchis du privilège, elle avait oublié de mentionner tous les immeubles acquis à titre gratuit qui, d'après l'économie générale de la loi devaient évidemment n'être grevés que d'une hypothèque simple.

---

1. Les derniers articles étaient consacrés aux droits des comptables supérieurs sur les biens de leurs subordonnés et à différentes règles de procédure concernant la saisie.

2. Isambert, *Anciennes Lois françaises*, t. XIX, p. 123.

En second lieu, parmi les personnes réputées interposées, elle n'avait traité que le cas de la femme.

La jurisprudence répara ces oublis. A l'égard des immeubles acquis à titre gratuit, elle décida qu'ils ne seraient jamais grevés que d'une hypothèque. D'autre part, elle permit aux officiers royaux de saisir les biens des enfants des comptables, à charge de prouver que les deniers nécessaires à l'acquisition avaient été fournis par ces derniers.

Enfin, un édit du 16 janvier 1670 déclara les débets des comptables imprescriptibles.

Louis XIV s'était flatté d'avoir, par l'ordonnance de 1669, rétabli dans les finances un ordre si admirable « qu'il pourrait servir d'exemple à la postérité (1) ». Malheureusement la postérité n'eut guère le temps de l'admirer, car cette régularité semble n'avoir duré que de bien courtes années. Dès 1690 (2), il fallait prononcer la peine de mort contre tous les financiers ayant diverti 3.000 livres, et en l'espace de onze ans reproduire quatre fois ces dispositions draconiennes. Les calamités de tout genre qui marquèrent la fin du règne de Louis XIV, et la banqueroute de Law qui inaugura si tristement celui de Louis XV, ne contribuèrent pas à diminuer ces difficultés. Elles ne cessèrent de croître jusqu'à la Révolution, et c'est dans ces embarras que nous allons trouver l'origine d'un mode de sûreté, qui fut depuis lors le plus usité : le cautionnement en numéraire.

Création des cautionnements en numéraire. — Nous avons vu que le roi avait sur les offices des comptables un privilège de premier rang, pour toutes les dettes résultant de l'exercice de la charge. Ces offices étant entière-

---

1. V. Préambule de la déclaration du 11 déc. 1673. (Isambert, *Anciennes Lois françaises*, t. XIX, p. 123.

2. Édits des 5 mai 1690, juillet 1699, juin 1701. — V. Isambert. *Passim.*

ment entre les mains du roi qui pouvait toujours destituer les titulaires ou les confisquer, leur valeur ou, comme on disait alors, leur finance constituait donc dans les caisses royales, un véritable cautionnement en espèces. C'était là, en réalité, une garantie de plus que le roi possédait contre tous les financiers pourvus d'un office et qui lui manquait à l'égard des autres, notamment de tous les employés des fermes.

Telle était la situation lorsque commença la guerre de Sept ans. On en était alors réduit aux expédients, et on cherchait de tous côtés des charges à créer, afin de pouvoir les vendre, car il fallait de l'argent à tout prix. On eut l'idée, non pas de créer des offices en faveur des agents des fermes (cela était impossible puisqu'ils devaient être choisis librement par des adjudicataires généraux)(1), mais de leur en faire au moins verser la finance sous le nom de cautionnement. Ce fut dans ce but qu'une décision du conseil du roi, en date du 30 avril 1758 (2), déclara déchargées toutes

1. La nécessité de laisser ces agents au choix des adjudicataires généraux avait toujours empêché de les pourvoir d'un office. (Guyot, *Répertoire de jurisprudence*, t. VIII. p. 80.)

2. Voici, d'après un exemplaire conservé à la Bibliothèque nationale, le texte de cet arrêt, qui ne se trouve pas en général dans les recueils d'ordonnances de l'époque :

« Le Roi, s'étant fait rendre compte des détails de l'administration intérieure de ses fermes, Sa Majesté aurait reconnu que dans la régie de cette portion importante de ses revenus, il se trouve souvent des difficultés par rapport aux comptes à rendre par les employés et commis aux dites fermes, chargés de la perception des droits qui en dépendent : qu'à la vérité ils sont obligés de donner des cautions, mais que, lorsqu'il est question de les discuter, il s'y trouve tant d'embarras et des suites d'affaires si litigieuses, que l'adjudicataire général ne peut parvenir pendant le cours de son bail, à obtenir la liquidation et le remboursement des sommes qui lui sont dues, et qui, le plus souvent tombent en non-valeur à son préjudice. — A quoi voulant pourvoir... Sa Majesté aurait résolu d'obliger tous les commis et employés qui sont chargés de quelque direction, administration et recette des droits, revenus et deniers qui appartiennent à l'adjudicataire

les cautions des employés et commis des fermes, et, en échange, obligea ces agents à verser au Trésor les sommes auxquelles ils se trouvaient taxés par des états annexés à l'arrêt, stipulant que l'intérêt leur serait payé au denier 20, et qu'ils en seraient remboursés à leur sortie de fonctions, déduction faite des débets ressortant de la vérification de leurs comptes. On avait du même coup créé une sûreté nouvelle, et procuré une ressource au Trésor.

Dès leur apparition les cautionnements en numéraire furent donc à la fois et des dépôts de garantie (1) et des em-

général des fermes, de payer les sommes pour lesquelles ils seront compris dans les états qui seront arrêtés et dont il sera payé intérêt (denier 20), au moyen de quoi, ils seront déchargés de tout autre cautionnement, et les dites sommes leur seront remboursées lorsqu'ils quitteront leurs emplois, ou à leurs héritiers ou représentants, après qu'ils auront rendu leurs comptes et acquitté leurs débets, si aucuns il y a.

« Art. 3. — ... Veut Sa Majesté, qu'outre et par-dessus les appointements, remises, émoluments et autres bénéfices attachés aux dits emplois, il soit payé par le dit adjudicataire général des fermes, à ceux qui seront pourvus des dits emplois, l'intérêt au denier 20 des sommes qu'ils auraient avancées en vertu du présent arrêt, et jusqu'au remboursement effectif, en fin de fonctions, après comptes rendus et débets payés.

« Art. 7. — Sa Majesté fait défense à ceux qui seront compris dans les états qui seront arrêtés en vertu du présent arrêt, d'employer au paiement de leurs cautionnements aucuns deniers de leurs recettes et maniement, à peine d'être dépossédés de leurs emplois et poursuivis comme rétentionnaires de deniers royaux. »

1. Ils étaient même alors considérés comme des payements anticipés des débets, ainsi que cela résulte de l'arrêt suivant du 8 mars 1771, dont un exemplaire se trouve également à la Bibliothèque nationale :

« Attendu.... *qu'il est entré dans l'esprit de l'arrest du 30 avril 1758, de regarder les cautionnements en argent comme un paiement anticipé*, qu'en suivant cette conséquence, en cas de cessation des fonctions par un comptable, si ses comptes ne sont pas apurés sans délai, le montant de son cautionnement en argent doit servir de droit au dit apurement ; mais que l'arrêt suscité n'en contenant pas mention

prunts forcés. Toutes les lois postérieures leur conserveront ce double caractère ; et, dans les circonstances difficiles, nous verrons toujours l'État en augmenter le taux.

Hypothèque des villes et établissements charitables. — Le privilège et l'hypothèque régis par l'ordonnance du 13 août, 1669, n'appartenaient qu'au roi et à ceux qui se trouvaient subrogés à ses droits. Les villes et les municipalités ne pouvaient s'en prévaloir à l'égard de leurs propres comptables. Nous avons vu, en effet, que toute cette législation avait été empruntée au droit romain. Or, on sait qu'à Rome, les cités ne jouissaient pas des privilèges du fisc; aussi Chopin dans son traité du Domaine les leur refusait-il (1). Les villes, les communautés se trouvaient donc alors reléguées dans la catégorie des créanciers ordinaires.

On ne tarda pas à réagir contre ce système. La jurisprudence remarqua bientôt qu'à beaucoup de points de vue les cités et les établissements charitables étaient assimilés aux mineurs. Se fondant sur une constitution de l'empereur Alexandre insérée au Code (2) et qui déclare que les cités doivent être protégées à l'égal des mineurs, elle finit par reconnaître aux villes sur les biens de ceux qui adminis-

---

expresse, il a pu s'élever des doutes... — Le Roi... ordonne que tous les receveurs et employés de ses fermes, qui se trouveraient reliquataires envers l'adjudicataire des dites fermes, seront tenus sous six mois pour tout délai à compter du jour qu'ils auront cessé d'exercer leur emploi, de rapporter les récépissés ou quittances de finances, qui leur auront été expédiés pour le montant de leur cautionnement en argent, et de consentir à ce que la conversion en soit faite en récépissés à valoir sur leurs recettes, faute de quoi après le dit délai, il sera passé outre à cette conversion par l'adjudicataire général des dites fermes en vertu du dit arrêt. »

1. Chopin, *Traité du domaine*, t. II, p. 389 et suiv.

2 L. 3, Cod., *de jure Reipubl.*

traient leur patrimoine une hypothèque identique à celle des mineurs sur la fortune de leur tuteur.

A quelle époque cette règle s'établit-elle définitivement ? Cela est fort difficile à préciser. Toutefois elle ne semble pas antérieure au xviiie siècle, et était complètement passée dans la coutume à l'époque de Pothier, qui écrivait dans son traité des hypothèques :

« La loi donne une hypothèque pareille (à celle du mineur), sur les biens de tous les autres administrateurs ; tels que sont les administrateurs d'hôpitaux, fabriciens, syndics de communautés etc., du jour où a commencé leur administration. » Aucune assimilation toutefois n'était possible entre cette hypothèque et celle du roi. Création de la jurisprudence coutumière, la première dérivait du droit privé, prenait sa source dans la faveur que méritent les villes et établissements charitables en leur qualité d'incapables, frappait tous les biens des administrateurs sans qu'il y eût à distinguer, s'ils avaient été acquis avant ou après la nomination, à titre gratuit ou à titre onéreux, enfin s'appliquait à tous les administrateurs comptables ou non.

Les privilèges du roi, au contraire, dérivaient du droit public et existaient sur les biens des comptables seulement. Établis par les empereurs romains, ils se trouvaient sanctionnés par le droit écrit, et appartenaient au roi comme représentant suprême de l'État ; enfin, dans bien des cas, ils ne se restreignaient pas à une simple hypothèque.

État de la législation en 1789. — En résumé, à la fin du xviiie siècle, les biens des comptables étaient régis par deux législations distinctes : l'une relative aux comptables du roi, l'autre aux administrateurs des villes et autres établissements publics. Toutes deux avaient un point commun, elles s'appliquaient non seulement aux comptables réguliers, mais même à tous ceux qui s'était ingérés dans le maniement des deniers à quelque titre que ce fût (1).

Le roi avait *un privilège* : 1° Sur tout le mobilier des tables, privilège qui prenait rang immédiatement après ceux du vendeur, du bailleur et des frais de justice, et qui portait même sur les meubles de la femme, déposés dans la maison du mari, lorsque la femme ne pouvait prouver qu'elle les possédait avant le mariage.

2° *Un privilège* également sur les immeubles acquis à titre onéreux par les comptables ou leurs femmes, depuis l'entrée en fonction, privilège fondé sur la présomption que l'immeuble avait été acquis des deniers du roi, ainsi que cela résultait notamment : de l'avis presque universel des jurisconsultes d'alors ; du fait, que le privilège n'existait que sur les immeubles acquis depuis le commencement du maniement (2) ; des exceptions relatives aux immeubles acquis à titre gratuit et aux immeubles achetés avec des deniers qui, d'une façon incontestable, appartenaient à la femme ; du rang supérieur accordé aux privilèges du vendeur

1. Déclaration du 18 mars 1788. (V. Denisart, *Dict. de Jurispr.*, au mot *comptable*, I, p. 576) :

« Déclarons que nous avons entendu comprendre dans le privilège que nous nous sommes réservé pour nos deniers, non seulement tous nos officiers comptables en titre d'office, mais encore *tous ceux qui en auraient le maniement à quelque titre que ce soit.* »

V. aussi Pothier, *Traité des hypoth.*, chap. i, art. 3 et suiv. « Quand bien même les administrateurs des biens des églises, de communautés ou de chose publique, n'auraient pas eu qualité pour les administrer et qu'ils se seraient portés pour administrateurs sans l'être véritablement, l'hypothèque ne laisserait pas d'avoir lieu sur leurs biens au jour qu'ils auraient commencé à s'ingérer dans l'administration, les faux administrateurs ne devant pas être de meilleure condition que les véritables. »

2. L'hypothèque légale, au contraire, prenait naissance à la date des provisions et nominations. — Ordonn. 1669, art. 4.

et du prêteur des deniers ayant servi à l'acquisition ; enfin, du droit reconnu par la jurisprudence de faire porter le privilège sur les biens des enfants des comptables, en prouvant qu'ils n'étaient dans l'espèce que des personnes interposées.

3ᵉ Le roi avait, pour les débets de charge, un privilège de premier rang sur le prix des offices comptables dont les finances constituaient entre ses mains un véritable cautionnement en numéraire, et depuis 1758 un privilège analogue sur les cautionnements versés par les comptables qui n'étaient pas pourvus d'office.

Hypothèque. — Sur les immeubles appartenant aux comptables avant leur entrée en fonction et sur ceux acquis par eux dans la suite à titre gratuit, le roi ne pouvait prétendre qu'à une hypothèque légale du jour de l'entrée en fonction ou de l'acquisition.

Enfin les débets des comptables étaient imprescriptibles.

Quant aux villes et établissements publics, ils n'avaient jamais sur les biens de leurs administrateurs qu'une simple hypothèque assimilée à celle du mineur.

Telles étaient les règles qui régissaient l'hypothèque des comptables au moment où éclata la Révolution. Elles avaient l'avantage de présenter un corps de doctrine clair, logique, complet, permettant aux juges de statuer sans hésitation sur presque toutes les questions qui leur étaient soumises ; et si parfois les privilèges qu'elles consacraient paraissent un peu exorbitants, il ne faut pas oublier qu'alors les principes de l'ordre hypothécaire étaient extrêmement défectueux et, qu'en l'absence de toute publicité, les créanciers étaient habitués à ne pas compter outre mesure sur l'efficacité des hypothèques qu'ils stipulaient.

Nous allons voir comment après avoir cherché à faire table

rase de cette législation, on fut ensuite obligé d'en rétablir presque toutes les dispositions, non toutefois sans y apporter certaines modifications qui furent loin d'être toujours heureuses.

DROIT INTERMÉDIAIRE

Assemblée constituante.—Une des principales préoccupations de l'Assemblée constituante fut de transformer l'administration dans toutes ses parties. La loi des 12, 14 et 24 novembre 1790 (1) déclara tous les offices de finances supprimés et prescrivit d'en rembourser les valeurs et les cautionnements aux titulaires. En même temps, les fonctions de receveurs étaient déclarées électives, et la perception matérielle des contributions directes adjugée chaque année aux citoyens qui consentaient à s'en charger moyennant la moins forte remise(2).

Les nouveaux comptables devaient fournir des cautionnements en immeubles réels ou créances sur l'État, sur lesquels le roi se réservait un privilège (3).

En même temps on définissait à nouveau les droits de l'État sur leurs biens. Le décret du 12, 14 et 24 novembre 1790 portait :

« Article 16. — Tous les effets mobiliers et deniers comptants appartenant à un receveur de district ou à ses cautions,

---

1. V. Collection Duvergier, t. II, p. 24.

2. Décret 26 septembre et 2 octobre 1791. — V. Collection Duvergier, t. III, p. 421.

3. Décrets 12, 14 et 24 novembre 1790 ; 16 août et 13 novembre 1791. (Duvergier, t. III, p. 246.) — Décret 11 août, 17 octobre 1792. (Duvergier, t. IV, p. 349.) — Décret 24 août, 13 septembre 1793. (V. Dalloz, *Trésor public*, page 1099.)

seront affectés à la sûreté des deniers perçus par le receveur, et au payement intégral de ses débets par privilège et préférence à toute saisie qui pourrait avoir été faite antérieurement, à tout créancier, même à la femme en cas de séparation postérieure à la nomination du receveur. Seront seulement exceptés le privilège des fournisseurs, dans le cas où il est accordé par les coutumes, et celui du propriétaire de maison sur les meubles pour six mois de loyer seulement.

« Les immeubles acquis à quelque titre que ce soit par le receveur, depuis sa nomination, seront pareillement affectés à la sûreté des débets par privilège et préférence à tous autres créanciers, à la réserve seulement de la portion du prix qui pourrait être due au vendeur, ou au créancier bailleur de fonds et même à tous autres créanciers du vendeur, si les formalités nécessaires à l'établissement et à la conservation de leurs privilèges et droits ont été observées. »

«Article 17.—L'hypothèque pour la sûreté des débets sera acquise du jour de la réception du cautionnement sur tous les immeubles appartenant au receveur et pareillement sur ceux appartenant à la caution, même sur ceux qui auraient été acquis par leurs femmes séparées, à moins qu'il ne soit prouvé légalement qu'elles ont fourni les deniers nécessaires à l'acquisition.

« Les administrations de district seront tenues de faire valoir les droits hypothèques et privilèges énoncés dans les trois articles précédents, à peine d'en demeurer responsables. »

Co texte abrogeait-il complètement l'ordonnance de 1669 ? Cela est difficile à préciser. Dans tous les cas, il est assez mal rédigé et si nous l'avons reproduit, c'est uniquement pour faire ressortir les différences qui le séparent de l'Ordonnance de Colbert.

D'abord, il abrogeait la distinction entre les acquisitions à titre onéreux et à titre gratuit, et soumettait, au privilège du Trésor tous les immeubles acquis à quelque titre que ce soit par le comptable depuis sa nomination. En second lieu, l'époque à laquelle il fallait se placer pour savoir si les immeubles acquis depuis étaient grevés d'un privilège ou d'une hypothèque simple, n'était plus celle de l'entrée en fonction, mais celle de la nomination. Enfin le décret nouveau déclarait les privilèges existant sur l'immeuble du chef du vendeur préférables à celui du Trésor.

Évidemment on commençait à perdre de vue la présomption qui avait servi de base au privilège du roi.

Période conventionnelle. *Loi de l'an III.* — Le décret de 1790 resta peu de temps en vigueur. Les événements se succédaient alors avec une rapidité extrême ; on ne tarda pas à le trouver trop peu libéral. Le 14 pluviôse an II (2 février 1794) la Convention, sur une motion de Danton, supprimait tous les cautionnements qualifiés de « Rouille de l'ancien régime » en déclarant que « lorsque la Loi n'appelait aux fonctions publiques que les vertus et les talents, il n'y avait plus lieu à des cautionnements pécuniaires (1). »

Il paraît que cette rouille avait du bon et que les vertus

1. « Un sans-culotte a été nommé à un emploi public. Il n'a pu offrir un cautionnement ; il est sur le point de ne pouvoir jouir de la récompense due à son talent et à son civisme :

« DANTON. Je ne sais si la question du cautionnement est encore décidée. Quant à moi, je la combats, et s'il existe une loi contraire, j'en demande l'abrogation. Il n'est pas un bon esprit qui ne regarde comme absurde la théorie du cautionnement. Si les fonctionnaires sont comptables de deniers, ce n'est point une responsabilité matérielle qu'il faut exiger d'eux, mais une responsabilité morale. C'est encore une rouille de l'ancien régime à faire disparaître. Lorsque la loi n'appelle aux fonctions publiques que les vertus et les talents, il n'y a point lieu à des cautionnements pécuniaires.

« RAMEL annonce qu'un rapport fut fait hier au comité des finances

des citoyens d'alors ne suffisaient pas à sauvegarder les intérêts du Trésor, car l'année suivante le décret du 9 messidor an III, (27 juin 1795) (1), sur le régime hypothecaire assujetissait (art. 258 et 264) les conservateurs des hypothèques à fournir des cautionnements en immeubles, et le 15 germinal an IV (4 avril 1796) (2) pareille obligation était rétablie pour les receveurs des impositions directes, et peu après pour tous les comptables.

Vers la même époque (3) la Convention voulut transformer complètement la législation hypothécaire. Elle prépara une nouvelle loi qui abolissait les hypothèques tacites, rendait la publicité obligatoire, et supprimait toutes les hypothèques privilégiées, sauf celle du bailleur et celle qui garantissait le payement des impôts. Toutefois nous n'avons pas à rechercher l'influence qu'aurait eue cette nouvelle législation sur les privilèges du Trésor, car sa mise en vigueur fut constamment ajournée pendant quatre ans, et elle fut finalement remplacée par la loi du 11 brumaire an VII, sans avoir jamais été exécutoire.

Consulat. *Loi du 11 brumaire an VII.* — La loi de l'an VII posait deux grands principes. 1° Il n'existe d'hypothèque qu'à charge d'inscription. 2° Entre créanciers hypothécaires, l'ordre de préférence suit l'ordre des inscriptions. En outre, elle déterminait le rang des principaux privilèges entre eux. Mais, plus préoccupés d'établir la publicité et de fixer le rang des créances que de donner une théorie géné-

---

sur cet objet et que le rapporteur y prononce la suppression des cautionnements.

« Le principe est arrêté. » — (*Moniteur universel*, 16 pluviose an III, réimpression, t. X, p. 349, 1re col.)

1. V. cette loi dans Dalloz, *Privilèges et Hypothèques*, p. 23.
2. V. Duvergier, t. IX, p. 83.
3. V. Dalloz, *Priv. et hypoth.*, p. 23.

rale des hypothèques (1), les législateurs d'alors ne citèrent l'hypothèque de la nation que pour fixer les conditions de son inscription (art. 21) et décider qu'elle perdrait de plein droit toute efficacité six mois après l'apurement du dernier compte du comptable (art. 23). De plus, ils oublièrent totalement de mentionner le privilège du Trésor.

Se fondant sur ce silence, on s'est demandé si la loi du 11 brumaire an VII n'avait pas abrogé ce privilège. L'affirmative paraît très vraisemblable, si l'on remarque qu'elle ne lui assignait pas de rang dans le classement qu'elle établissait (2). D'autre part l'énumération des privilèges donnée par la loi de brumaire an VII, ne semble guère être limitative. C'est à peine si elle indique le privilège du vendeur (3), qui évidemment n'était pas supprimé. Peut-être en était-il de même de celui du Trésor.

Rétablissement des cautionnements en numéraire. — Heureusement, cette question n'a plus pour nous aucun intérêt, car le Code civil et la loi de 1807 ont mis fin à la controverse. Mais avant d'en arriver là, il nous reste à dire quelques mots du rétablissement des cautionnements en numéraire qui eut lieu à peu près vers la même époque. Les finances étaient alors dans le plus déplorable état : les caisses du Trésor se trouvaient complètement vides, et les impôts ne rentraient plus. Pour en activer le recouvrement, et surtout pour se procurer des ressources immédiates, le gouvernement eut l'idée d'obliger les receveurs généraux nouvellement rétablis, à souscrire par avance des billets représentant le montant des impôts qu'ils avaient à perce-

---

1. Cette loi avait pour titre : « *Loi sur le régime hypothécaire.* »

2. C'est ce qui fut soutenu par le rapporteur de la loi de 1807. V. à cet égard, réimpression *Moniteur*, t. XXXVI, p. 928.

3. Elle n'en parle qu'à propos de sa conservation.

voir (1), billets qu'il s'efforçait ensuite de négocier. Mais l'acquittement de ces obligations étant subordonné à la rentrée très problématique des impôts, ils se placèrent fort mal; et ce fut pour leur rendre quelque crédit qu'on rétablit les cautionnements en numéraire. On créa pour les recevoir une caisse spéciale, dite caisse d'amortissement, qui fut, en réalite, chargée d'acquitter sur ses fonds tous les effets protestés des comptables (2).

Le cautionnement en numéraire ne devait plus disparaître de notre législation. De 1800 à 1816 l'obligation d'en fournir fut étendue non seulement à tous les comptables, mais même à beaucoup d'agents non comptables. Ce fut là un des principaux moyens employés par le gouvernement pour créer les ressources accidentelles qui lui étaient à chaque instant nécessaires : aussi presque tous les décrets relatifs aux versements de cautionnements contenaient–ils en substance la disposition suivante : « Les sommes provenant des cautionnements nouvellement versés seront appliquées aux dépenses de l'exercice courant. — Elles seront ultérieurement rétablies à la caisse d'amortissement qui demeure chargée des remboursements. » L'on peut donc dire, sans exagération, que, pendant cette période, la caisse d'amortissement ne fut en réalité qu'une caisse d'emprunt.

Discussion et rédaction du Code civil. — La loi du 11 brumaire, an VII ne fut pas longtemps considérée comme définitive. Dès l'année suivante, un projet de Code dit « Projet de l'an VIII » (3) était rédigé et contenait au titre des hypothèques un certain nombre de dispositions étrangères à cette loi.

---

1. Loi du 6 frimaire an VIII (27 nov. 1799). V. Dalloz, *Trésor publ.*, p. 1114.
2. Arrêté du 28 nivôse an VIII (18 janv. 1800).
3. Fenet, Travaux préparatoires du Code civil, t. II, p. 213 et suiv.

Le projet de l'an VIII donnait au Trésor :

1° Un privilège sur les fonds versés par les fonctionnaires à titre de cautionnements (1).

2° Un privilége sur tous les meubles et immeubles acquis par les comptables depuis leur entrée en fonctions (2).

Aux communes et établissements publics, une hypothèque sur les biens de leurs receveurs et comptables, également du jour de leur entrée en fonctions (3).

La nécessité de l'inscription était maintenue dans tous les cas. — Enfin, les créances de l'État des communes, et des établissements publics étaient déclarées prescriptibles comme celles des particuliers.

Le projet n'accordait à l'État aucune hypothèque sur les biens appartenant aux comptables antérieurement à leur gestion. D'un autre côté, il avait l'avantage de présenter du privilège une théorie simple et logique. Mettant de côté l'ancienne présomption qui commençait d'être passablement surannée, il lui donnait pour base l'utilité publique, comme

---

1. Ce privilège n'était, dans l'ordre de préférence proposé, classé, qu'après ceux des frais de justice, funéraires, loyers, gagiste nanti, effets mobiliers non payés, aubergiste, voiturier, dernière maladie, salaires des six derniers mois de service, fournitures des six derniers mois, contributions.

Les rédacteurs du projet cessaient donc de considérer les versements de cautionnements comme le payement anticipé des débets, ainsi que l'avait fait l'arrêt du Conseil du 8 mars 1771. (Fénet, t. II p. 213, art. 2102, 7°.)

2. Article 11 du projet (2104, 2°). Le privilège en faveur du Trésor public sur les meubles des comptables et sur les immeubles qu'ils auraient acquis depuis leur entrée en fonctions (s'étend sur les meubles et les immeubles...)

3. Art. 28. (2121). — Les communes et établissements publics ont une hypothèque sur les biens des receveurs et comptables, du jour où ils sont entrés en fonctions.

l'avait, du reste, déjà proposé quelques années auparavant le jurisconsulte Denisart (1).

Voici, en effet, quelle était l'économie du projet. On reconnaissait qu'il était indispensable à la bonne administration des deniers publics que l'État eût, sur certaines parties du patrimoine des comptables, des droits qui lui permissent de faire échec à presque tous les créanciers : de là, la nécessité d'un privilège. Mais, afin de respecter toujours les droits des tiers, on le faisait porter exclusivement sur les biens acquis par les comptables depuis leur entrée en fonctions, car, sur ces biens, les créanciers n'avaient jamais eu aucun droit existant supérieur à celui de l'État.

En effet, ou les biens étaient acquis par le comptable à titre onéreux, ou ils l'étaient à titre gratuit. Dans le premier cas, quand bien même ils auraient été achetés avec les deniers appartenant légitimement au comptable, les créanciers n'avaient guère lieu de se plaindre de la préférence accordée à l'État. En contractant, ils savaient parfaitement que leur créancier pourrait, malgré eux, dissiper ses deniers comptants. Or, il se trouvait qu'il avait bien employé les siens, tandis qu'il avait dissipé ceux du fisc dont il avait la gestion. Le privilège accordé au Trésor rétablissait les choses dans l'ordre normal, en mettant les fautes du comptable à la charge de ceux qui lui avaient prêté de l'argent, c'est-à-dire lui avaient transféré la propriété de leurs espèces en échange d'une créance, plutôt qu'à la charge de celui qui

---

1. « Le privilège et l'hypothèque du roi sont également fondés sur ce que le roi ne pouvant pas par lui-même percevoir ses revenus et les tributs qui se lèvent dans le royaume, il est nécessaire de confier cette perception à des personnes qui en soient comptables. Mais on a cru indispensable d'accorder des avantages à une confiance fondée sur la nécessité. » (Denisart, *Dictionnaire de jurisprudence*, 1771, t. I ; éd. 1786, t. V, au mot *Compt. du roi.*)

lui avait simplement « confié » la *gestion* de ses deniers (1).

Une observation analogue pouvait être faite à l'égard des acquisitions à titre gratuit. A leur égard, les créanciers n'avaient jamais eu de droits acquis antérieurs ; le privilège de l'État ne diminuait donc pas leur gage.

Le privilège, établi sur ces bases, était donc parfaitement rationnel et raisonnable, à condition d'admettre qu'il portait sans distinction sur tous les immeubles acquis depuis la nomination du comptable (2).

Le tribunal de cassation auquel le projet fut soumis proposa un tout autre système. Il voulait qu'on supprimât l'antique différence existant entre le Trésor, les villes et les établissements publics et qu'on accordât aux uns et aux autres une hypothèque simple sur les biens acquis avant l'entrée en fonctions, et un privilège sur les biens acquis depuis (3).

1. On répondra peut-être que les uns comme les autres se sont fiés au comptable, et par conséquent doivent supporter la suite de cette confiance mal placée. Il n'en est pas moins vrai qu'en équité, le droit d'un maître qui réclame à un intendant les deniers dont il lui avait confié la gestion, est d'un ordre supérieur à celui d'un créancier réclamant des fonds prêtés. Lorsque surtout ce maître est l'État, on peut donc très légitimement et sans autre motif, munir son droit d'un privilège. C'est là ce que nous avons voulu dire.

2. Et non pas depuis l'entrée en fonction, car dès l'instant qu'on admet que les privilèges de l'État sont une conséquence de la qualité de comptable, il est raisonnable de leur assigner le même point de départ qu'à cette qualité.

3. Art. 30. — La nation et les établissements publics ont hypothèque à compter de la date des inscriptions sur les biens des receveurs et administrateurs comptables pour sûreté des créances qui pourront résulter de leurs recettes et administration, sans préjudice de l'exécution des conventions faites avec les comptables eux-mêmes, soit sur la valeur estimée des créances éventuelles, soit sur les biens nommément désignés pour l'hypothèque, ainsi que la réduction des inscriptions, s'il a lieu à défaut de convention.

Art. 31. — S'il n'y a point eu de convention, la nation et les

A l'égard de ce privilège, le tribunal proposait de revenir à l'ancien système et de le faire porter sur les immeubles acquis à titre onéreux seulement.

Enfin, par une disposition assez bizarre, il permettait à l'État ou aux établissements publics de modifier les privilèges établis par la loi, au moyen d'une convention passée entre eux et le comptable avant sa nomination (1).

Ce projet avait un bon côté : il unifiait la législation, et il faisait disparaître la distinction qui existait entre les deux catégories de comptables publics, distinction devenue sans fondement depuis que les charges pesant sur tous avaient pour fondement la même loi, depuis surtout que les modifications survenues dans l'administration financière avaient assujetti les uns et les autres aux mêmes obligations et à la même responsabilité (2). Malheureusement la rédaction proposée par le tribunal de cassation était vicieuse. Reprenant les expressions de Pothier (3), il formulait ainsi l'article : « La nation et les établissements publics ont hypothèque à compter de la date des inscriptions sur les biens des *receveurs et administrateurs.* » Or, ces derniers mots, excel-

---

établissements publics auront privilège sur les biens immeubles, acquis à titre onéreux par les comptables depuis le commencement de leur administration. Et, pour assurer l'effet dudit privilège, il est accordé à la nation et aux établissements publics un délai de deux mois, à compter de la transcription des contrats d'acquisition faits par les comptables, pour prendre inscription sur les immeubles acquis, et aucune autre inscription prise durant ce délai ne pourra obtenir la préférence sur celles faites dans le même délai pour la nation et les établissements publics, bien que celles-ci fussent postérieures en date. (Fénet, Travaux préparatoires du Code civil, t. II, pp. 654 et 656.

1. Cette disposition, repoussée pour les comptables, passa dans le Code civil pour l'hypothèque légale de la femme, art. 2140.

2. V. arrêté de vendémiaire an XII, art. 5 ; Duvergier, t. XIV, p. 240.

3. *Traité des hypothèques,* ch. i, art. 3 et suiv.

lents à l'époque de Pothier, alors que les villes et hospices, à l'exemple des mineurs, avaient hypothèque sur tous ceux qui *administraient* leur patrimoine, devenaient inexacts dans un texte relatif à l'hypothèque de la nation et des établissements publics sur les biens des seuls *comptables*. On n'y prit pas garde alors, et ils passèrent dans l'article 2121 du Code civil, où ils ont depuis lors été l'objet de la constante critique des interprètes.

Lorsque les discussions préparatoires commencèrent au Conseil d'État, on se trouvait donc en présence de deux projets contradictoires. L'un, maintenant l'ancienne distinction des comptables en deux catégories : comptables du Trésor, — comptables des villes et établissements publics ; — mais présentant de l'hypothèque et du privilège une théorie simple, logique et conforme aux idées et à l'administration nouvelle.

L'autre, supprimant la division ci-dessus devenue sans objet, mais reproduisant à l'égard du privilège immobilier la plupart des distinctions introduites par l'ordonnance de 1669, dont cependant on abandonnait le principe.

Il fallait fondre ensemble ces deux projets, emprunter à chacun ce qu'il avait de rationnel, de manière à établir un corps de règles applicables à tous les comptables publics, et restreignant les privilèges de l'État, des villes et des établissements charitables au minimum de ce qu'exigeait l'intérêt public. Nous verrons dans la suite qu'on fit malheureusement tout le contraire.

Les deux projets admettaient que l'État et les villes, pour pouvoir se prévaloir de leur privilège ou de leur hypothèque, seraient tenus de prendre inscription, mais que cette inscription pourrait être *générale,* c'est-à-dire ne pas désigner nominativement chaque immeuble grevé, et *indéfinie,* c'est-à-dire ne pas contenir l'indication du chiffre maximum de la créance à garantir. Ce fut sur ces points que porta toute la discussion préparatoire (1). Cambacérès réclamait que les biens des comptables fussent frappés des hypothèques et privilèges légaux, sans aucune condition de formalité. Le premier consul admettait l'inscription, mais comme une simple mesure d'ordre dont l'omission ne pourrait jamais être opposée au Trésor.

Malgré la haute influence de Bonaparte, cette théorie ne prévalut pas. A la suite d'un remarquable discours de Treilhard, le Conseil déclara que le privilège et l'hypothèque ne grèveraient les biens des comptables qu'en vertu d'une inscription prise sur les registres publics. Un projet définitif fut alors rédigé dans ce sens, et présenté au Conseil d'État le 3 ventôse an XII (23 février 1804) (2).

Il contenait les dispositions suivantes :

« Article 10. — Sont privilégiées sur certains meubles....

6° Les créances résultant d'abus et de prévarications commis par les fonctionnaires publics dans l'exercice de leurs fonctions, sur les fonds de leurs cautionnements et les intérêts qui peuvent en être dus. »

« Art. 11. — Le privilège à raison des contributions publiques et l'ordre dans lequel il s'exerce sont réglés par les lois qui les concernent. »

« Art. 13. — Les privilèges qui s'étendent sur les meubles et immeubles sont :

1° Ceux pour les frais de justice, les frais funéraires, ceux de dernière maladie, ceux pour fournitures de substances, et les gages des domestiques.

1. V. Fénet, Travaux préparatoires du Code civil, t. XV, pp. 252 et 314.
2. Fénet, Travaux préparatoires du Code civil, t. XV, p. 326.

2° Le privilège en faveur du Trésor public sur les meubles des comptables et sur les immeubles acquis depuis leur entrée en exercice..... »

« Art. 14. — Lorsqu'à défaut de mobilier, les privilégiés énoncés en l'article précédent se présentent pour être payés sur le prix d'un immeuble en concurrence avec les créanciers privilégiés sur l'immeuble, les payements se font dans l'ordre suivant :

Les frais désignés au 1ᵉʳ § de l'article 13 ;

Les créances privilégiées sur l'immeuble ;

Les créances désignées aux §§ 2 et suivants de l'article 13. »

« Art. 30.— Les droits et créances auxquels l'hypothèque légale doit être attribuée sont :...

3º Ceux de la nation, des communes et des établissements publics sur les biens des receveurs et administrateurs comptables. »

En outre, on faisait remarquer que, dans la législation nouvelle, les biens du Domaine étant déclarés aliénables, devaient par là même, être reconnus prescriptibles (1) ; c'est pourquoi l'article 9 du titre de la prescription était ainsi conçu (2) :

« L'État, les établissements publics et les communes sont soumis aux mêmes prescriptions que les particuliers et peuvent également les opposer. »

C'était, comme on le voit, le projet de l'an VIII, dont on avait consacré les avantages et les imperfections.

---

1. V. Fénet, Travaux préparatoires du Code civil : Exposé des motifs du titre de la Prescription, p. 578.

2. V. Fénet, Travaux préparatoires du Code civil, t. XV, p. 355 et suiv.

Article 2098 du Code civil. — Sur la question du privilège de l'État, la discussion fut très vive (1). Les uns voulaient l'étendre à tous les biens des comptables ; les autres, réduire l'État à une simple hypothèque dans tous les cas. D'autres enfin demandaient qu'on rétablît la distinction entre les immeubles acquis à titre gratuit et à titre onéreux.

Comme on ne pouvait parvenir à se mettre d'accord et que cette difficulté menaçait d'entraîner le rejet de tout le projet, un membre (2), pour couper court à la discussion, proposa de généraliser les termes de l'article 11 de manière à renvoyer en bloc le règlement de tous les privilèges du Trésor à une loi ultérieure.

L'article 6, ainsi amendé, fut voté et devint l'article 2098 du Code civil. Toutefois, sur les observations du consul Cambacérès, et afin d'éviter que les lois spéciales ne pussent modifier d'une manière trop sensible le système hypothécaire que le Code allait régler, on ajouta à l'article un paragraphe ainsi conçu : « Le Trésor public ne peut cependant obtenir de privilège au préjudice des droits antérieurement acquis à des tiers. »

Ce paragraphe n'était pas, comme on l'a dit souvent, une simple application du principe de la non-rétroactivité des lois, qui se trouvait déjà suffisamment établi par l'article 2 du Code civil (3). Il avait pour but de limiter la portée des lois spéciales à intervenir, en posant une règle à laquelle les législateurs futurs seraient obligés de se conformer, à savoir : que les privilèges du Trésor ne pourraient jamais être ren-

---

1. V. Fénet, *Travaux préparatoires du Code civil*, t. XV, p. 355 et suiv.

2. M. Derfermon.

3. Ce système a cependant été admis par la cour de Paris, 1re chambre, arrêt du 4 mai 1839 (affaire Rollin). V. Dalloz, *Privilèges et Hypothèques*, p. 144.

dus opposables aux créanciers qui auraient des droits régulièrement établis sur les biens du redevable au moment où le privilège de l'État viendrait les frapper (1).

Pour s'en convaincre, il suffit de se rappeler les paroles prononcées par Cambacérès au moment où il déposait son amendement (2) : « Il faut, disait-il, que le Trésor public ait ses sûretés, mais on ne doit pas les lui donner aux dépens de la justice et des droits du vendeur. Il est nécessaire d'exprimer cette limitation pour prévenir cette inquiétude et de dire que néanmoins, les privilèges du Trésor public ne pourront détruire ceux qui existaient antérieurement à la gestion du comptable. »

Sans prétendre réduire les effets du § 2 de l'article 2098 au privilège des comptables, ce que la généralité des termes employés rendrait du reste difficile, il faut donc bien reconnaître que les législateurs eurent surtout en vue ce privilège lorsqu'ils rédigèrent le paragraphe.

Deux applications de l'article 2098 ont été faites vers l'époque du Code civil : l'une par l'article 5 de la loi du 5 septembre 1807, sur le privilège des comptables ; l'autre par l'article 4 d'une loi du même jour, relative aux frais de justice criminelle.

Toutes deux viennent à l'appui du système que nous proposons. La première loi stipule, en effet, que le privilège du Trésor sur les immeubles acquis à titre onéreux par les comptables ne sera jamais opposable aux créanciers ayant,

1. C'est à tort qu'on a parfois cité, comme contraire à cette doctrine, un arrêt de la chambre civile de la Cour de cassation, en date du 6 juin 1809. Dans l'affaire soumise à la Cour, le point en question était précisément de savoir si les créanciers opposants avaient sur les objets saisis un droit établi antérieurement à celui de l'État.

2. V. Fénet, Travaux préparatoires du Code civil, t. XV, p. 357 et suiv.

du chef du précédent propriétaire, des privilèges ou hypothèques régulièrement inscrits. L'article 4 de la seconde déclare que le privilège pour le recouvrement des frais de justice ne s'exerce sur les immeubles du condamné qu'après les hypothèques légales aux autres antérieures au mandat d'arrêt ou à la condamnation (1).

On a fait une objection. On a dit : « Voir dans l'article 2098 autre chose que l'application du principe de non-rétroactivité inscrit à l'article 2 du Code, c'est méconnaître e caractère le plus essentiel du privilège qui consiste à primer les créances antérieures moins favorables ; c'est oublier surtout qu'il est un droit de préférence se réglant *ex causa* et non *ex tempore*. »

Notre réponse se trouve tout entière dans les deux articles des lois de 1807 que nous venons de citer. Oui, d'une manière générale le privilège consiste à permettre à la créance privilégiée de primer toutes les créances moins favorables, sans avoir égard à l'époque où elles sont nées. Il n'en est pas moins vrai, que, s'exerçant en faveur du fisc, le privilège n'a plus cette force. Il emprunte à l'hypothèque quelques-unes de ses restrictions et devient obligé de céder le pas à tous les droits qu'il trouve établis, même à de simples hypothèques. Il cesse, en un mot, d'être un privilège véritable, pour devenir une institution bâtarde, tenant le milieu entre ces deux causes de préférence, sans pouvoir être logiquement classée dans aucune d'elles (2).

Voilà les conséquences qu'eut au point de vue des principes le 2° § de l'article 2098. Voté sans réflexion, pour

---

1. *Sic* Dalloz, *Privilèges et Hypothèques*, p. 144, n° 534 ; Troplong, *Comment. sur les Privilèges et Hypothèques*, t. I, p. 110, n° 90 Pont, *Privilèges et Hypothèques*, t. I, p. 21, n° 29.
2. *Sic* Aubry et Rau, t. III, 4ᵉ édit., pp. 187 et 188.

ainsi dire par acclamation et comme l'énoncé d'un principe qui ne pouvait être mis en discussion, il reste dans notre Code comme un témoignage permanent de l'inconvénient qu'il y a toujours, au point de vue du droit, à ne pas statuer par une seule et même loi sur toutes les questions que soulève une institution.

Loi du 5 septembre 1807. — Le Code civil renvoyait donc aux lois spéciales le règlement du privilège du Trésor. En conséquence, on supprima tout ce qui dans les articles du projet concernait ce privilège. Mais une difficulté ne tarda pas à se présenter. La loi de l'an VII avait abrogé toutes les lois hypothécaires antérieures. D'un autre côté elle ne faisait aucune mention du privilège immobilier de l'État sur les biens de ses comptables. Se fondant sur ce silence, beaucoup de cours et de tribunaux, déclarèrent, qu'en l'absence d'une loi spéciale ce privilége était abrogé et déboutèrent le Trésor toutes les fois qu'il chercha à le faire valoir (1).

Ce fut pour mettre fin à cette situation que fut rédigée la loi du 5 septembre 1807. Seulement, comme il était à craindre que la question ne soulevât les mêmes difficultés qu'au moment de la rédaction du Code civil, l'orateur du gouvernement la présenta comme déjà tranchée (2). Il déclara que l'article 2098 avait admis que le Trésor public avait un privilége sur les biens de ses comptables, que ce point ne pouvait plus être remis en discussion et qu'il ne restait plus au législateur qu'à en régler l'application.

1. V. sur ce sujet une circulaire du grand juge, du 26 février 1807. (Sirey, an. 1808, 2ᵉ partie, p. 31). V. également Pont, *Privilèges et Hypothèques*, p. 27. V. Aubry et Rau, *Traité des privilèges et hypothèques*, t. I, p. 27.

2. V. *Moniteur universel*, t. XXXVI, p. 928.

C'était un véritable tour d'escamotage législatif. L'article 2098 parlait bien effectivement des privilèges du Trésor. Mais nous savons que dans le projet primitif ce mot ne s'appliquait qu'au privilège » à raison des contributions et revenus publics ». Si on avait généralisé l'expression dans la rédaction définitive, cela, comme on l'a vu, avait été fait précisément, afin de laisser la question plus entière, et uniquement pour renvoyer la discussion à une loi spéciale, dans laquelle on pensait qu'elle serait mieux à sa place. Toutefois, on n'était plus alors à l'époque du Consulat. L'Empire s'était affermi et les assemblées s'habituaient à voter docilement tous les projets que leur envoyait le gouvernement. Les allégations du rapporteur furent acceptées et la loi passa.

Au commencement de son rapport, il se plaçait d'ailleurs très nettement sur le terrain de l'intérêt public : déclarant que l'abandon de l'ancienne législation avait causé à l'État des préjudices considérables, il annonçait que la loi nouvelle était conçue dans un double esprit : garantir les intérêts du Trésor public autant qu'il était nécessaire, et laisser intacts tous les droits légitimement acquis, conformément au 2ᵉ paragraphe de l'article 2098.

La nouvelle loi accordait au Trésor un privilège sur tous les meubles des comptables ; malheureusement à l'égard des immeubles, un fâcheux esprit de routine fit qu'on remit en avant l'antique présomption qui n'avait plus cependant aucune raison d'être, puisque c'était au nom de l'intérêt public seul qu'on venait réclamer des mesures spéciales de protection en faveur du Trésor.

Quoi qu'il en soit, on distingua encore entre les immeubles appartenant au comptable, au moment de sa nomination, ou qu'il acquiert ensuite à titre gratuit, et ceux acquis à titre onéreux par lui ou sa femme depuis la même époque.

On frappa les uns d'un privilège et les autres d'une simple hypothèque légale. Toutefois, afin de rester dans l'esprit de l'article 2098 du Code civil, on donnait au privilège le dernier rang parmi les privilèges immobiliers, et on spécifiait qu'il ne serait jamais opposable aux hypothèques constituées sur l'immeuble par le précédent propriétaire. En d'autres termes, le privilège accordé à l'État eut à peu près uniquement pour effet de lui permettre de primer la femme ou le pupille du comptable, dont les hypothèques légales venaient frapper l'immeuble au moment de son acquisition, et qui se seraient trouvés sur le même rang que l'État, si on ne lui eût accordé qu'une hypothèque simple.

Résumé. — Ainsi donc l'hypothèque légale du Trésor sur les biens de ceux qui manient ses deniers apparut en France vers le xvi° siècle. Elle avait alors un double fondement : les textes du droit romain et l'authenticité de l'acte par lequel le comptable se trouvait investi de ses fonctions. Profitant des obscurités de la loi 28 de Jure fisci, les officiers royaux ne tardèrent pas à prétendre et à faire accepter par la jurisprudence que tous les biens acquis par un comptable depuis son entrée en fonctions étaient, jusqu'à preuve légale du contraire, présumés acquis avec les deniers du roi. De cette présomption résulta sur tous ces biens en faveur du roi, un privilège analogue à celui du vendeur ou plutôt du prêteur de deniers, qui fut législativement consacré par l'ordonnance de 1669, et qui resta en vigueur aussi longtemps que cette ordonance, c'est-à-dire jusqu'à 1790.

Jusqu'au xviii° siècle, le roi seul eut une hypothèque sur les biens de ses comptables ; à cette époque la jurisprudence accorda aux villes et établissements de bienfaisance une hypothéque légale dérivée de celle du mineur, sur les biens de tous ceux qui administraient leur patrimoine.

La Révolution modifia d'abord profondément cet ordre de choses. Les législateurs de la période intermédiaire, oubliant la présomption qui avait servi de base au privilège du roi, supprimèrent plusieurs des règles qui en étaient les conséquences logiques. Grâce au perfectionnement des règles de la comptabilité, cette présomption commençait, d'ailleurs, à ne plus être, dans la majorité des cas, conforme à la vérité des faits, et au moment de la rédaction du Code civil, deux réformes furent proposées : 1° Unifier la législation, en rendant les mêmes règles applicables, tant aux comptables du Trésor qu'à ceux des villes et établissements publics; 2° Fonder sur l'intérêt public seul les avantages à attribuer à ces personnes morales et limiter les privilèges qu'on leur accordait à ce qu'exigeait strictement cet intérêt.

Malheureusement les difficultés soulevées par le Conseil d'État empêchèrent la question d'être discutée dans son ensemble. Le Code civil écarta la première réforme. La loi du 5 septembre 1807 n'accomplit pas la seconde; et c'est dans ces hésitations qu'il faut chercher la raison de plusieurs des inconséquences de la législation actuelle et des difficultés que nous rencontrerons dans la suite.

Enfin, outre le privilège et l'hypothèque, le roi eut sous l'ancienne monarchie une garantie d'un autre ordre contre ses comptables (1). Beaucoup d'entre eux, en effet, étaient pourvus d'un office dont la valeur était considérée comme un gage entre les mains du roi. Un arrêt du Conseil, du 30 avril 1758, généralisa ce système, et obligea tous les comp-

---

1. Il faudrait également ajouter à cette énumération les cautions personnelles que devaient fournir un grand nombre d'agents.

tables non pourvus d'office, à verser au Trésor avant d'entrer en fonctions une certaine somme, qui, sous le nom de cautionnement, fut un véritable dépôt de garantie. Supprimés par la Convention dans un moment de vaine déclamation, ces cautionnements furent rétablis presque immédiatement, et ils forment actuellement encore une des principales sûretés du Trésor.

Toutefois nous ne nous en occuperons pas ; car, par la multiplicité et l'importance des questions qu'ils soulèvent, ils nous entraîneraient trop loin de notre sujet. Nous traiterons donc exclusivement des privilèges et hypothèques accordés au Trésor sur l'ensemble du patrimoine de ses comptables, tels qu'ils résultent des articles 2098 et 2121 du Code civil ainsi que de la loi du 5 septembre 1807, et nous examinerons successivement cinq points principaux :

1° Quels sont les agents soumis à cette législation ?

2° Quels sont les biens grevés du privilège ou de l'hypothèque ?

3° Quelles créances garantissent-ils ?

4° Quel rang faut-il leur assigner ?

5° Comment prennent-ils fin ?

DROIT MODERNE

CHAPITRE PREMIER

QUELS SONT LES FONCTIONNAIRES DONT LES BIENS SONT
SOUMIS AU PRIVILÈGE ET A L'HYPOTHÈQUE LÉGALE

L'article 2121 du Code civil et la loi du 5 septembre 1807 sont des textes d'exception. Ils ont pour but de faire sortir du droit commun un certain nombre d'agents, afin de les soumettre à des règles plus rigoureuses que celles qui régissent en général les débiteurs de l'État. Avant de commencer l'étude de cette législation spéciale, il faut donc, tout d'abord, déterminer avec précision quels sont les fonctionnaires auxquels elle s'applique. Nous avons déjà vu qu'à cet égard il y a lieu de faire une distinction. Les législateurs n'ont pas imposé les mêmes charges à tous les comptables ; nous serons donc obligés de traiter séparément : 1o des comptables soumis à la loi du 5 septembre 1807 ; 2o des comptables soumis seulement à l'article 2121 du Code civil ; 3o enfin, nous dirons quelques mots des dispositions applicables à ceux qui usurpent sans droit les fonctions de comptables, c'est-à-dire aux comptables occultes.

SECTION I

Comptables soumis à la loi du 5 septembre 1807.

Aux termes de son article I, la loi du 5 septembre 1807 s'applique exclusivement aux comptables en deniers du Trésor. Ce principe est évident, et nous ne nous y arrêterions pas plus longuement, si certains auteurs n'avaient pas cherché à le contester en s'appuyant sur un texte. Quelques mois avant la promulgation du Code civil, un arrêté législatif du 19 vendémiaire an XII (1) avait déclaré, article 5, que les receveurs des communes, bureaux de charité, maisons de secours et autres établissements de bienfaisance seraient, à l'avenir, soumis aux dispositions des lois relatives aux autres comptables de deniers publics et à leur responsabilité. Se fondant sur cet article plusieurs jurisconsultes (2) ont soutenu que la loi de 1807 était applicable à tous ces agents.

Ce système repose sur une double confusion. D'abord ce serait une grossière erreur de croire que les comptables des établissements de bienfaisance se trouvent à tous les points de vue assimilés à ceux du Trésor. Ils en diffèrent, en effet, par nombre de points qui suffisent pour prouver que les règles qui régissent les uns ne sont pas *ipso facto* applicables aux autres. Tel n'est donc pas le sens de l'arrêté de vendémiaire an XII. Les derniers mots de l'article 5 marquent, du reste, bien clairement, quelle fut la pensée des

1. V. Collection Duvergier, t. XIV; p. 420.
2. V. Durrieu et Roche, *Répertoire de l'administration des établissements de bienfaisance*, t. II, p. 341.

rédacteurs à cet égard. L'assimilation dont on parle n'a été établie qu'au point de vue de la responsabilité : on a seulement voulu dire que les receveurs seront responsables vis-à-vis des communes, des hospices, etc. des mêmes faits et omissions dont les autres comptables de deniers publics sont responsables vis-à-vis du Trésor. Dans ces termes l'article est absolument exact et c'est violer la loi que de lui donner une autre signification.

Mais en admettant même qu'on accorde à cet article la généralité que nos contradicteurs veulent lui attribuer, nous pensons qu'on ne pourrait pas encore en déduire, en faveur des communes et des établissements de bienfaisance, un privilège sur les biens de leurs comptables. En effet, si la loi du 5 septembre 1807 ne s'est pas expliquée sur les droits accordés aux communes et établissements publics, le Code civil en a parlé et il a traité la question d'une manière que nous devons considérer comme complète. Or, le Code civil est postérieur à l'arrêté de vendémiaire an XII : comment admettre que, présentant une théorie complète des créances privilégiées, il s'en soit remis à un arrêté antérieur pour établir un privilège en faveur des communes, alors surtout que ce privilège était une innovation complète dans notre droit. Lorsque, pour le Trésor, les législateurs ont voulu faire un renvoi aux lois spéciales, ils l'ont formellement exprimé. L'absence dans l'article 2098 de toute mention relative aux autres personnes morales prouve donc bien clairement que l'article 2121 du Code civil leur est seul applicable (1).

D'ailleurs, c'est devenu un lieu commun de répéter que les privilèges ne s'établissent pas par interprétation. Aussi malgré toutes les raisons qui pourraient faire désirer que

---

1. *Sic* Pont, *Privilèges et Hypothèques*, p. 562; Dalloz, *Privilèges et Hypothèques*, p. 154, § 560; Duranton, *Droit civil*, t. XIX, p. 554.

tous les comptables de deniers publics fussent régis par une législation uniforme, est-on obligé de reconnaître que la loi de 1807 ne s'applique qu'aux comptables en deniers du Trésor.

S'applique-t-elle même à tous les comptables en deniers du Trésor ? La raison de douter viendrait de ce que diverses lois spéciales ont, antérieurement à la loi de 1807, accordé au Trésor différents privilèges sur les biens des comptables de certaines régies financières (1). Ces lois étant encore en vigueur dans la plupart de leurs dispositions, on s'est demandé si les biens des agents de ces administrations n'étaient pas exclusivement régis par ces lois particulières.

Ce système n'a pas prévalu, et c'est à juste titre, car l'article 1 de la loi de 1807 ayant déclaré d'une manière générale qu'elle réglait les privilèges et hypothèques accordés au Trésor sur les biens de ses comptables, et l'article 11 ayant abrogé tous les textes contraires, il est certain que les lois précitées ont cessé d'être en vigueur au moins en ce qui concerne le privilège sur les biens des comptables (2).

Sens du mot comptable. — Mais qu'est-ce que la loi entend par un comptable ? C'est là malheureusement un de ces mots vagues que tous les textes ont employés dans des acceptions très diverses, sans que jamais aucun en ait donné une définition précise. Aussi bien des systèmes ont-ils été proposés.

Premier système. — Certains auteurs ont cru trouver

1. Lois des 6 et 22 août 1791 et 4 germinal an II, sur les privilèges de l'administration des douanes; Lois du 1er germinal an XIII, sur les privilèges de l'administration des contributions indirectes.

2. *Sic* Troplong, *Privilèges et Hypothèques*, § 410 *bis*; Grenier *Traité des hypothèques*, t. I, p. 326 — *Contra* Pont, *Privilèges et Hypothèques*, p. 28.

la solution de la difficulté dans un texte promulgué, presque en même temps que celui qui nous occupe, la loi du 16 septembre 1807, relative à l'organisation de la Cour des comptes, et dont les articles 11 et 12 sont ainsi conçus :

« Article 11. — La Cour sera chargée du jugement des comptes des recettes du Trésor, des receveurs généraux de départements et des régies et administrations des contributions indirectes ; des dépenses du Trésor, des payeurs-généraux, des payeurs d'armées, des divisions militaires, des arrondissements ; des recettes et dépenses des fonds spécialement affectés aux dépenses des départements et des communes dont les budgets sont arrêtés par l'empereur. »

« Article 12. — *Les comptables des deniers publics* en recettes et en dépenses sont tenus de fournir et déposer leurs comptes au greffe de la Cour dans les délais prescrits par les lois et règlements. »

De la combinaison de ces deux articles, et spécialement des derniers mots: « Les comptables de deniers publics... sont tenus..., » plusieurs auteurs ont cru pouvoir conclure que les fonctionnaires ayant droit à la qualité de comptables, étaient exclusivement les agents justiciables de la Cour des comptes : « Au surplus, dit Troplong, (1) toutes les fois que des difficultés s'élèveront sur le sens des mots comptables et receveurs, c'est la loi du 16 septembre 1807 qu'il faudra consulter. »

Malheureusement ce système est manifestement contraire à la loi du 5 septembre (2), car l'article 7 fait mention

---

1. Troplong, loc. cit.

2. Il a d'ailleurs été formellement repoussé par la Cour de cass. qui par un arrêt du 5 mai 1855, a reconnu comptable un agent des bâtiments civils en Algérie (aff. Rouchaud). — V. Dalloz, 1855, 1ʳᵉ partie, p. 127.

expresse des receveurs particuliers qui n'ont jamais été justiciables directs de la Cour des comptes.

Deuxième système. — D'autres ont soutenu que les fonctionnaires soumis à la loi précitée étaient exclusivement les agents mentionnés à l'article 7 ; car, dit-on, c'est sur leurs biens seulement que doit être prise l'inscription indispensable à la conservation des droits du Trésor.

Ce système n'est pas plus satisfaisant que le précédent, car il aurait pour effet d'exclure de la catégorie des comptables les receveurs principaux de toutes les régies financières, justiciables directs de la Cour des comptes, et qui évidemment à ce titre sont comptables au premier chef.

D'ailleurs, il faut avouer que si cette opinion était fondée, la rédaction de la loi serait bien bizarre. D'après l'article 1, elle s'applique à *tous les comptables chargés de la recette ou du payement des deniers du Trésor*; or, non seulement par ces termes si généraux le législateur n'aurait eu en vue que cinq classes de comptables seulement, mais il ne l'aurait indiqué que par voie de conséquence, et encore il aurait choisi pour cela un article traitant d'une simple question de forme ! La loi ne peut être obscure à ce point.

Nous n'hésitons donc pas à repousser ce système. Et même, selon nous la loi du 5 septembre 1807 ne mérite pas les reproches qu'on lui adresse : à une omission près, elle est aussi bien rédigée qu'elle pouvait l'être. Nous disons « à une omission près », car il est regrettable qu'elle n'ait pas marqué, dans un article clair et précis, les caractères auxquels on peut reconnaître les fonctionnaires ayant droit au titre de comptable. Mais cette omission est facile à réparer. Nous avons vu qu'on voulait en ces matières rétablir la législation ancienne. Or, on se rappelle que, dans l'ancien droit, les priviléges du roi frappaient les biens de *tous ceux qui avaient le maniement des deniers du Trésor* (1); c'est dans ce sens que l'article 1 a dit *tous les comptables*, et c'est dans ce sens qu'il doit être entendu.

Cela posé, nous disons que la loi ne pouvait, ni même ne devait donner une énumération des fonctionnaires, auxquels elle s'appliquait. La règlementation des attributions des fonctionnaires est du domaine des décrets et des règlements ministériels; ces attributions varient avec les besoins du service et la volonté de ceux qui sont à la tête de l'administration. Le législateur ne pouvait donc prévoir quels seraient, dans la suite, les fonctionnaires auxquels l'administration confierait les attributions qui constituent comptable. Édictant pour l'avenir une règle fixe, il a dû se borner à poser le principe : « Les biens des comptables sont grevés d'un privilège et d'une hypothèque, » et il ne pouvait faire plus sans sortir de son domaine. Pour s'en convaincre, il suffit de comparer l'organisation actuelle des fonctionnaires comptables avec celle qui existait en 1807, et on reconnaîtra qu'une liste de ces agents, dressée alors, serait aujourd'hui plus nuisible qu'utile. On y verrait figurer comme dans l'article 7 les payeurs des départements, et on n'y trouverait pas le caissier payeur central du Trésor. Les receveurs généraux y figureraient, mais non les trésoriers payeurs coloniaux, etc. La loi a donc sagemeut fait de s'abstenir à cet égard.

Notre théorie sur l'article 1 de la loi de 1807 est donc la suivante :

1° Tous les agents exerçant des fonctions de comptables de deniers de l'État sont soumis à son application.

2° C'est dans les documents antérieurs à 1807 qu'il faut cher-

---

1. V. Ferrière, *Dictionnaire de droit,* au mot *comptables*; Billon, *Dictionnaire des arrêts, ibid;* Camus et Bayart, *Collect. de décrets,* etc.

cher les caractères auxquels on reconnaîtra ces fonctions.

3° C'est aux lois administratives, et surtout aux décrets, et règlements rendus en matière d'organisation financière, qu'il faut se reporter pour savoir quels sont actuellement les agents qui en sont investis (1).

Mais, nous dira-t-on, vous faites là abstraction de l'article 7 de la loi de 1807 et il ne saurait en être ainsi. Les droits de l'État n'existent qu'à la charge d'une inscription, et la loi désigne les fonctionnaires sur les biens desquels cette inscription sera prise. Il en résulte que ce sont ces agents exclusivement qui sont soumis au privilège de l'État.

C'est cette dernière conclusion que nous contestons absolument (2). Selon nous le but de l'article 7 est tout autre. L'article 1 indique quels sont les fonctionnaires sur les biens desquels inscription *pourra* être prise ; parmi ceux-ci, quels sont ceux sur lesquels inscription *devra toujours* être prise : voilà ce que détermine l'article 7. Le privilège et l'hypothèque de l'État existent sur les biens de tous les comptables à charge d'une inscription, qui *devra* être prise sans qu'il soit besoin d'aucune prescription spéciale pour les uns, qui *pourra* être prise si les besoins du service l'exigent, pour les autres. En cela le législateur s'est montré très sage : il a pensé qu'un intérêt public évident pouvait seul l'autoriser à mettre des citoyens en dehors du droit commun. A l'égard de ceux qui exercent les fonctions de receveurs généraux, receveurs particuliers etc,

---

1. Confer, Pont, *Privilèges et hypothèques*, p. 28 et un arrêt de la cour de Paris, 4 février 1854 (Dalloz, 1855, 2ª p., p. 29).

2. Nous ferons avant toute chose observer que les prescriptions de l'article 7 n'ont pas été édictées dans l'intérêt des tiers, mais uniquement dans l'intérêt du Trésor, car le défaut d'inscription ne saurait en aucun cas nuire aux tiers.

c'est-à-dire de ceux qui ont les plus gros maniements de fonds, qui centralisent les recettes et qui paient la plus grande partie des dépenses, il a considéré que cet intérêt était dès lors suffisamment établi. Pour les autres comptables, la nécessité ne lui a pas paru assez certaine pour qu'il statuât d'une manière générale et règlementaire, et il a laissé à ceux qui ont la direction et la responsabilité des intérêts du Trésor, le soin de soumettre au droit spécial les agents pour lesquels ils jugeraient cette mesure nécessaire. Nous pensons donc que le ministre des finances pourrait, sans aucun excès de pouvoir, décider qu'il sera pris inscription sur les biens d'un receveur d'enregistrement spécial, celui de Paris par exemple, alors qu'il en dispenserait tous les receveurs des autres départements; sur les biens des receveurs des douanes de Bordeaux ou de Marseille, alors qu'il en affranchirait leurs collègues.

On a reproché à ce système d'être contraire à la jurisprudence administrative, qui, sur cette matière, se trouve contenue dans une décision du ministre des finances du 21 mars 1809 (1) et une instruction de la régie du 22 juillet de la même année. Nous commencerons par examiner cette dernière. « Des receveurs de l'enregistrement, y est-il dit, ayant cru devoir, au vu des actes de mutation, requérir des inscriptions non seulement sur les comptables que la loi a nommément désignés, mais encore contre des préposés de l'enregistrement, des percepteurs de communes et différents receveurs des droits indirects, il en a été référé au ministre des finances. Scn Excellence, après avoir pris sur cet objet l'avis du Grand juge, a fait connaître le 14 juillet

____

1. Sirey, t. X, 2ᵉ p., p. 267. V. aussi les considérants d'un arrêt de la cour de Colmar du 10 juin 1820, 5°.

1809, que l'inscription au vu des actes translatifs de propriété, ne peut être prise que contre les comptables indiqués dans l'article 7 de la loi 1807, et que cet article ne s'applique pas à tous les comptables sans distinction. »

Nous ne voyons pas ce que cette circulaire a de contraire à notre théorie. Que dit-elle ? Uniquement qu'on ne doit pas prendre *au vu des actes translatifs de propriété*, c'est-à-dire d'office, inscription sur les biens des comptables autres que ceux désignés en l'article 7. Mais c'est là précisément ce que nous soutenons. Quant à la question de savoir si inscription ne pourrait pas être prise, en vertu d'un ordre supérieur, sur les biens des autres comptables, la circulaire est absolument muette sur ce point.

Il n'en est pas de même, nous le reconnaissons, de la décision du ministre des finances du 21 mars 1809, ni d'un arrêt de la cour de Colmar du 10 juin 1820 (1). Il s'agissait, dans les deux cas, de savoir si les percepteurs des contributions directes étaient soumis au privilège et à l'hypothèque de l'État. La cour en 1820, et le ministre en 1809, décidèrent très sagement que les percepteurs n'y étaient pas soumis, car, comme nous le verrons plus loin, les percepteurs ne sont pas des comptables, mais de simples préposés aux recettes, soumis comme tels à des obligations toutes différentes.

Malheureusement la Cour, comme le ministre, ne se bornèrent point à résoudre le point spécial qui leur était soumis et, par des considérants beaucoup plus larges, ils cherchèrent à trancher d'une manière générale la question de savoir quels étaient les fonctionnaires soumis à l'hypothèque de l'État. « Attendu, dit la cour de Colmar... 4° que la

1. Sirey, t. X, 2ᵉ p., p. 267.

loi du 5 septembre 1807, qui règle et détermine le mode d'exécution de l'article 2121, n'impose, article 7, qu'aux seuls receveurs généraux et payeurs, l'obligation d'énoncer leurs titres et qualités dans les actes d'acquisitions et d'échanges; que cette loi interprétative et réglementaire de l'article 2121 du Code civil, ne laisse aucun doute sur l'intention bien prononcée du législateur de ne soumettre à l'hypothèque légale établie par cet article 2121, que les seuls receveurs généraux et payeurs désignés en l'article 7 de la loi du 5 septembre 1807, corroborée en ce point par l'article 11 da la loi du 16 septembre 1807 ; que le but essentiel et principal de la loi du 5 septembre 1807 était d'indiquer clairement et de désigner limitativement ceux qui, d'après la loi, étaient soumis à l'hypothèque légale, pour que le public et les tiers puissent se régler en conséquence dans leurs opérations et transactions avec ceux sur lesquels porte cette hypothèque légale (1)..... »

Nous ferons remarquer d'abord que ces déclarations n'ont pas été rendues pour trancher le point qui nous occupe. Ce sont de simples considérants destinés à motiver un arrêt tout spécial. Nous ajouterons même qu'elles ont aujourd'hui perdu toute autorité par suite des décisions contraires intervenues sur la matière. Dès le 15 septembre 1807, une circulaire de la régie de l'enregistrement prévoyait le cas où une inscription hypothécaire serait, par mesure de précaution, prise sur les biens d'un receveur de l'enregistrement et indiquait les mesures à prendre en cas d'aliénation des biens grevés (2). En 1852, le trésor réclamait, en vertu de la loi du 5 septembre 1807, un privilège sur les biens

1. Nous avons montré un peu plus haut que l'inscription n'était pas exigée dans l'intérêt des tiers.

1. V. Pallain et Dumesnil, *Législation du Trésor public*, p. 236.

d'un agent comptable des bâtiments civils en Algérie. Le tribunal d'Oran le lui reconnaissait, en déclarant que l'article 7 n'était pas limitatif, mais contenait seulement une aggravation des obligations de certains comptables, et le 5 mars 1855, la Cour de cassation confirmait solennellement cette interprétation (1).

Il nous semble donc incontestable que les garanties créées par la loi de 1807 et l'article 2121 du Code civil s'appliquent à tous les fonctionnaires de l'État qui gèrent des fonctions de comptables. Nous avons dit de plus, qu'il fallait se reporter au droit ancien, pour savoir à quels caractères on reconnaîtrait ces fonctions, et ensuite consulter les lois administratives et les règlements spéciaux pour trouver dans notre organisation actuelle les agents qui les exerçaient. En effet, c'est dans les lois anciennes seulement qu'on peut découvrir la signification précise qu'avait le mot *comptable* au moment où le Code civil et la loi de 1807 ont été rédigés. D'ailleurs, l'article 2098 du Code civil renvoie aux lois anciennes, et la Cour de cassation a adopté formellement cette doctrine dans la célèbre affaire Séguin, où le Trésor lui-même se fondait sur l'édit de 1669 et les arrêts de 1716 et 1736 pour réclamer un privilège sur les biens d'un ancien munitionnaire.

Toutefois, il y a lieu de faire ici une remarque : dans l'ancien droit, l'hypothèque résultait de tout titre authentique; tous ceux qui étaient débiteurs du roi, en vertu d'un contrat, avaient donc *ipso facto* leurs biens grevés à son profit d'une hypothèque qu'on a souvent confondue à tort avec celle des comptables. Il n'en est plus de même aujourd'hui; c'est pourquoi la Cour de cassation (2) a décidé à juste

1. Dalloz, 1855, 1re p., p. 127.
2. Aff. Séguin. (Dalloz, 43, 1re p., p. 270.)

titre que l'État n'avait plus privilège ni hypothèque sur les biens des fournisseurs des armées, bien qu'autrefois ce privilège ait existé.

Quant aux privilèges qui frappaient les biens indépendamment de tout contrat, l'édit de 1669 les accordait au roi sur les biens des officiers comptables, fermiers généraux et « autres ayant maniement de deniers royaux (1) »; la déclaration de 1681 les étendait aux fermiers sur les biens des sous-fermiers, et aux sous-fermiers sur les biens des commis. Enfin, la déclaration du 18 mars 1736 les appliquait non seulement aux comptables en titre, mais à tous ceux qui avaient maniement de deniers publics *à quel titre que ce fût*, ainsi qu'aux commis des officiers comptables auxquels des deniers étaient confiés pour les administrer.

Ainsi donc, les textes ci-dessus reconnaissaient au roi des privilèges sur les biens de tous *ceux qui avaient maniement des deniers publics à quelque titre que ce fût;* c'était là la doctrine universellement admise par les anciens auteurs, et aucun texte de la législation intermédiaire n'a modifié ces dispositions. Nous dirons donc que les comptables, dans le sens précis employé par la loi de 1807 et l'article 2121 du Code civil, sont ceux qui ont maniement de deniers (2), tandis que ceux qui n'ont pas maniement sont de simples préposés.

1. Les fermiers généraux partageaient avec le roi au delà d'une certaine somme de bénéfice; c'est en ce sens qu'ils étaient comptables ayant maniement. — V. Denisart, *Jurisprudence*, au mot *Fermiers du roi*, p. 547, t. VIII.

2. V. Dalloz, *Privilèges et Hypothèques*, p. 153, § 557.

« Le maniement suffit évidemment, pour constituer comptable. Nous pensons donc qu'on outrepasse à cet égard la pensée de la loi lorsqu'on exige pour reconnaître cette qualité à un agent, qu'il ait été nommé par le ministre des finances, qu'il ait prêté serment, etc. » —V. à ce suet Gaudry, *Législation des cultes*, t. III, p. 352.

Les actes qui constituent un maniement de deniers sont d'ailleurs faciles à déterminer : avoir un maniement de deniers, c'est d'abord en avoir à sa disposition, être autorisé à en conserver par devers soi, sans être tenu de se dessaisir à des intervalles très courts de la totalité des sommes perçues, autrement dit avoir une caisse. C'est en second lieu exécuter avec les deniers de cette caisse certaines dépenses dont on est normalement chargé, de manière à être responsable des recettes, des payements et de l'excédent net ; par conséquent, ne pas être chargé seulement du fait matériel de l'encaissement et du payement ou de simples conversions de valeurs. Troisièmement, c'est être assujetti à justifier dans certaines formes de la régularité de son maniement, ce qui exige la tenue d'un système complet d'écritures, permettant de suivre l'ensemble des opérations du comptable.

Ce sont bien là d'ailleurs les principes adoptés par l'ordonnance de 1838 et le décret du 31 mai 1862, qui définissent de la manière suivante les attributions des comptables en les opposant à celles des simples préposés.

« Décret de 1862. Art. 308.—Les comptables chargés de la perception des revenus publics acquittent les frais de régie, de perception et d'exploitation qui sont ordonnancés sur leurs caisses et ils les portent en dépense définitive dans leurs comptes. »

« Art. 309. — Tout comptable chargé de la perception des droits et revenus publics, est tenu d'enregistrer les faits de sa gestion sur les livres ci-après. 1° un livre journal de caisse et de portefeuille, où sont consignés les entrées, les sorties d'espèces et valeurs, et le solde ; 2° des registres auxiliaires destinés à présenter les développements propres à chaque nature de service ; 3° un sommier ou livre récapitulatif résumant ses opérations selon leur nature, et présentant sa situation complète. »

« Art. 306.— Les préposés à la perception des revenus sont chargés de constater la dette des redevables, de leur en notifier le montant, d'en percevoir le produit, et d'exercer les poursuites prescrites par les lois et règlements. »

« Art. 310. — Tout préposé à la perception des revenus publics est tenu de procéder : 1° à l'enregistrement en toutes lettres au rôle, état de produit, ou autre titre légal de perception, quelle que soit sa dénomination ou forme, de la somme reçue et de la date du recouvrement ; 2° à son inscription immédiate en chiffres sur son journal ; 3° à la délivrance d'une quittance à souche. »

Pour reconnaître à un agent la qualité de comptable, nous exigerons donc trois conditions :

1° Qu'il ait une caisse.

2° Qu'il en emploie les fonds au payement régulier d'une certaine catégorie de dépenses.

3° Qu'il soit assujetti à tenir un système régulier d'écritures, présentant l'ensemble de tous les faits de comptabilité accomplis par lui.

Applications. — Il nous reste à faire l'application des principes que nous venons d'exposer à quelques-unes des principales classes de fonctionnaires, appartenant à l'administration des finances de manière à déterminer quels sont ceux qui sont véritablement comptables.

Cette qualité appartient évidemment aux *receveurs principaux et autres des régies financières* (1), sans qu'il y ait lieu de distinguer entre ceux qui sont justiciables directs

---

1. V. Jugement du tribunal de la Seine, 5 juin 1869, aff. Letocart. V. aussi circulaire de l'administration de l'enregistrement, 15 octobre 1807.

de la Cour des comptes et ceux qui ne le sont pas. Les uns comme les autres, en effet, sont autorisés à conserver entre leurs mains une notable portion de leurs recettes, payent certaines catégories régulières de dépenses et tiennent des écritures complètes de leurs opérations.

Il n'en est pas de même des fonctionnaires, qui sous le nom d'ordonnateurs dirigent l'emploi des fonds, ordonnent les recettes et les payements, sans avoir jamais matériellement les deniers à leur disposition.

Percepteurs. — A côté de ces agents pour lesquels le doute ne saurait exister, il en est d'autres sur la situation desquels on a vivement discuté. Parmi eux figurent en première ligne les percepteurs des contributions directes, que pendant un certain temps on a voulu considérer comme des comptables proprement dits. Ce système a été abandonné avec raison, car les percepteurs, astreints à se libérer intégralement de leurs recettes à des intervalles très courts, n'étant de plus chargés d'aucune dépense, et procédant à un simple enregistrement des opérations qu'ils effectuent, présentent évidemment tous les caractères qui constituent de simples préposés (1).

Agents qui reçoivent des avances. — Nous ne reconnaîtrons pas davantage la qualité de comptables à divers agents qui, dans les services régis par économie, sont chargés d'effectuer certaines dépenses au moyen de fonds qui leur sont avancés par les comptables réguliers. En effet, aux termes de l'article 94 du décret du 31 mai 1862, les avances ainsi faites ne peuvent jamais à l'intérieur dépasser vingt mille francs, elles doivent être employées dans un délai maxi-

1. V. à cet égard dans Sirey un arrêt de la cour de Colmar du 10 juin 1820. — *Sic* Pont, *Privilèges et Hypothèques*, p. 28 ; Duranton, *Droit civil*, t. XIX, p. 456 ; Aubry et Rau, 1869, t. III, p. 181.

mum de trente jours, ou être reversées entre les mains de celui qui les a délivrées. Les agents à qui elles sont remises n'ont donc pas, en réalité, de caisse (1).

Intérimaires. — A l'inverse nous dirons que les intérimaires, c'est-à-dire les agents chargés temporairement de la gestion d'une caisse, sont comptables toutes les fois qu'ils gèrent pour leur propre compte et en dehors de la responsabilité du titulaire (2). En effet, dans beaucoup de services, ils rendent compte personnellement à la Cour des comptes, au même titre que les comptables dont ils tiennent la place ; et si, dans certaines régies, ils se bornent, à la fin de leur intérim, à rendre au titulaire un compte de clerc à maître, c'est là une mesure d'ordre intérieur qui en droit n'altère nullement leur responsabilité à l'égard des faits accomplis par eux.

Payeur central de la Dette publique. — Nous sommes beaucoup plus embarrassés pour déterminer la situation du payeur central de la Dette. En effet, tous les arrérages des rentes et des pensions sont acquittés pour son compte sur son « vu, bon à payer », de telle sorte qu'il est personnellement et seul responsable, vis-à-vis de la Cour des comptes. D'un autre côté, les actes matériels de payement ne sont pas effectués par lui, mais par la caisse centrale du Trésor. Aussi, pensons-nous que malgré les importantes fonctions qu'il remplit, le payeur de la Dette n'est pas comptable dans le sens qu'attache à ce mot l'article 1 de la loi du 5 septembre 1807. En effet, aux termes de l'article 1 du décret

---

1. *A fortiori* ne sont pas comptables, dans le sens de la loi de 1807 et de l'art. 2121, § 3 du Code civil, les simples débiteurs ou les fournisseurs de l'Etat.

2. *Contra* Troplong, *Privilèges et Hypothèques*, t. II, p. 83 ; Dalloz, *Privilèges et Hypothèques*, p. 313, § 1030.

du 25 mai 1875, (1) ses fonctions se bornent à diriger le payement des arrérages de la Dette. Il ne paye pas lui-même et
n'a jamais de fonds entre les mains. On ne peut donc pas
dire qu'il ait un maniement.

Comptables d'ordre. — Enfin, malgré le titre de comptable qui leur est donné par les textes, le Trésor n'a évidemment ni privilège, ni hypothèque sur les biens des agents chargés de certaines missions d'ordre, qui, tout en pouvant dans
certains cas engager les finances de l'État, ne constituent
pas des maniements de deniers. Tels sont les agents comptables du Grand-Livre, des transferts et mutations, des re-
conversions et renouvellements, des pensions, des virements,
des traités de la marine, etc.

Ces exemples suffisent pour montrer comment nous pensons qu'on doit procéder, lorsque l'on veut savoir si un fonctionnaire est véritablement comptable. Nous ajouterons que
la Cour de cassation a adopté ce système, lorsqu'elle a reconnu cette qualité à un agent des bâtiments civils en Algérie, en se fondant particulièrement sur ce qu'il avait des
recettes et des payements à effectuer (2).

SECTION II

Comptables soumis exclusivement à l'article 2121 du Code civil.

Nous avons dans la section précédente cherché à établir

1. V. Décret du 25 mai 1875, art. 4 et 10. — Lanjalley, *Recueil
des modifications au décret du 31 mai 1862*, p. 171 et suiv.
2. V. Cass., 5 mars 1855 (Dalloz, 1re p., p. 127).

les caractères auxquels on reconnaît les comptables soumis à la loi de 1807, c'est-à-dire les comptables en deniers du Trésor. Nous allons maintenant faire connaître quels sont es agents auxquels l'article 2121 du Code civil est seul applicable.

Remarquons tout d'abord que, n'ayant fait aucune distinction, cet article s'applique à tous les comptables, en matières comme en deniers. Un hospice a hypothèque sur les biens de l'économe chargé de la perception, de la garde et de la distribution des denrées qui lui appartiennent, au même titre que sur les biens du receveur chargé de ses deniers. Dès lors, les catégories de comptables soumis à l'article 2121 sont au nombre de trois :

1° Les receveurs de communes ;

2° Les comptables tant en deniers qu'en matières des établissements publics;

3° Les comptables en matières de l'Etat.

§ *I.* — *Communes.*

Dans chaque commune les recettes et les dépenses sont effectuées par un receveur, astreint à un système complet d'écritures en vertu des articles 512 et 522 du décret de 1862, et des instructions de 1840 et 1859. Les biens de ces agents sont évidemment frappés d'une hypothèque légale au profit de la commune; et, comme l'arrêté du 19 vendémiaire an XII leur prescrit de veiller à la conservation de tous les privilèges et hypothèques de la commune, il en résulte qu'ils doivent, dès leur entrée en fonctions, prendre eux-mêmes inscription sur leurs propres biens.

Ces fonctions sont, en vertu de la loi du 18 juillet 1837, art. 65, et de l'ordonnance du 31 octobre 1821, art. 24, confiées aux percepteurs des contributions, lorsque les revenus des communes ou établissements ne dépassent pas une certaine somme, actuellement 30.000 francs. Il en résulte que, quoique les biens des percepteurs ne soient grevés d'aucune charge au profit de l'État, ils sont frappés d'une hypothèque au profit des communes ou établissements dont ils sont les receveurs. En cas de déficit d'un percepteur insolvable, l'État n'est donc colloqué sur ses biens qu'après les communes et établissements de bienfaisance (1).

Préposés des octrois. — Comme les comptables de l'État, les receveurs des communes ne pourraient le plus souvent suffire à la perception de toutes les sommes dues aux communes. Ils sont assistés dans ce service par certains agents qui sont de simples préposés sans maniement de deniers, et dont les seules fonctions consistent à percevoir les taxes, à en donner quittance et à en verser le montant intégral à des intervalles très courts dans la caisse du receveur.

Les principaux sont les préposés des octrois dont nous dirons quelques mots, parce qu'on a cherché à leur attribuer la qualité de comptables et à les soumettre à l'hypothèque des communes. On sait, qu'en vertu de l'article 147 de la loi du 28 avril 1816, les communes ont, pour la perception de leurs octrois, le choix entre quatre systèmes : la régie simple, la régie intéressée, la ferme, et l'abonnement avec l'administration des contributions indirectes. Mais quelque soit le mode adopté, on peut dire, que les préposés ne sont jamais des comptables. Pour l'établir, il suffit de considérer les deux premiers systèmes, car, lorsque le conseil municipal

1. La responsabilité des receveurs particuliers et des trésoriers payeurs généraux fait qu'en pratique l'Etat souffre peu de cette infériorité.

adopte le bail à ferme, l'adjudicaire ne perçoit pas les taxes pour le compte de la commune ; il les perçoit à son profit (1), à la charge de payer une somme convenue dont il est simple débiteur, aux conditions de son contrat, suivant le droit commun. De même dans la perception par voie d'abonnement avec les contributions indirectes, les agents ne sont pas les agents de la commune. Ils sont les agents de l'administration des contributions, qui seule peut avoir des droits sur eux, et est civilement responsable de leurs actes à l'égard de la commune (2). Restent donc seulement les cas de régie simple et de régie intéressée.

La régie intéressée se rapproche du bail à ferme en ce sens que le régisseur, comme le fermier, s'engage à payer à la commune une somme déterminée et se charge de tous les frais de perception moyennant une indemnité fixe. Elle diffère au contraire, du bail à ferme en ce que les recettes sont divisées en deux parts (3). Jusqu'à concurrence de la somme fixe payée à la commune par le régisseur, et de la somme qui lui est allouée pour les frais, elles appartiennent pour le tout au régisseur comme dans le bail à ferme ; passé cette somme, il est fait deux parts des excédents ; l'une attribuée à la commune, l'autre au régisseur. Le régisseur n'a donc maniement dans aucun cas. Il fait toutes les dépenses pour son compte et de ses deniers propres et personnels. Quant aux recettes, il se borne à les encaisser et à en former un total brut, qu'on partage entre les ayants droit suivant les conditions du contrat.

On a cependant cherché à reconnaître aux régisseurs des

1. *Contra* Arrêt de la Cour d'Aix, 12 février 1806.
2. C. cass., 30 janvier 1806.
3. Décret du 17 mai 1809, art. 104.

octrois la qualité de comptables (1). Pour cela on s'est appuyé sur l'édit de 1669, qui soumettait aux privilèges les fermiers des deniers publics. Il est incontestable que les fermiers étaient autrefois classés parmi ceux qui avaient maniement de deniers. Toutefois nous croyons qu'il n'en est plus de même aujourd'hui. En effet, une grande différence existe entre les opérations des fermiers ou régisseurs actuels et celles des anciens fermiers généraux. Avant 1789, les baux étaient le plus souvent établis aux conditions suivantes : Payement au roi d'une somme fixe, et attribution au fermier des bénéfices nets de l'exploitation jusqu'à concurrence de cette somme ; partage entre le fermier et le roi de l'excédent du bénéfice net sur la somme énoncée ci-dessus. Mais toutes les dépenses d'exploitation au lieu d'être faites comme aujourd'hui par le fermier pour son compte personnel, moyennant l'allocation d'une somme détorminóe, étaient faites par lui sur le montant des recettes, et influaient par conséquent sur le bénéfice net. Dès lors, toutes les opérations du fermier (2) étaient bien exécutées en partie avec les deniers du roi, puisqu'elles avaient pour résultat de modifier le reliquat, qui en définitive lui était attribué. Il n'en est plus de même aujourd'hui, c'est pourquoi nous pensons qu'on ne saurait à ce point de vue appliquer la jurisprudence ancienne aux fermiers actuels des octrois.

Tout autre est le mode de procéder dans la régie simple. L'octroi est perçu pour le compte et aux frais de la commune, sous l'administration du maire, par des agents municipaux, appelés préposés, qui n'ont pas la qualité de comptables. Cela résulte non seulement de la qualification unique

1. V. Arr. Cour d'Aix, 1806.
2. V. Denisart ou Laferrière, *Dict. de jurisp.*, au mot *Fermiers*.

de préposés qui leur est donnée **par** tous les textes législatifs et administratifs, mais même des ordonnances et décrets qui déterminent leurs fonctions. En effet, les recettes de l'octroi doivent être intégralement versées tous les cinq jours à la caisse municipale (1); les préposés n'acquittent aucun mandat ; toutes les dépenses sont faites par les receveurs municipaux qui comprennent également toutes les recettes dans leurs comptes. Bien plus, l'article 512 du décret du 31 mai 1862 sur la comptabilité publique déclare que « les recettes et les dépenses des communes sont effectuées par un seul comptable ». Les préposés des octrois n'ont donc pas droit à cette qualité.

§ II. — *Établissements publics.*

Nous nous sommes bornés jusqu'ici à dire d'une manière générale que les établissements publics avaient une hypothèque légale sur les biens de leurs comptables. Il nous reste maintenant à expliquer ce que nous entendons par ces mots « établissements publics », et quels sont ceux que nous comprenons sous cette dénomination.

On désigne assez fréquemment, sous le nom commun d'établissements publics, deux catégories bien distinctes d'établissements, que les textes (2) ont malheureusement parfois confondus parce qu'ils sont soumis à quelques règles communes, mais qui néanmoins sont très différents de leur nature. Nous voulons parler, d'une part, des établissements publics proprement dits, et de l'autre des établissements d'utilité publique. Les premiers sont de véritables branches

1. Ordonn. 9 décembre 1814, art. 67.
2. Art. 1er, loi 20 février 1849.

de l'administration que, pour des motifs particuliers, on en a séparées et qu'on a constituées à l'état de personnes morales distinctes. Les seconds, au contraire, peuvent être définis des établissements présentant un caractère d'utilité générale, auxquels pour cette raison on a accordé la personnalité civile, après une procédure spécialement établie à cet effet par la loi (1).

Les établissements publics gèrent en général des services qui, sans eux, retomberaient nécessairement à la charge de l'Etat. Ils se rapprochent de lui par leur organisation tout administrative; ils s'en séparent par leur personnalité civile distincte de la sienne, qui leur permet d'accomplir pour leur propre compte tous les actes juridiques (2). Tout autre est la condition des établissements de simple utilité publique. Fondés le plus souvent par des particuliers dans un but simplement utile, ils sont à peu près indépendants de l'administration; chacun d'eux s'administre selon ses statuts, et si l'État peut quelquefois s'immiscer dans leurs actes, c'est uniquement pour exercer certaines attributions de contrôle et de police générale qu'il se réserve à leur égard, en échange de la personnalité qu'il leur confère (3).

Malheureusement cette distinction très simple en théorie est loin de l'être autant en pratique. A côté de certains établissements qui ne peuvent évidemment être classés que dans l'une des catégories énoncées ci-dessus, il en est beaucoup d'autres que les auteurs et la jurisprudence ont alter

1. Voyez sur cette question un article de M. Lamarche dans la *Revue critique*, année 1865, p. 885.

2. Dans cette acception générale, les départements et les communes constituent évidemment les principaux établissements publics, bien qu'à cause de leur importance, on ait cru devoir en faire une classe à part de personnes morales.

3. V. C. cass., arr. 5 mars 1856.

nativement rangés dans l'une ou dans l'autre, comme nous allons le voir en les passant successivement en revue.

Toutefois, comme nous n'avons à nous préoccuper de cette classification qu'au point de vue de savoir quels sont les établissements ayant hypothèque sur les biens de leurs comptables, il nous faut préalablement discuter une opinion qui, si elle était adoptée, nous dispenserait de plus amples recherches. Certains auteurs (1), remarquant que les précautions prises contre les comptables forment un ensemble complet de dispositions se complétant réciproquement et qui sous le nom de comptabilité publique s'appliquent à la gestion des deniers de l'État, des communes et des établissements publics, ont soutenu qu'en notre matière, ce dernier terme avait un sens très spécial, et qu'il signifiait les établissements qui, pour la gestion de leurs deniers, étaient soumis aux règles de la comptabilité publique. Cette opinion, qui au premier abord paraît assez exacte, a tiré une nouvelle force de l'article 1 du décret du 31 mai 1862, ainsi conçu : « Les deniers publics sont les deniers de l'État, des départements, et des établissements publics ou de bienfaisance. Le service et la comptabilité des deniers publics sont soumis aux dispositions dont la teneur suit. » Voici comment on raisonnait : en vertu du § 1, les deniers des établissements considérés par le droit financier comme établissements publics sont des deniers publics ; en vertu du § 2, les deniers publics sont soumis aux règles qui sont énoncées dans le décret ; par conséquent, au point de vue financier, les établissements publics sont exclusivement ceux dont les deniers sont administrés dans les formes spéciales de la comptabilité publique. Cette opinion ne nous paraît pas

---

1. Thézard, *Privilèges et Hypothèques*, p. 169.—Aubry et Rau, *Privilèges et Hypothèques*, p. 248.

fondée ; l'hypothèque des établissements publics sur les biens de leurs comptables est une chose tout à fait distincte des règles de la comptabilité. C'est un principe qui, dans notre droit, est bien antérieur à l'ensemble des dispositions comprises sous ce nom. Elle n'est pas inscrite dans un texte relatif à la comptabilité ; elle est inscrite dans le Code civil, texte de droit commun, qui, en cette matière, a reproduit la doctrine de Pothier. Lorsque les rédacteurs ont employé dans l'article 2121, les mots « établissements publics », ils les ont donc employés dans leur acception ordinaire et non dans le sens tout spécial que nos contradicteurs veulent leur donner.

Mais, dira-t-on, et l'article 1 du décret du 31 mai 1862 (1)? Notre réponse est facile. Si l'on reconnaît que sous l'empire du Code, l'hypothèque appartenait à tous les établissements publics sans qu'il y eût à distinguer ceux dont les deniers avaient ou non le caractère de deniers publics, il faudra bien admettre qu'il en est encore de même aujourd'hui, car un simple décret n'a pu retirer ce droit à plusieurs d'entre eux. (2) C'est donc aller à la fois contre les textes et l'esprit de la législation, que de définir les établissements publics de l'article 2121, ceux dont les deniers sont gérés dans la forme des deniers publics.

Cette opinion écartée, il nous reste à passer en revue les principales personnes morales du droit administratif, afin de déterminer quelles sont celles qui ont droit à la qualité

1. Du reste il suffit de lire l'article 29 du décret de 1862 pour se convaincre que l'article 1er n'a pas la portée qu'on lui assigne. L'article 29 traite de l'hypothèque légale; or, bien loin de se rapprocher dans sa rédaction de l'article 1er, il reproduit presque intégralement les termes de l'article 2121, sans même mentionner les départements omis par le Code.

2. Notamment aux fabriques comme nous le verrons plus loin.

d'établissements publics et, celles, au contraire, qui ne sont que des établissements d'utilité publique.

Hospices et établissements de bienfaisance. — Il en est pour lesquelles cette distinction est fort simple. Les hospices sont évidemment des établissements publics. Ils ont une personnalité propre et distincte de l'État qui leur a été conservée par le décret du 16 vendémiaire an V, et leurs budgets sont votés par une commission spéciale (1). D'un autre côté, ils se rattachent à l'administration par un grand nombre de liens. Les membres des commissions sont nommés par le préfet (2) ; les commissions peuvent être dissoutes par le ministre de l'intérieur ; le maire en est de droit président; les délibérations sont soumises à l'avis du conseil municipal ; beaucoup d'entre elles, notamment celles qui règlent les budgets, les aliénations, les emprunts sont soumises à l'approbation de l'autorité supérieure (3). Les percepteurs sont de droit receveurs des hospices dans beaucoup de cas. Enfin, ils ne peuvent plaider qu'avec l'autorisation du conseil de préfecture (4).

De même, l'Assistance publique de la ville de Paris a une personnalité reconnue par les articles 3 et 5 de la loi du 10 janvier 1849. Elle est placée sous l'autorité du préfet de la Seine et du ministre de l'intérieur (5). Les comptes et les budgets sont approuvés dans les formes établies pour les autres établissements de bienfaisance.

Les bureaux de bienfaisance sont dans la même situation. Doués de la capacité de recevoir par l'arrêté du 7 juin an V, art. 8, ils ont une personnalité civile. De plus, leur adminis-

1. Ordonn. 31 octobre 1821, art. 8 et 9.
2. Décret du 25 mars 1852 et loi du 25 juin 1873.
3. Loi du 7 août 1851, art. 9 et 10.
4. Arrêt du 7 messidor an IX; 18 juillet 1837, art. 21.
5. Même loi, art. 1er.

tration est soumise en général aux mêmes règles que celles des hospices (1).

Les mêmes observations peuvent être faites pour les établissements publics d'aliénés (2) et pour un certain nombre d'établissements connus sous le nom d'établissements généraux de bienfaisance et d'utilité publique (3), qui ont une personnalité civile, des biens, et qui, administrés sous l'autorité du ministre de l'intérieur et la surveillance d'un conseil supérieur siégeant auprès de lui, sont, malgré leur titre, des établissements publics dans toute la force du terme.

Les dépôts départementaux de mendicité ont le même caractère. En effet, l'article 274 du Code pénal subordonne la répression de la mendicité à l'existence dans le département d'un « établissement public » destiné à obvier à la mendicité. De plus, ils sont administrés par un directeur nommé par le préfet, sous la surveillance d'une commission dont les avis sont soumis à l'approbation supérieure (4). D'un autre côté, ils ont des revenus et sont personnes civiles comme le prouvent les articles 150 du règlement du 27 octobre 1808 et 1326 de l'instruction du 20 juin 1859.

En outre, ces établissements remplissent des missions qui, d'après nos idées sociales, incombent à l'État, car ils pourvoient à l'entretien de ceux qu'une maladie, une infirmité perpétuelle ou temporaire empêchent de pouvoir subvenir à leurs besoins. L'article 2121 leur est évidemment applicable ; ils ont hypothèque sur les biens de leurs receveurs.

Monts-de-piété. — Mais à côté de ces établissements dont le caractère est indiscutable, il en existe d'autres qu'on

1. Loi du 21 mai 1873.
2. Ordonn. 18 décembre 1839.
3. Ordonn. du 21 février 1841.
4. Règlement du 27 octobre 1808.

est beaucoup plus embarrassé de classer. Les monts-de-
piété ou maisons de prêts sur nantissement, par exemple,
sont soumis à peu près à toutes les règles d'administration
des établissements publics dont nous venons de parler. Ils
ne peuvent être institués qu'avec l'assentiment des conseils
municipaux et par décret (1), au moyen de fonds appartenant aux caisses municipales hospitalières (2). Ils sont administrés sous la surveillence du ministre de l'intérieur,
des préfets et de l'autorité municipale. Les budgets et les
comptes de gestion sont soumis aux conseils municipaux (3).
Ils sont placés sous la surveillance d'un conseil analogue aux
commissions de surveillance des hospices, dont les membres
sont nommés par le ministre ou le préfet, et pris pour un
tiers dans le conseil municipal et pour un autre tiers parmi
les autres administrateurs d'établissements charitables (4).
Bien plus, les caisses des monts-de-piété ont le privilège de
recevoir les cautionnements en numéraire des receveurs
d'établissements charitables, et lorsque leur dotation dé-
passe une certaine somme, leurs excédents de recettes sont
attribués aux hospices (5).

Toutes ces règles font évidemment des monts-de-piété de
véritables branches de l'administration ; cependant on leur
a contesté la qualité d'établissements publics.

On a dit (6) que leur situation avait été déterminée par
l'article 1 de la loi de 1851 qui les déclarait « établissements
d'utilité publique » ; que l'organisation des véritables établissements publics était uniforme sur toute la surface du

1. Loi du 24 juin 1851, art. 1er.
2. Avis du Conseil d'État, 12 juillet 1807.
3. Décret du 31 mai 1862, art. 578 et 579.
4. Loi du 24 juin 1851, art. 2.
5. 24 juin 1851, art. 5.
6. Ducrocq, t. II, p. 605, § 279.

territoire, tandis que celle de chaque mont-de-piété était réglée par son décret d'institution (1); que les établissements publics exécutaient des services publics, tandis que les prêts sur gage, opérations des monts-de-piété, ne pouvaient prétendre à ce titre (2); qu'en dernier lieu, leurs emprunts n'étaient pas soumis aux règles observées pour les emprunts effectués par les établissements publics; qu'enfin, aux termes d'un arrêt de la Cour de cassation du 18 décembre 1866, les monts-de-piété, pour ester en justice, ne sont pas tenus d'obtenir l'autorisation du conseil de préfecture.

Voici, dans toute leur intégrité, les arguments cités en faveur de l'un et de l'autre système. Pour notre compte, tout en reconnaissant la question douteuse, nous inclinons à considérer les monts-de-piété comme de véritables établissements publics. Nous écarterons tout d'abord l'argument tiré du texte de l'article 1 de la loi de 1851. Nous avons déjà vu qu'en cette matière la terminologie des textes législatifs est peu précise. Pour s'en convaincre, il suffit de lire l'article 1 d'une loi presque contemporaine de celle qu'on nous oppose, celle du 22 février 1849. D'ailleurs, si l'on voulait s'en rapporter aux seuls textes législatifs, il faudrait également ranger tous les établissements généraux de bienfaisance parmi les établissements de simple utilité publique (3), bien que leur qualité d'établissements publics proprement dits soit incontestable et incontestée.

Nous ne nous arrêterons pas davantage à l'argument tiré de la très grande diversité des règlements des monts-de-piété; car cette diversité n'existe absolument que sur les points de détail du service intérieur, tandis que la loi de 1851

1. Loi de 1851, art. 2.
2. On allègue que ce ne sont que de simples institutions de crédit.
3. Ordonn. 21 février 1841, art. 1er.

les soumet pour toutes les questions importantes à un règlement uniforme.

Reste la question de la nature du service accompli et celle
des autorisations. Quant à la nature du service accompli, nous
ne pouvons mieux faire que de reproduire ce que, lors de la
discussion de la loi de 1851, disait à la tribune un député (1) :
« Pour moi, je maintiens, malgré tout ce qui a été dit à ce
sujet, que les monts-de-piété ne sont que des établissements
charitables. J'ai dans les mains un document qui prouve que
dans une ville importante (et toutes les villes seront dans ce
cas) sur 187.000 gages, il n'y en a pas 6.000 qui ne soient
pas au-dessous de 3 francs. Or, dites-moi ce que c'est qu'un
établissement qui, sur 187.000 prêts n'en fait pas 6.000 au-
dessus de 3 francs, si ce n'est pas un établissement de charité (2). »

Nous pouvons donc dire que, sous un certain rapport, les
monts-de-piété accomplissent un service public, celui de
mettre à la disposition, la plupart du temps des indigents,
les petites sommes qui leur sont temporairement indispensables. Leur mission, à ce titre, complète celle des hospices.
Ils viennent en aide à ceux que met dans l'embarras un acci-
dent qui, pour n'être pas une maladie, n'en est souvent pas
moins grave. Enfin, ils font partie avec les arrêtés du 16 plu-

---

1. M. Lestiboudois. — Dalloz, 1851, 4e p., p. 135, 1re colonne.

2. Depuis leur fondation les monts-de-piété eurent toujours ce caractère ; V. Lettres patentes des 9 et 12 décembre 1677 : «... Après nous
être fait rendre compte, etc... Nous nous sommes arrêté à un
plan formé uniquement par des vues de bienfaisance, puisqu'il assure
des secours d'argent peu onéreux aux emprunteurs dénués d'autres
ressources, et que le bénéfice qui résultera de cet établissement, sera
exclusivement employé au soulagement des pauvres et à l'améliora-
tion des maisons de charité. » Décret du 14 messidor an XII, art. 1er :
« Le mont-de-piété de Paris est exclusivemeut régi au profit des pauvres. »

viôse an XII et l'article 411 du Code pénal d'un ensemble de
mesures destiné à réprimer un véritable fléau public, l'usure,
qui, depuis les temps anciens, a toujours amené de graves
désordres dans les sociétés.

L'argument tiré de ce que les emprunts des monts-de-
piété ne sont pas soumis aux règles des emprunts des établissements publics, nous paraît également peu solide.
Lorsque l'on veut appliquer une règle générale à un cas
particulier, il faut évidemment tenir compte des impossibi-
lités qui résultent de la nature des choses. Les monts-de
piété font des opérations qui se rapprochent beaucoup de
certaines opérations de banque. Ils prennent d'abord les
fonds qu'ils prêtent, sur leur dotation. Mais celle-ci est
bien souvent insuffisante : aussi, lorsqu'arrivent de nouvelles demandes de prêts, sont-ils obligés de recourir à des
emprunts pour se procurer les sommes qu'à leur tour ils
remottent à leurs emprunteurs.

On conçoit que si chaque fois que cette nécessité se présente, ils étaient obligés d'obtenir un décret leur permettant
d'emprunter, leur service serait à chaque instant entravé.
C'est pourquoi on les a autorisés à emprunter sans se conformer aux règles générales prescrites habituellement pour
les établissements publics. Mais ces emprunts sont loin
d'échapper à tout contrôle. En vertu de l'article 3 § 2 de la
loi de 1851 (1), les conditions en sont réglées annuellement
par l'administration sous l'approbation du ministre de l'intérieur ou du préfet. Bien plus, les emprunts qui peuvent
être exécutés dans cette forme ne sont que les opérations
ordinaires de cette nature, prévues par le règlement. Pour
les autres, aux termes de l'article 2 de l'ordonnance du

1. Collection Duvergier, 1851, p. 299.

18 juillet 1823, ils sont soumis aux mêmes formes que les hospices. Ainsi, nous pensons qu'un mont-de-piété devrait se faire autoriser par un décret pour contracter un emprunt destiné à la construction d'un immeuble.

Enfin, a-t-on dit, il a été décidé par la Cour de cassation (1) que les monts-de-piété, pour ester en justice, n'étaient pas comme les établissements publics, obligés d'obtenir l'autorisation préalable du conseil de préfecture. Cela est parfaitement vrai ; mais la Cour n'a en rien tranché la question qui nous occupe. Fidèle à ses habitudes de réserve, elle s'est bornée, sans rien préjuger de la qualité des établissements, à décider que la nécessité d'une autorisation préalable étant une exception exorbitante au droit commun, l'autorisation ne saurait être exigée des établissements pour lesquels un texte formel ne l'a pas établie (2)... Ce qui tendrait seulement à prouver que la nécessité de l'autorisation n'existerait pas, comme on le dit parfois, pour tous les établissements publics en général.

Il est vrai que le conseil de préfecture de la Seine a été moins réservé dans les considérants d'une décision du 26 avril 1880 (3) par laquelle il a refusé de délibérer sur une demande d'autorisation introduite par le mont-de-piété de Paris. Mais il s'appuie exclusivement sur l'article 1er de la loi de 1851, et nous avons vu plus haut combien ce texte était peu concluant.

Si ces arguments sont susceptibles d'être critiqués, en revanche il en est d'autres, en sens contraire, qu'on fait ra-

---

1. Dalloz, 1867, 1re partie, p. 122, arrêt du 18 décembre 1866.
2. Il est à remarquer que cet arrêt ne s'appuie en aucune façon sur l'application de la loi de 1851.
3. *Revue générale d'administration*, 1880, t. II, p. 194.

rement intervenir dans le débat, et qui cependant nous paraissent beaucoup plus décisifs.

1° Les cautionnements en numéraire des receveurs des établissements charitables sont versés dans les caisses des monts-de-piété.

2° Lorsque la dotation d'un mont-de-piété est devenue suffisante pour couvrir ses frais généraux et abaisser le taux des prêts à 5 p. 100, les excédents de recettes sont attribués aux hospices ou autres établissements de bienfaisance par un arrêté du préfet, rendu sur avis du conseil municipal (1).

Pour notre compte, nous comprendrions peu une telle confiance accordée et une telle charge imposée à de simples établissements d'utilité publique. L'obligation de verser au delà d'une certaine somme, l'intégralité de ses bénéfices dans une caisse publique ne peut évidemment se concevoir que pour un établissement qui, malgré sa personnalité civile est partie intégrante de l'administration. Voilà pourquoi nous dirons que les monts-de-piété sont des établissements publics, voilà pourquoi même nous leur accorderons sur les biens de leurs caissiers l'hypothèque de l'article 2121.

Fabriques. — Si l'on a vivement contesté aux monts-de-piété la qualité d'établissements publics, il n'en est pas de même des fabriques. Jouissant de la personnalité civile en vertu de l'article 15 du Concordat, elles pourvoient aux besoins du culte ; et tout en jouissant au point de vue de leur administration d'une indépendance relative, elles sont soumises à la plupart des règles imposées aux autres établissements publics. Le maire est de droit membre du conseil de fabrique ; aux termes des articles 62 du décret de 1809, et 1 et 2 de l'ordonnance du 14 janvier 1831, les fabriques, pour aliéner leurs biens, doivent se faire autoriser par décret

1. Art. 5, loi de 1861, 24 juin.

rendu après avis du conseil municipal (1). Leurs deniers
sont gérés en vertu d'un budget, arrêté par le conseil de
fabrique, et soumis au conseil municipal, quand la fabrique
reçoit une subvention de la commune (2). En cas de désac-
cord entre le conseil municipal et le conseil de fabrique,
le préfet et l'évêque ou le ministre des cultes statuent (3).

Malgré cela, quelques auteurs, tout en ne pouvant dénier
aux fabriques la qualité d'établissements publics, ont cherché à leur refuser toute hypothèque sur les biens de leurs
trésoriers (4). Ayant contre eux les termes de l'article 2121
les défenseurs de cette théorie (5) ont essayé de tourner la
difficulté en disant que les trésoriers des fabriques n'étaient
pas des comptables. Pour le soutenir ils se sont fondés sur un
certain nombre d'arguments que nous avons déjà ré-
futés à propos de la détermination (6) des comptables. Nous
n'ajouterons donc ici que deux observations.

Le comptable, dit-on, est celui qui a reçu de l'autorité
publique le mandat de recevoir et de conserver des deniers.
En acceptant cette définition, nous ne voyons pas en quoi
elle prouve que le trésorier d'une fabrique n'est pas un
comptable. Il est nommé par le bureau des marguilliers, qui
en cela remplissent une fonction qui leur a été confiée par

1. Loi du 18 juillet 1837, art. 21, § 5 et 6.
2. Loi de 1837, art. 2, § 7.
3. D., du 30 décembre 1809, art. 97.
4. Le tribunal de Rennes a statué dans ce sens.
5. V. Gaudry, *Législation des cultes*, III, p. 353.
6. V. Gaury, p. 355. On prétend qu'un comptable doit être un fonctionnaire public : et les comptables occultes !... d'ailleurs le trésorier
d'une fabrique est un fonctionnaire public, en tant qu'il exerce les
fonctions qui lui sont dévolues par les règlements. — On ajoute qu'il
n'est pas soumis à l'art. 17 de l'ordonnance du 14 septembre 1822 :
mais cette ordonnance ne s'appliquait qu'aux comptables de l'État des
communes, et non à ceux des établissements publics ; — qu'il ne rend
pas compte à la Cour des comptes, ni au conseil de préfecture : nous

un décret de l'autorité gouvernementale du 30 décembre 1809, art. 19. Les attributions qu'il exerce en faveur d'un service public, lui ont été conférées par le même décret. Il a donc bien mandat de l'autorité publique. Il est de plus chargé en vertu des articles 25 et 35, de faire rentrer toutes les sommes et d'effectuer toutes les dépenses de la fabrique, par conséquent il remplit toutes les conditions demandées.

En second lieu, on dit que le trésorier d'une fabrique n'a qu'une des trois clefs de la caisse exigées par l'article 50 du décret de 1809, et que nulle somme ne pouvant en être extraite, sans une autorisation des marguilliers, le trésorier n'avait, en réalité, pas la responsabilité. Cet argument a une portée plns grande que le précédent, parce que s'il était fondé, il réduirait le trésorier à n'être qu'un simple préposé, sans caisse, et constituerait le bureau tout entier comptablo.

Avant de le discuter nous ferons observer que s'il suffisait de ne pas avoir toutes les clefs d'une caisse pour ne pas être comptable, le caissier payeur central du Trésor ne devrait pas être reconnu comptable, car aux termes de l'article 341 du décret de 1862, il n'a également qu'une des clefs de la caisse. Mais revenant à notre sujet, nous accorderons volontiers que le trésorier d'une fabrique n'a pas seul la responsabilité de la conservation des deniers. Ce n'est pas de ce chef qu'il est comptable ; les sommes dont il a véritablement le maniement sont celles qui lui sont confiées sur son reçu par le bureau au commencement de chaque tri-

avons fait voir que l'hypothèque ne garantit pas seulement les deniers qui sont gérés dans la forme des deniers publics ; d'ailleurs, il est question de soumettre les deniers des fabriques aux règles de la comptabilité publique.

mestre, en vertu des articles 34, 52 et 53 du décret de 1809, qu'il a personnellement en caisse et avec lesquelles il acquitte toutes les dépenses suivant l'article 25 du même texte. C'est là évidemment un mode d'opérer un peu différent de celui des comptables de l'État, mais qui n'en présente pas moins tous les caractères que nous avons déjà exigés pour constituer un maniement.

Les auteurs (1) qui refusent aux fabriques l'hypothèque de l'article 2121, ont aussi mis en avant un autre argument, qu'on pourrait qualifier d'argument moral. Les trésoriers des fabriques, ont-ils dit, ne reçoivent aucune rétribution, ils exercent leurs fonctions à titre purement gracieux ; si on rend ces fonctions trop onéreuses, on ne trouvera plus personne consentant à s'en charger. Excellentes pour prouver que la législation est mal faite à cet égard, ces réflexions ne nous semblent pas de nature à prouver que l'hypothèque n'existe pas (2). D'ailleurs, hâtons-nous de le dire, la doctrine que nous soutenons a pour elle les meilleurs autorités (3). Conforme aux précédents historiques et à notre ancienne jurisprudence, elle est aujourd'hui adoptée par un grand nombre d'auteurs.

Caisses d'épargne (4). — A peu près sur le même rang que les monts-de-piété se trouvent les caisses d'épargne.

1. V. Gaudry, loc. cit.

2. En pratique du reste aucune inscription n'est prise sur leurs biens.

3. Batbie, *Droit administr.*, t. V, p. 257; Carré, *Gouvernement des paroisses*, n° 482; de Champeaux, *Droit ecclésiastique,* I, p. 421; Dalloz, *Cultes*, n° 434. — *Contra* Mgr Affre, *Traité de l'administration temporelle des paroisses*; Aubry et Rau, t. II, p. 703, 2e édit.; tribunal de Langres, 19 mars 1846.

4. Ce qui suit ne s'applique qu'aux caisses d'épargne ordinaires, et nullement aux nouvelles caisses d'épargne créées par l'administration des postes.

Ont-elles une hypothèque sur les biens de leurs receveurs en tant qu'établissements publics? La question a été agitée dans la doctrine et la jurisprudence plus vivement encore que toutes celles qui précèdent.

Jusqu'à 1835 (1) les caisses d'épargne furent fondées par des réunions de personnes charitables, et constituées sous la forme de sociétés anonymes. Mais l'organisation commerciale convenant peu à ces associations, dont le but était absolument philanthropique, une loi intervint le 5 juin 1835, et leur offrit, indépendamment de toute assimilation aux sociétés de commerce, le moyen d'acquérir une existence légale.

Depuis lors les caisses d'épargne sont soumises à certaines règles administratives, sur lesquelles on s'est appuyé pour en faire des établissements publics. Elles doivent être autorisées par des décrets rendus en conseil d'État. Elles sont autorisées à placer leurs fonds en compte courant au Trésor avec intérêt (2). Enfin le décret du 15 avril 1852 soumet leur comptabilité à des formes spéciales, à la surveillance des receveurs particuliers et aux vérifications de l'inspection des finances. Elles sont tenues de verser immédiatement à la Caisse des dépôts et consignations, les fonds qu'elles reçoivent. De plus, les caissiers sont assujettis à un cautionnement, dont le montant est, dans certains cas, fixé par le ministre de l'intérieur. Enfin l'article II de la loi de 1835 soumet les oppositions sur les fonds déposés aux caisses d'épargne aux formes prescrites pour les oppositions faites aux caisses publiques.

Néanmoins, nous admettrons que les caisses d'épargne ne sont que de simples établissements d'utilité publique privés

1. V. Lamache, *Revue critique*, t. XVIII, 1861, p. 385.
2. Loi de 1835, art. 1 et 2.

de l'hypothèque de l'article 2121 (1). Nous ferons d'abord observer qu'elles ne jouissent pas d'une organisation administrative comme les établissements que nous avons examinés précédemment. A la différence par exemple des monts-de-piété, dont elles se rapprochent pourtant à plus d'un point de vue, les caisses d'épargne n'ont pas un directeur nommé et révocable par l'autorité administrative. Les membres des conseils sont, pour chacune, désignés dans les règles prescrites par les statuts et non choisis par les préfets parmi certaines catégories de citoyens. Les délibérations de ces conseils ne sont soumises ni à l'avis du Conseil municipal, ni à aucune approbation. Enfin les caisses d'épargne peuvent être fondées avec des fonds de toute provenance (2).

Les droits que l'État s'est réservés sur elles peuvent d'ailleurs s'expliquer fort simplement même en les considérant comme des établissements de simple utilité publique. En considération de leur but utile, il a cru, comme il l'a fait d'ailleurs pour d'autres institutions, devoir leur accorder certains avantages (3), notamment celui de pouvoir placer leurs fonds au Trésor avec intérêt. En échange, il s'est réservé sur elles des droits de surveillance, afin d'être certain qu'elles ne s'écarteraient pas de la mission charitable qui leur était assignée. Voilà pourquoi les attributions exercées par les fonctionnaires de l'État sur les caisses d'épargne sont exclusivement des attributions de contrôle, et non des attributions d'administration.

1. *Sic* Aubry et Rau, p. 249. — *Contra* Pont, *Privilèges et Hypothèques,* p. 505, t. I; arrêt de la cour d'Amiens, 22 mars 1855. — V. Devilleneuve et Carette, an., 1855, 2ᵉ p., p. 350.

2. Avis du Conseil d'État, 1809.

3. V. Lamache : les sociétés de secours mutuels placent leurs fonds à la Caisse des dépôts et consignations.

Enfin, nous ajouterons que les caisses d'épargne ne font pas un service public. Elles se bornent à recevoir les économies des classes laborieuses et à les employer en tenant compte aux déposants de l'intérêt accumulé. Bien d'autres établissements de crédit exécutent des services analogues ; et si, à la fois pour augmenter les ressources de sa dette flottante, et pour donner aux déposants une garantie dont ils n'ont pas toujours eu à se louer (1), l'État a obligé ceux, appelés caisses d'épargne, à placer au Trésor les fonds qui leur sont remis, il n'en est pas moins vrai, qu'en droit, cela n'a pu modifier leur situation légale, ni en faire comme on l'a prétendu quelquefois de simples intermédiaires entre le Trésor et les parties versantes (2). Deux contrats bien distincts interviennent: l'un entre le déposant et la caisse, l'autre entre la caisse et le Trésor. En d'autres termes, les caisses d'épargne sont seules engagées vis-à-vis de leurs déposants, et le Trésor ne l'est qu'envers elles. On ne saurait donc les considérer ni comme des branches de l'administration, ni comme des établissements publics (3). Ce système d'ailleurs a été consacré par deux arrêts de la Cour de cassation, dont l'un était rendu sur la question même de l'hypothèque légale. Aujourd'hui l'opinion contraire compte peu de partisans (4).

Caisse des Dépôts et Consignations. — Les établissements que nous venons de considérer ont avec l'État

1. Décret du 9 mars 1848.
2. Tribunal de Caen, 4 janvier 1854. Dalloz, 1855, 1re p., p. 121.
3. Il en est *a fortiori* de même des associations syndicales même autorisées, car elles ne sont chargées que d'intérêts exclusivement privés.
4. Cass. ch. civ., 8 juillet 1856, aff. Devillier. (Dalloz 1856, 1re p., p. 278), et aff. Grand-Guillot, 5 mars 1856 (Dalloz p. 121).

des rapports assez éloignés pour que la qualité d'établissements publics leur ait été fréquemment refusée.

Tout autre est la situation de la Caisse des dépôts et consignations, si intimement liée à l'État, que certains auteurs lui ont refusé toute personnnalité civile distincte. Suivant eux, cette caisse serait l'État dépositaire, comme le Trésor est l'État créancier et débiteur. On comprend la conséquence pratique de ce système, car s'il en était ainsi, tous les comptables de la Caisse seraient soumis aux prescriptions de la loi de 1807 comme comptables de l'État.

La raison de douter viendrait, dit-on, de ce que depuis la loi de finances du 21 mai 1825, les bénéfices nets de la Caisse sont en fin d'exercice attribués aux produits divers du budget de l'État (1).

Néanmoins nous considérerons la Caisse des dépôts et consignations comme un établissement spécial, distinct de l'État ; et cela pour plusieurs raisons. D'abord, c'est sous ce titre qu'elle a été établie par la loi du 28 avril 1816, et jusqu'en 1825 ses bénéfices lui ont été laissés pour lui constituer un fonds de garantie. A cette époque la Caisse avait donc bien une personnalité distincte de l'État. Cette personnalité un texte précis aurait pu seul la lui enlever ; et aucun texte ne s'est expliqué sur cette question. L'article 5 de la loi de 1825 s'est borné à comprendre dans les recettes budgétaires de l'exercice 1823 un fonds de 6 millions versé au Trésor par la Caisse des dépôts et consignations sur le montant de ses bénéfices; et cette disposition a été reproduite depuis par un assez grand nombre de lois de finances. Pour notre compte, nous ne voyons rien là qui puisse supprimer la personnalité civile de la Caisse. La

____

1. Ducrocq, t. II, p. 586.

loi n'a pas dit : « Les créances et dettes de la Caisse des dépôts et consignations seront à l'avenir créances et dettes de l'État ; » elle a simplement obligé la Caisse à lui verser ses bénéfices en fin d'exercice, obligation contre laquelle d'ailleurs la Caisse a fréquemment protesté. Bien plus, nous dirons que la loi de 1825 a formellement réservé la personnalité de la Caisse, puisqu'elle l'oblige à « verser ». Et qu'on le remarque bien, ce n'est pas là une simple chicane de mot. Les bénéfices seuls deviennent la propriété de l'État ; tant que le montant n'en a pas été arrêté, il n'a aucun droit sur les fonds de la Caisse, qui, comme avant 1825, en reste seul propriétaire, paye directement ses dépenses et rend compte séparément. D'ailleurs, la Caisse possède des rentes sur l'État qui sont inscrites au Grand-Livre ; elle peut placer ses fonds au Trésor avec intérêt. On ne peut donc pas dire qu'elle se confond avec l'État ; et si elle verse au Trésor ses excédents de recettes, c'est par une simple application du principe, que nous avons déjà constaté à propos des monts-de-piété (1) et qui rend l'État et les établissements publics solidaires les uns des autres, et les oblige dans certains cas à s'entr'aider mutuellement, une fois les services dont ils sont respectivement chargés, pleinement accomplis. D'ailleurs, la Caisse des dépôts et consignations étant, en vertu de l'article 115 de la loi du 28 avril 1816, placée sous la garantie la plus spéciale de l'autorité législative, l'État pourrait, dans certains cas, être tenu de lui venir en aide ; il n'y a donc rien d'étonnant à ce que, par réciprocité, il profite de ses bénéfices.

Pour se convaincre que la Caisse des dépôts n'est pas une

---

1. Les monts-de-piété, lorsque leur capital est devenu suffisant, versent aux hospices leurs excédents de recettes. Personne ne leur a pour cela refusé une personnalité distincte de celle des hospices.

caisse de l'État, il suffirait du reste de remarquer que son budget, comme celui des établissements publics, n'est pas voté et ne figure pas dans le budget de l'État. On a dit (1) que cela avait peu d'importance, puisque le résultat de ce budget figurait au budget général. Cela n'est pas exact, car les bénéfices peuvent ne pas exister. Il suffirait pour cela que la commission administrative, qui avec le chef de l'État, règle le budget de la Caisse (2), augmentât suffisamment le montant des dépenses administratives. Il en résulterait donc qu'une portion notable du budget de l'État échapperait complètement aux Chambres (3).

On a prétendu que la Cour de cassation avait reconnu à la Caisse des dépôts la qualité de caisse de l'État. A notre connaissance, elle n'a jamais eu à s'occuper de la question. Une fois seulement la Cour a qualifié la Caisse « d'administration publique » ; voici dans quelles circonstances. Un trésorier-payeur général, ayant été condamné par la cour de Bordeaux en qualité de préposé de la Caisse, déféra l'arrêt à la censure de la Cour suprême. Son pourvoi fut rejeté ; mais la Cour dispensa la Caisse du payement de l'amende en tant qu'administration publique. Mais, afin qu'on ne pût se méprendre sur le sens de ces mots, elle ajoutait dans un considérant: « bien que la Caisse des dépôts et consignations soit un établissement spécial, vivant de sa vie propre et distinct de l'État», ce qui nous semble, au contraire, absolument conforme à l'opinion que nous avons adoptée (4).

1. Ducrocq, *Cours de Dr. administr.*
2. Ordonn. 21 mai 1816, art. 37.
3. Les comptes de la Caisse ne figurent pas non plus au compte général de l'administration des finances, qui, aux termes de l'article 158 du décret de 1862, comprend « toutes les opérations relatives aux deniers de l'État ».
4. *Sic* Dufour, t. V, p. 157.

Nous dirons donc que les comptables de la Caisse des dépôts sont exclusivement régis par l'article 2121 du Code civil. Ces agents sont : en premier lieu le caissier chargé du maniement des deniers de la Caisse (1), ainsi que de la recette, garde et conservation des deniers ou valeurs déposés à la Caisse. En ce qui le concerne, nous remarquerons que l'hypothèque légale répond, non seulement des débets résultant du maniement des deniers de la Caisse, mais même de ceux relatifs à la conservation des dépôts effectués par les particuliers, car les déposants ayant en cas de perte une action contre la Caisse, le caissier est directement responsable, vis-à-vis d'elle, des opérations qu'il exécute pour leur compte.

La Caisse a également hypothèque sur les biens des trésoriers-payeurs généraux, qui sont ses agents particuliers dans les départements et les colonies (2), et qui ont de ce chef un véritable maniement, distinct de celui qu'ils exécutent pour le compte de l'État. Au contraire, l'hypothèque ne grève pas les biens du directeur, car, en sa qualité d'ordonnateur principal, il est responsable seulement de l'administration, mais non du maniement matériel des deniers (3).

La Légion d'honneur est également un établissement public distinct de l'État. Elle possède une dotation et est chargée de pourvoir aux traitements des Légionnaires, ainsi qu'à l'éducation des orphelines élevées par l'Ordre. Sa personnalité ne saurait être contestée depuis l'avis du Conseil d'État du 13 germinal an XIII (4) qui a déclaré que l'arrêté d'un état de dotation à la Légion d'honneur était, de la part

---

1. Ordonn. 22 mai 1816, art. 13 ; décret de 1862, art. 831.
2. V. décret du 31 mai 1862, art. 856 et suiv.
3. Loi du 28 avril 1816, art. 102.
4. Duvergier, t. XV, p. 204, (13 germinal an XIII — 7 avril 1805)

de l'État, un acte d'aliénation irréfragable de sa nature. D'autre part la Légion d'honneur se rattache à l'État par le service public dont elle est chargée et par son organisation tout administrative. Son budget est rattaché pour ordre au budget général. Ses comptes sont jugés par la Cour des comptes. La Légion d'honneur jouit donc de l'hypothèque de l'article 2121 (1).

La Caisse des invalides de la marine a une personnalité reconnue formellement par la loi du 15 mai 1791, et l'article 21 de l'ordonnance du 22 mai 1816 (2), ainsi conçu:

« La Caisse des invalides de la marine est placée sous la surveillance immédiate et exclusive du ministre de la marine. Elle est, et demeure essentiellement distincte et séparée de notre Trésor royal. » Cet article consacre à la fois la personnalité de la Caisse et sa qualité d'établissement public proprement dit. D'ailleurs, elle est chargée d'un service public qui consiste à fournir des pensions de retraite et demi-soldes aux marins et à leurs veuves et orphelins. Certains droits et produits sont perçus à son bénéfice (3). Enfin son budget est rattaché pour ordre à celui de l'État. La Caisse a donc hypothèque sur les biens de son trésorier général et des trésoriers des ports (4).

Imprimerie nationale. — Établissement des mon-

1. Aux termes de la loi des finances du 29 juillet 1881 et d'un décret du 1er décembre 1881, la Légion d'honneur a un comptable spécial justiciable de la Cour des comptes, pour le compte duquel le recouvrement matériel des produits et le payement matériel des dépenses sont faits à Paris par les agents du Trésor. — *Journal officiel* du 6 décembre 1881.

2. V. aussi Décret de 1862, art. 780.

3. Décret de 1862, art. 787.

4. Il n'en est pas de même des trésoriers-payeurs généraux, qui peuvent être chargés de certains actes de maniement pour le service de la Caisse, car ils ne sont pas *ses* comptables.

naies et médailles. — Bien que leurs budgets ne soient, comme ceux des établissements qui précédent, rattachés que pour ordre au budget de l'État, l'Imprimerie nationale et l'Administration des monnaies et médailles sont, au contraire, de véritables services de l'État, régis pour son compte par ses agents (1). Cela résulte, pour l'Imprimerie nationale, de l'article 723 du décret de 1862, et pour les Monnaies et médailles, d'une loi récente du 31 juillet 1879, art. 1 (2).

L'agent comptable chargé des deniers et des matières de l'Imprimerie nationale est donc, pour son maniement de deniers, soumis à la loi de 1807, et, pour ses opérations en matières, aux prescriptions de l'article 2121, seulement comme on l'a vu ci-dessus. La même observation s'applique au caissier de l'Administration des monnaies, qui, d'après l'article 22 du décret du 31 octobre 1879 (3), est chargé de fonctions analogues.

L'École centrale des arts et manufactures est-elle un établissement public distinct de l'État? A notre connaissance, aucun texte ne résout la question. Fondée par un particulier, elle a été cédée à l'État par une convention du 13 avril 1857. L'article 2 du projet de loi approbatif de cette convention était ainsi conçu (4) :

« Les produits de l'École ne se confondront pas avec les recettes du Trésor, et seront spécialement affectés aux dépenses de l'établissement. »

Cependant, de 1857 à 1863, les recettes de l'École furent portées aux produits divers du budget, et les dépenses, aux

1. Si leurs budgets ne sont pas compris dans le corps du budget général, c'est parce que les opérations dont ils sont chargés seraient, par leur nature, difficiles à soumettre aux règles habituelles.

2. Duvergier, 1879, p. 332.

3. Collection Duvergier, p. 536.

4. Collection Duvergier, 1857, p. 275.

dépenses générales du ministère de l'agriculture et du commerce. Dans la loi de finances de 1863, le budget de l'École ne figure plus parmi les services généraux, mais comme budget annexe, rattaché pour ordre à celui de l'agriculture ; depuis, il en a toujours été ainsi.

Il semblerait donc que l'École centrale doive être considérée comme une simple administration de l'État. Elle le fut évidemment de 1857 à 1863. Depuis, aucun texte ne paraît avoir modifié cette situation. D'un autre côté des rentes peuvent être inscrites au nom de l'École (Règlement du 5 janvier 1863) (1) ; de plus, en exécution de l'article 2 de la loi citée ci-dessus, les bénéfices de l'École ne sont pas comme ceux de l'Imprimerie nationale ou des Monnaies et médailles, attribués en fin d'exercice (2) aux produits divers du budget ; ils sont versés à la Caisse des dépôts et consignations, au crédit de l'École (3), toutes choses qui semblent bien lui reconnaître implicitement le droit de posséder. Dans tous les cas, le Trésor ne profite jamais des opérations de l'École centrale, et cela, pour notre compte, nous disposerait à considérer l'École comme un établissement distinct, et à ne soumettre son comptable qu'à l'article 2121 du Code civil.

Lycées. — En tête des établissements que nous avons examinés jusqu'ici, figurait avant 1850 l'Université. Le décret du 17 mars 1808, en avait fait un établissement d'une importance tout à fait exceptionnelle, auquel l'article 2121 du Code civil avait formellement été déclaré applicable (4). La loi du 15 mars 1850 ayant supprimé l'Université, une loi du 7 août suivant, art. 14, transporta au domaine de

1. V. Lanjalley, *Modification au décret du 31 mai* 1862.
2. V. Règlem. budg., 1878, pp. 91, 96.
3. Proj. loi de règlement de l'exercice 1878, p. 106.
4. Décret du 15 novembre 1811, art. 155.

l'État les rentes et revenus fonciers qui appartenaient à ce corps. Toutefois, l'article 15 excepta de ces dispositions les propriétés immobilières ou rentes affectées aux établissements mêmes d'instruction publique, qui restèrent capables d'acquérir et de posséder. Résulte-t-il de là que ces établissements, notamment les lycées, sont de véritables établissements publics ? La question est très discutée. L'article 15 de la loi du 7 août 1850, semble un argument bien probant en faveur de l'affirmative. Cependant le 15 avril 1865 (1), le ministre des finances, se fondant sur l'article 72 de la même loi qui porte que « les lycées sont fondés et entretenus par l'État », déclarait que depuis la loi de 1850, ils avaient cessé de former des établissements distincts, et comme conséquence, dispensait du timbre tous les registres qui leur étaient destinés. Cette solution paraît d'autant plus inexplicable que le 2 mars 1852, une décision ministérielle leur avait, au contraire, reconnu une personnalité propre et avait, pour cette raison, déclaré soumis au droit proportionnel, tous les marchés qui les concernaient.

Nous adopterons ce dernier système. En effet, non seulement l'article 15 de la loi de 1850, mais encore plusieurs textes postérieurs, ont établi pour les lycées des règles bien différentes de celles qui régissent l'État. Ils ont des ressources qui leur restent propres ; telles sont, par exemple, les rétributions scolaires et les revenus de leurs propriétés. Leur budget n'est pas voté par les assemblées législatives ; leur comptabilité (2) n'est pas rattachée à la comptabilité

1. V. Ducrocq, *Droit administratif*, t. II, p. 630.

2. Toutefois, en sens inverse, on peut dire que les comptes de leurs économes ne sont jamais comme ceux des établissements de bienfaisance, jugés par les conseils de préfecture. Quel que soit le chiffre des recettes, la Cour des comptes est seule compétente comme pour les comptes de l'État.

générale des finances. En cas d'insuffisance de ressources, ils peuvent contracter des emprunts spéciaux. Enfin pardessus tout, leurs excédents de recettes constatés en fin d'exercice, ne profitent jamais au Trésor, mais sont placés à leur profit (1). Tout en reconnaissant la question discutable, nous préférons donc dire que les lycées ne peuvent réclamer qu'un droit d'hypothèque sur les biens de leurs économes.

Départements et colonies. — Dans la longue énumération (2) que nous avons faite des êtres moraux qui jouissent d'avantages spéciaux sur les biens de leurs comptables, on n'a vu figurer nulle part les départements ni les colonies. Nos textes, en effet, n'en font aucune mention, car au moment où ils ont été rédigés, les services qui composent aujourd'hui l'administration départementale, faisaient partie intégrante des services de l'État, et les colonies étaient régies par une législation spéciale. Toutefois le décret du 9 avril 1811 et la loi de 1838 ayant fait du département un être moral, pourvu d'un budget et complètement analogue aux communes et établissements publics, et le sénatus-consulte du 3 mai 1854, ayant organisé dans les mêmes conditions les services locaux des colonies, nous pensons qu'ils jouissent sur les biens de leurs comptables (3), des avantages accordés par l'article 2121. Et en cela nous ne croyons pas qu'on puisse nous accuser de créer des hypothèques par analogie, car les départements et services

---

1. V. Règlem. 16 septembre 1841, art. 183 et suiv. ; décr. du 31 mai 1862, art. 667 et suiv.

2. Cette énumération n'a rien de limitatif. On trouverait facilement d'autres établissements jouissant des mêmes droits.

3. Trésoriers-payeurs généraux pour les départements; trésoriers coloniaux pour les colonies.

locaux des colonies présentent au plus haut point tous les caractères exigés pour les établissements publics.

OBSERVATIONS. — Il nous reste une observation à ajouter. Aux termes de l'article 2121 du Code civil, les établissements publics n'ont hypothèque que sur les biens de *leurs* comptables, c'est-à-dire des comptables qui, d'après les règlements, sont normalement chargés de gérer leurs deniers. Ceci a son importance : fréquemment, en effet, il arrive qu'une somme est payable, qu'une rente est portable, en dehors de la résidence du comptable de l'établissement. Les règlements alors l'autorisent à requérir pour cet acte le concours des agents du Trésor, voisins du lieu où l'opération est à effectuer. Prenons un exemple. La Caisse des invalides de la marine n'a de trésoriers que dans un certain nombre de ports ; si elle a une demi-solde à payer à un marin retiré dans une ville de l'intérieur, elle empruntera pour cela le concours du receveur particulier de l'arrondissement, par exemple. Ces opérations sont fréquentes ; aussi les trésoriers-payeurs généraux ont-ils dans leurs écritures des comptes courants ouverts avec un certain nombre d'établissements publics. Mais ce fait ne les constitue pas comptables de ces établissements, et ne saurait autoriser ceux-ci à prendre inscription sur leurs biens.

§ III. — *Comptables en matières de l'Etat.*

La troisième catégorie d'agents dont les biens sont soumis exclusivement à l'article 2121 du Code civil comprend les comptables en matières du Trésor.

Nous ne reprendrons pas ici la discussion à laquelle nous nous sommes livrés à propos des comptables en deniers, et par analogie avec ce qui a été exposé ci-dessus, nous dirons que les comptables en matières sont ceux qui ont un maniement, c'est-à-dire ceux qui sont chargés de recevoir, conserver, transformer et distribuer, en vertu d'ordres réguliers, les matières situées dans les magasins de l'État, à charge de rendre compte de leurs opérations. Nous ne reconnaîtrons donc pas le titre de comptable en matières aux agents qui sont simplement chargés de la garde et conservation de certains objets, tels que les conservateurs de musées, de bibliothèques, de collections (1), etc., et nous n'accorderons pas à l'État d'hypothèque sur leurs biens.

SECTION III

Comptables occultes.

Dans les sections précédentes, nous nous sommes occupés des comptables réguliers, c'est-à-dire de ceux qui, en vertu d'une nomination légale, exécutent les services conformément aux lois et instructions. Malheureusement, à côté de ces comptables, il existe parfois des individus qui, soit par ignorance, soit pour d'autres motifs, accomplissent des recettes, pour l'État, les communes ou les établissements publics, et les emploient à certaines dépenses en dehors de toutes les règles de la comptabilité. On les appelle des comptables *occultes*, quand bien même ils n'auraient pas dissimulé leurs actes.

Cet abus, qui d'ailleurs tend à disparaître avec le perfectionnement de la comptabilité, a probablement toujours existé. Aussi, dans l'ancien droit, s'était-on déjà préoccupé d'éten-

1. Ceux-ci ne produisent pas de comptes, mais de simples inventaires. V. au sujet de la distinction indiquée, le décret du 31 mai 1862, art. 862.

dre à ces comptables de fait les garanties qu'on avait cru
devoir prendre contre les autres. La déclaration du 18 mars
1738 (1) établissait que les garanties accordées au roi par la
déclaration de 1669 existaient, non seulement contre les
comptables en titre, mais contre tous ceux qui avaient eu le
maniement des deniers royaux à quelque titre que ce soit.
Quelques années plus tard, Pothier, dans son *Traité des
hypothèques* (2), écrivait :

« Quand même les administrateurs des biens des églises, de
communautés ou de chose publique n'auraient pas eu qualité
pour les administrer, et qu'ils se seraient portés pour administrateurs sans l'être véritablement, l'hypothèque ne laisserait pas d'avoir lieu sur leurs biens au jour qu'ils auraient
commencé à s'ingérer dans l'administration. » Le Code civil
et la loi de 1807 n'ont évidemment rien changé à cette législation, car la raison que donne Pothier est encore applicable
aujourd'hui : « Les faux administrateurs ne doivent pas être
de meilleure condition que les vrais. » Si l'acte avait été
accompli par l'agent régulier, l'État, la commune ou l'établissement public aurait eu pour garantie de son exécution un privilège ou une hypothèque ; il ne peut s'en
trouver frustré par la faute du comptable occulte. Par conséquent, toute personne autre que le comptable qui, sans
autorisation légale se sera ingérée dans le maniement de deniers publics, sera par ce seul fait déclarée comptable occulte. Inscription sera prise sur ses biens (3) : et il n'y aura
plus ici à se préoccuper de savoir si les actes accomplis par
le comptable occulte constituent un maniement de deniers,
ou sont de ceux qu'un simple préposé aurait pu accomplir ;

1. V. Denisart, *Dict. de Jurispr.*, t. I, p. 576.
2. V. Pothier, *Traité des hypothèques*, chap. 1, art. 3 et suiv.
3. V. Décret, 31 mai 1862, art. 25 § 2 et Instruction générale sur
le service de la comptabilité publique du 20 juin 1859, art. 812.

le comptable occulte a géré en dehors de toute hiérarchie, personne ne répond de ses actes, il faut une garantie contre lui.

D'ailleurs, remarquons-le bien, pour qu'un individu puisse être considéré comme comptable occulte et astreint à toutes les charges qu'entraîne cette qualité, il n'est pas besoin qu'il ait agi dans une intention frauduleuse. Aussi, la Cour des comptes a-t-elle déclaré comptable occulte un maire qui s'était borné à recueillir des souscriptions destinées à la réparation d'un édifice communal et qui avait fidèlement employé les fonds (1). Pour être occulte, il n'est même pas nécessaire que la gestion ait été secrète ; il suffit qu'elle n'ait pas été exécutée par un comptable régulier ou qu'elle ait eu lieu en dehors des formes réglementaires (2). C'est pourquoi l'on désigne quelquefois les comptables occultes sous le nom de « comptables de fait ».

Mais quelle sera l'autorité chargée de décider, si l'individu accusé de gestion occulte s'est ou non immiscé dans le maniement des deniers publics ? Ce droit appartiendra à l'auto-

1. L'arrêt fut déféré au Conseil d'État qui refusa de le casser. V. Ordonn. 27 février 1851, aff. Perrin. Registre des arr. du Conseil d'État, année 1851, p. 131.

2. Ceci d'ailleurs résulte d'une manière plus certaine encore, d'un arrêt rendu par la Cour des comptes dans une affaire connue sous le nom d' « affaire de l'établissement des bains de Boulogne ». Le conseil municipal de la ville de Boulogne-sur-Mer, avait, par une délibération, séparé les recettes et les dépenses de l'établissement des bains appartenant à la commune des autres services municipaux, et avait placé à la tête de cette gestion, un comptable spécial qui effectuait toutes les opérations et ne versait dans la caisse municipale que les excédents nets. Bien que la délibération eût été valablement approuvée par l'autorité supérieure et que la chose eût duré plusieurs années sans observations, la Cour des comptes ayant eu connaissance du fait, déclara le comptable spécial comptable occulte, comme ayant géré en dehors des règles établies par la loi, et l'obligea à rendre compte pour toutes les années écoulées.

rité chargée de juger les comptes du comptable régulier qui aurait été compétent pour effectuer l'opération, c'est-à-dire, suivant les cas, à la Cour des comptes ou au conseil de préfecture. Aussitôt que des faits de gestion occulte sont relevés à la charge d'un individu, le ministre compétent ou le préfet (1) prennent un arrêté qui saisit la Cour ou le conseil, et ordonnent en même temps, s'ils le jugent nécessaire, la prise d'une inscription sur les biens du comptable présumé. Alors trois cas pourront se présenter : ou la Cour déclarera qu'il n'y a pas eu gestion occulte de deniers publics ; ou elle déclarera qu'il y a eu gestion, mais que le comptable est quitte ; ou enfin elle arrêtera le montant du débet. Dans les deux premiers cas, l'inscription sera rayée ; dans le troisième elle sera maintenue à sa date, et la radiation n'en sera obtenue qu'après acquittement complet des sommes mises à la charge du comptable.

Ainsi donc, l'autorité chargée du jugement des comptes est seule compétente pour décider si des actes de comptabilité ont été accomplis (2). Néanmoins, une fois ce point acquis, ce sera aux tribunaux ordinaires qu'il appartiendra de statuer sur toutes les questions que soulèverait la validité de l'hypothèque.

1. La Cour des comptes ou le conseil de préfecture pourraient également évoquer l'affaire d'office, si les faits résultaient de l'examen d'un compte qui leur est soumis.

2. Tout ceci s'applique sans difficulté aux établissements dont les deniers ont le caractère de deniers publics. Nous avons admis qu'ils n'étaient pas seuls à pouvoir se prévaloir de l'hypothèque légale. Pour les autres, il semble que dans le cas où un individu serait soupçonné d'avoir géré sans droit leurs deniers, les tribunaux ordinaires seraient compétents pour statuer tant sur la nature des actes accomplis, que sur le droit d'hypothèque.

CHAPITRE II

SUR QUELS BIENS PORTENT LE PRIVILÈGE ET L'HYPOTHÈQUE

Nous avons vu quels étaient les individus qu'on devait considérer comme comptables dans les termes de la loi du 5 septembre 1807 et de l'article 2121 du Code civil. Il faut maintenant examiner de quels droits les biens de ces agents sont grevés ; et ici nous aurons encore à distinguer entre ceux qui sont soumis à la loi du 5 septembre 1807, c'est-à-dire les comptables en deniers du Trésor, et ceux qui ne sont soumis qu'à l'article 2121 du Code civil (1).

Comptables du Trésor chargés d'une gestion de deniers.

La loi du 5 septembre 1807 distingue entre les meubles et les immeubles des comptables :

Meubles.— « Article 2 : Le privilège du Trésor public a lieu sur tous les biens meubles des comptables, même à l'égard des femmes séparées de biens, pour les meubles trouvés dans les maisons d'habitation du mari, à moins qu'elles ne justifient légalement que lesdits meubles leur sont échus

1. Nous laisserons à dessein en dehors de cette étude le privilège sur le cautionnement.

de leur chef, ou que les deniers employés à l'acquisition leur appartenaient. Ce privilège ne s'exerce néanmoins qu'après les privilèges généraux et particuliers énoncés aux articles 2101 et 2102 du Code civil. »

Le Trésor public a donc un privilège sur tous les biens meubles des comptables. Par ce mot, il faut entendre les meubles, tels qu'ils sont définis par les articles 528 et 529 du Code civil, même l'argent comptant, les pierreries, équipages etc, (car l'article 533 n'est évidemment pas applicable dans ce cas), les offices ministériels, et les fonds de commerce, quand le comptable en possède, etc. (1).

Le privilège s'étend-il aux produits des ouvrages artistiques et littéraires que les comptables auraient pu composer (2)? Cela ne nous semble pas contestable. On ne saurait en effet rien arguer de ce que les fonds de l'État ne sont évidemment pour rien dans la production de cette valeur. Nous montrerons tout à l'heure que le privilège de l'État n'est nullement fondé sur la pensée que les biens grevés ont pu être payés avec les deniers publics. Pour garantir le Trésor contre l'insolvabilité de ses comptables on lui a accordé sur leurs meubles un droit de préférence et il doit porter au même titre sur tous les droits mobiliers quels qu'ils soient. Sans cela on ne saurait véritablement où s'arrêter dans les exceptions. Un comptable trouve dans son terrain une statue qui y est enfouie depuis l'époque romaine, dira-t-on qu'elle échappe au privilège du Trésor! D'ailleurs à l'égard du produit des œuvres artistiques et littéraires, cette solution est beaucoup plus équitable qu'on ne semble le dire. Occupé de ce travail, le comptable a peut-être négligé les intérêts de

1. Ce cas peut fréquemment se présenter en matière de comptabilité occulte.

2. V. Demolombe, *De la distinction des biens*, p, 292.

l'État, et il se peut que ce soit là la source du déficit, que le privilège a pour but de couvrir.

Ce privilège s'étend donc sur tous les meubles appartenant au comptable ; toutefois, au point de vue de la preuve, il y a lieu de faire une distinction. A l'égard des meubles trouvés hors de l'habitation du receveur, il appartient à l'administration des finances de prouver que l'agent en était propriétaire. Au contraire, tout le mobilier déposé dans la maison d'habitation du comptable est présumé lui appartenir conformément à la règle « en fait de meubles possession vaut titre » ; ce serait donc à celui qui en réclamerait la propriété en tout ou en partie, qu'incomberait de faire la preuve. Cette charge sera imposée même à la femme séparée de biens, qui, pour faire distraire de la saisie son mobilier déposé dans la maison commune, devra établir légalement, qu'il lui est échu de son chef, ou que les deniers employés à l'acquisition lui appartenaient légitimement (1).

Cette dernière partie de l'article ne présente pas un sens absolument clair. A *priori* on pourrait croire qu'on a voulu par là restreindre à la femme séparée de biens seule, la faculté de réclamer le mobilier qui lui appartient en vertu de preuves authentiques. Il n'en est rien. La femme même non séparée, comme toute autre personne, aurait évidemment le même droit. Cela est évident et la loi n'avait pas à le formuler. Si elle a parlé de la femme séparée de biens, c'est dans un tout autre but. A son égard en effet il pouvait s'élever un doute: on aurait pu dire : La femme séparée de biens a elle-même la possession juridique de son propre mobilier, c'est elle et non

____

1. Dans l'ancien droit la femme séparée n'était soumise à cette obligation que quand la séparation était postérieure à la nomination du mari. La loi de 1807 a supprimé cette dictinction dont on ne voyait pas bien le but.

le mari qui le possède dans la maison commune, on ne saurait donc pas présumer dans ce cas, que tout le mobilier déposé dans cette maison appartient, d'après l'article 2279, au comptable (1), par conséquent ce sera au Trésor réclamant son privilège qu'incombera le fardeau de la preuve. C'est pour prévenir ce doute, et afin d'éviter toutes les fraudes qu'eût engendrées une semblable interprétation, que la phrase énoncée ci-dessus a été insérée dans l'article. Bref, on a voulu prendre une garantie contre les femmes séparées de biens ; mais non, priver toutes les autres du droit de revendiquer leurs propres (2).

Toutefois, pour que la revendication puisse triompher, il faut qu'elle soit appuyée de preuves légales. La loi malheureusement ne s'est pas expliquée sur la nature des preuves à exiger ; de là par conséquent une certaine incertitude. Quelques auteurs en ont profité pour dire que la chose était laissée à l'appréciation des juges (3). Dans tous les cas, on admet généralement qu'une preuve par écrit, acte authentique ou acte sous seing privé ayant date certaine, devra être exigée (4).

Pour que les meubles soient présumés appartenir au mari, il faut qu'ils soient trouvés dans ses maisons d'habitation. Par là il faut entendre non seulement les maisons où il habite ordinairement, mais toutes celles où il a le droit d'habiter : les maisons de campagne, pavillons de chasse, bureaux

---

1. A l'inverse, certains auteurs ont pensé que la loi ne parlait que de la femme séparée de biens, parce qu'elle seule, en pratique, pourrait fournir la preuve demandée. — V. Persil, *Régime hypothécaire*, p. 17.

2. V. Pont, *Privilèges et hypothèques*. — Dalloz, *Privilèges et Hypothèques*, § 563.

3. V. Pallain et Dumesnil, *Législation du Trésor public*, édit. 1881, p. 264 *in fine*.

4. Persil, *Régime hypothécaire*, p. 16, paraît exiger un acte authentique. — Ce système nous semblerait préférable.

par exemple, car il pourrait y résider, bien qu'il n'y couche pas habituellement. La présomption s'étendrait de même aux meubles garnissant une maison louée par la femme séparée de biens, car le mari aurait la facilité de venir s'y établir (1). A l'inverse, elle ne s'appliquerait pas au mobilier que la femme aurait acheté en son propre nom et déposé chez un tiers, dans le cas où elle a la libre administration de son mobilier ; pas plus qu'au mobilier existant au domicile spécial de la femme, lorsque les époux sont séparés de corps (2). L'idée de la loi est celle-ci : Dans la maison du mari, les deux mobiliers sont tellement confondus qu'il devient impossible de les distinguer ; d'ailleurs, les biens même acquis par la femme le sont le plus souvent pour le compte du mari, car il a la jouissance de tout ce qui se trouve dans la maison. Dès lors, le Trésor aura le droit de tout saisir, sauf à la femme à réclamer et à obtenir postérieurement la distraction de ce qui lui appartient d'une manière claire et certaine. En dehors de la maison du mari, au contraire, les mêmes motifs n'existent pas ; on peut donc rentrer dans le droit commun ; et ce sera au Trésor à prouver la fraude dans les formes usitées pour les particuliers.

Il résulte évidemment de ce qui précède que les créances dont la femme est titulaire échappent au privilège du Trésor, bien que les titres qui les constatent soient trouvés dans la maison commune (3) ; car la créance elle-même, droit incorporel, ne saurait être considérée comme déposée dans une

1. V. Mourlon, *Examen critique du Traité des privilèges et hypothèques de Troplong*, t. I, p. 95.

2. V. Pont, *Privilèges et Hypothèques*, p. 29. — Aubry et Rau, t. III, p. 181.— Duranton. Dr. civ., t. XIX, p. 342.

3. Sic. Mourlon, *Examen critique du Traité des privilèges de Troplong*, p. 97, t. I.

maison (1). Si le Trésor croyait voir une connivence coupable entre les deux époux, ce serait donc à lui à prouver que la femme, en contractant, n'a été que le prête-nom de son mari.

Immeubles. — Les articles 4 et 6 de la loi du 5 septembre 1807 accordent au Trésor : 1° Un privilège sur les immeubles que les comptables ou leurs femmes ont acquis à titre onéreux, depuis l'époque de la nomination ; 2° Une hypothèque simple sur tous ceux que le comptable possédait à cette époque, ou qu'il a acquis depuis à titre gratuit.

Ce privilège et cette hypothèque n'existent qu'à la charge d'une inscription qui doit être prise sur les registres du conservateur des hypothèques. Ce principe, toutefois, ne fut pas accepté sans de très vives difficultés. On sait que la loi de brumaire, an VII, avait rendu la publicité obligatoire pour tous les privilèges et hypothèques. Lorsque, dans la discussion du Code civil, on se décida à dispenser certaines hypothèques légales de la nécessité de l'inscription, plusieurs membres du Conseil d'État, et même le Premier consul en personne, firent les plus grands efforts pour qu'on étendît cette faveur aux droits du Trésor. La proposition fut vivement combattue par Treilhard. Dans un discours très élevé, il fit remarquer que les hypothèques occultes portaient le plus grand préjudice au crédit public ; que si on avait dû les admettre en faveur des femmes et des mineurs à cause de leur incapacité, les mêmes raisons n'existaient pas pour le Trésor qui avait sur toute la surface du territoire des agents actifs et éclairés, chargés de la conservation de ses droits : « L'État, ajoutait-il, éprouvera peut-être quelques dommages qu'une hypothèque tacite pourrait lui éviter, mais il

---

1. Toutefois, la règle générale s'appliquerait si les titres étaient simplement au porteur.

vaut mieux pour lui subir de loin en loin quelques pertes que de se rendre odieux par suite des avantages exorbitants qui lui seraient accordés (1). » Treilhard eut gain de cause, et depuis lors, le privilège et l'hypothèque du Trésor ont toujours été soumis à l'inscription.

Responsabilité des comptables, des receveurs de l'enregistrement et des conservateurs des hypothèques. — Cette inscription étant indispensable, la législation a cherché à en assurer la prise par différents moyens. Sur les biens appartenant au comptable au moment de sa nomination, l'hypothèque est inscrite à la requête de l'agent judiciaire du Trésor ou des fonctionnaires administratifs (2); à l'égard des biens acquis par le comptable depuis sa nomination, la loi de 1807 a rendu certains agents responsables de l'accomplissement de cette formalité.

1° L'article 7 oblige tous les receveurs généraux de départements, receveurs particuliers d'arrondissements, payeurs généraux et divisionnaires, ainsi que les payeurs des départements (3), des ports et des armées, à énoncer leurs qualités dans les actes de vente, d'acquisition, de partage, d'échange et autres actes translatifs de propriété qu'ils passent et cela sous une double peine : 1° la destitution; 2° en cas d'insolvabilité envers le Trésor, la condamnation comme banqueroutiers frauduleux.

2°. Au simple vu de ces pièces, les receveurs de l'enregistrement et les conservateurs des hypothèques sont tenus à peine également de destitution et de tous les dommages-intérêts qu'il appartiendrait de requérir ou d'effectuer l'inscription nécessaire à la conservation des droits du Trésor, et

1. V. Fenet, Travaux préparatoires du Code civil, t. XV, p. 325.
2. V. Persil, *Régime hypothécaire*, p. 289.
3. Aujourd'hui supprimés.

d'envoyer des expéditions des bordereaux d'inscription au procureur de la République et à l'agent judiciaire du Trésor.

Depuis la loi du 23 mars 1855, les parties faisant transcrire la presqu'universalité des actes qui contiennent mutation de propriété, la responsabilité de ces deux agents est sensiblement la même, car tous deux connaissent en général les changements survenus dans les propriétés des comptables (1). Il n'en était pas de même avant cette loi. Les receveurs de l'enregistrement se trouvaient alors le plus souvent seuls informés des acquisitions effectuées; c'était donc presque toujours à eux qu'incombait la responsabilité de provoquer l'inscription, et les conservateurs ne pouvaient être mis en cause que lorsqu'ils négligeaient d'effectuer celles qui leur avaient été signalées.

L'article 7 de la loi du 5 septembre 1807, n'ordonne l'inscription d'office, que sur les biens acquis par les receveurs généraux, receveurs particuliers, payeurs généraux et divisionnaires, payeurs des départements, des ports et des armées. Nous nous sommes déjà expliqués sur la manière dont nous croyons devoir entendre cet article (2). Nous n'y reviendrons donc pas ici et nous rappellerons seulement qu'à l'égard de tous les autres comptables, les receveurs de l'enregistrement et les conservateurs doivent s'abstenir d'inscrire d'office et attendre pour agir les instructions spéciales du ministre.

Ajoutons que, bien qu'à la rigueur les receveurs et conservateurs ne soient obligés de prendre l'inscription prescrite par l'article 7 que quand la qualité du comptable est mentionnée dans l'acte, lorsque d'ailleurs ils connaissent cette qua-

1. V. Persil, *Régime hypothécaire*, p. 20.
2. V. à cet égard une instruction de la régie du 22 juillet 1809. Sirey, 1810, 2ᵉ p., p. 326.

lité et qu'il s'agit d'agents compris dans l'une des catégories prévues à cet article, ils s'exposeraient gravement en négligeant d'inscrire, sous prétexte que la qualité de la partie n'a pas été exprimée formellement (1).

L'article 7 de la loi de 1807 donne encore lieu à quelques autres observations. Le premier paragraphe parle d'une manière générale des actes translatifs de propriété. Il résulte évidemment du sens général de l'article que les mêmes obligations s'imposent aux comptables, receveurs de l'enregistrement et conservateurs des hypothèques, pour tous les actes translatifs d'usufruits de biens immobiliers, car ces usufruits sont également soumis à l'hypothèque et au privilège. Bien plus, elles existent même pour les actes récognitifs, transactions relatives à des propriétés ou usufruits, etc., toutes les fois qu'ils ont pour but d'établir les droits des comptables sur des biens à l'égard desquels aucune inscription n'a pu encore être prise.

Ajoutons que la loi ayant parlé d'une manière générale des actes translatifs de propriété, les comptables sont obligés d'énoncer leur qualité, même dans les actes d'aliénations mobilières, bien qu'aucune inscription ne doive être prise dans ce cas. Toutefois, cette mention ne sera pas inutile, car elle pourra faciliter les poursuites à exercer en vertu de l'article 8.

Sont-ils tenus de le faire dans les actes par lesquels ils aliènent leurs propriétés ou usufruits immobiliers, quand une inscription porte déjà sur ces biens ? En faveur de la négative, on peut dire que l'omission de la qualité de comptable dans ces actes ne porte aucun préjudice aux droits du Trésor. Car, ou l'acquéreur purge, ou il ne purge pas. S'il veut purger, il est tenu de notifier légalement son contrat au Tré-

1. V. Persil, *Régime hypothécaire*, p. 21.

sor, qui par conséquent connaîtra la mutation. S'il ne purge pas, les droits de l'État restent entiers. A cela on répondra encore que le § 1 n'a pas fait de distinction, qu'il a parlé d'une manière générale des actes translatifs de propriété ; et que, d'ailleurs, il n'est pas indifférent pour le Trésor de connaître ou d'ignorer les dispositions d'immeubles faites par ses comptables. En effet, l'article 8 de la loi fait aux agents du gouvernement une obligation rigoureuse de poursuivre au moment de ces aliénations la réalisation de tous les débets ; et cela n'est pas sans raison. Le payement sera alors plus facile, une simple opposition formée entre les mains de l'acquéreur suffira souvent pour faire attribuer au Trésor le prix de la vente, sans qu'il soit besoin de recourir aux formalités d'une saisie. D'ailleurs, il n'est pas exact d'affirmer que lorsqu'aucune purge n'intervient, les aliénations d'immeubles ne diminuent pas les sûretés de l'État. Entre les mains des tiers il lui est moins facile de surveiller son gage : avant qu'il ait été prévenu, et qu'il ait pu prendre ses précautions, l'acquéreur aura peut-être démoli les bâtiments, diminué considérablement la valeur des biens. Le Trésor a donc intérêt à connaître les aliénations des comptables aussi bien que leurs acquisitions ; de là résulte pour eux l'obligation de mentionner leur qualité dans les actes qui les constatent, et pour les receveurs de l'enregistrement et les conservateurs des hypothèques le devoir de les signaler aux agents administratifs, ou à la direction du contentieux.

L'article 7 est-il applicable aux immeubles acquis à titre onéreux par les femmes des comptables depuis la nomination de ceux-ci. En faveur de la négative, on a dit que l'article n'en faisait aucune mention et que, comme en réalité il édictait des peines, on ne pouvait par assimilation l'appliquer à des cas qu'il n'avait pas prévus. D'un autre côté, l'intention bien évidente du législateur a été d'assurer par cet article la prise des inscriptions. Or, on ne voit guère ce qui aurait pu le porter à distinguer à cet égard entre les acquisitions de la femme et celles du mari.

Quant à nous, nous pensons que la question doit être résolue par une distinction. Toutes les fois que le mari figure dans l'acte à un titre quelconque, il est obligé, sous les peines prévues, d'y faire mentionner sa qualité. En effet, il doit le faire dans tous les actes translatifs « *qu'il passe* ». Si la femme au contraire a contracté seule ou avec l'autorisation de justice, en un mot sans l'intervention du mari, on se trouve évidemment complètement en dehors des espèces prévues par l'article 7, et le comptable ne peut pas être personnellement tenu de faire connaître au Trésor les acquisitions effectuées par sa femme dans ces conditions.

Dans tous les cas, quand l'acte fait mention de la qualité du mari, il ne semble pas, malgré le silence du texte, que les receveurs de l'enregistrement et conservateurs puissent se dispenser de requérir ou d'effectuer d'office les inscriptions dans les formes ci-dessus énoncées.

Certificats de dispense d'inscription. — Nous venons de montrer que, au simple vu des actes translatifs de propriété passés par certains comptables, les receveurs de l'enregistrement et les conservateurs des hypothèques étaient tenus, sous leur responsabilité, d'effectuer d'office les inscriptions nécessaires à la conservation des droits du Trésor. La dernière phrase de l'article 7 est cependant venue apporter à cette règle une exception.

« Demeurent néanmoins exceptés, dit l'article, les cas où, lorsqu'il s'agira d'une aliénation à faire, le comptable aura obtenu un certificat du Trésor public, portant que cette aliénation n'est pas sujette à l'inscription de la part du Trésor.

Ce certificat sera énoncé et daté dans l'acte d'aliénation. »

La rédaction de ce paragraphe est, il faut bien le reconnaître, assez obscure. On ne conçoit pas bien, en effet, ce qu'a voulu exprimer le législateur. Remarquons d'abord que cet article ne peut avoir pour effet d'accorder à l'administration du Trésor le droit de donner mainlevée des inscriptions hypothécaires déjà prises. La compétence en cette matière, aux termes des articles 13 et 15 de la loi du 16 septembre 1807, appartient à la Cour des comptes qui prononce sur les demandes en réduction et translation d'hypothèques formées par les comptables ; et, en dehors de la Cour, la mainlevée ne peut-être obtenue qu'en recourant à la purge spéciale établie par l'article 9 de la loi.

Il ne saurait non plus être ici question de reconnaître à l'administration le droit de dispenser les comptables de l'inscription qui doit être obligatoirement prise sur leurs biens (1). Car de la combinaison de l'article qui nous occupe et de l'article 15 de la loi du 16 septembre suivant, il résulte bien clairement que le législateur a voulu rendre l'inscription obligatoire sur tous les biens appartenant aux receveurs généraux, receveurs particuliers, payeurs, et qu'il a donné à la Cour des comptes seule le droit d'accorder des dispenses exceptionnelles. D'ailleurs les mots « lorsqu'il s'agira d'une aliénation à faire », prouvent que le certificat prévu ne peut être délivré que pour des biens dont le comptable est sur le point de disposer.

Pour trouver une hypothèse s'appliquant bien aux termes de la loi, il faudrait donc chercher une espèce dans laquelle le comptable aliénerait, avant même qu'il y ait eu lieu de prendre l'inscription. Tel est, par exemple, le cas où un

1. *Contra.* V. cependant Pallain et Dumesnil, *Législation du Trésor public*, 1881, p. 287, § 263.

comptable, aussitôt après sa nomination, vend un de ses immeubles, afin de se procurer les fonds nécessaires à la réalisation de son cautionnement en numéraire. Ayant déjà la qualité de comptable, il doit la mentionner dans l'acte et le conservateur, d'après les règles générales, serait tenu d'inscrire l'hypothèque du Trésor avant la transcription du contrat de vente. En raison des circonstances spéciales, un certificat du Trésor, c'est-à-dire du ministre des finances (1), permettra à celui-ci de ne pas le faire.

Toutefois, il n'est pas impossible de donner du troisième paragraphe de l'article 7 une interprétation un peu moins étroite. Pour cela il suffit d'admettre que la loi n'a pas voulu laisser aux receveurs de l'enregistrement ni aux conservateurs l'appréciation des motifs qui peuvent les dispenser de prendre l'inscription, de sorte que, toutes les fois qu'un comptable aliène un bien sur lequel le droit du Trésor ne se trouve pas inscrit, ils sont rigoureusement tenus d'accomplir cette formalité, à moins qu'un certificat spécial de l'administration des finances ne les avertisse de s'abstenir. A l'appui de ce système, on peut d'ailleurs citer une décision des ministres des finances et du Trésor (2), qui déclare que la radiation des inscriptions prises au nom du Trésor aura lieu, non pas sur le vu d'une expédition de l'arrêt de mainlevée rendu par la Cour des comptes, mais bien « sur la remise des mainslevées authentiques consenties par l'agent judiciaire du Trésor et faisant mention des arrêts de la Cour des comptes en exécution desquels elles sont données ».

Formalités des inscriptions. — Aux termes de l'article 2153 du Code civil, l'inscription a lieu sur la production de deux bordereaux sur papier timbré énonçant :

1. Ou de son délégué.
2. 28 novembre 1808, 24 février 1809.—V. Sirey, 1810, 2e p. p. 331.

1° Que l'inscription est prise au nom du Trésor public et que domicile spécial est élu pour lui au bureau de l'agent judiciaire du Trésor, lorsque l'inscription est prise à Paris ; à la préfecture lorsqu'elle a lieu dans un chef-lieu de département et à la sous-préfecture dans tous les autres cas (1).

2° Les nom, prénoms et domicile du comptable, l'indication de la résidence dans laquelle il exerce ses fonctions, ou au moins une autre mention le désignant d'une façon précise.

3° La nature des droits à conserver, qui sont dans l'espèce les créances éventuelles et indéterminées (2) que le Trésor pourrait avoir contre le comptable en raison de sa gestion (3).

Ces mentions sont les seules exigées par la loi ; toutefois, par mesure d'ordre, l'administration a prescrit à ses agents de porter sur les bordereaux différentes indications qui peuvent lui être utiles, lorsqu'il y a lieu d'exercer des poursuites, telles que la date et l'objet de l'acte en vertu duquel est faite l'inscription, le prix qui y est porté, la nature et la situation des biens, etc. Toutefois ces dernières énonciations ne sont pas, comme pour l'hypothèque conventionnelle, des parties essentielles de l'inscription, car, aux termes de l'art. 2148 *in fine* du Code civil, une seule inscription générale suffit, pour tous les immeubles compris dans la cir-

1. Instruction générale de la Régie 22 juillet 1809. V. Sirey, 1810, 2ᵉ p., p. 327.

2. L'instruction de la Régie énoncée ci-dessus a prescrit aux conservateurs de faire mention de cette circonstance dans les inscriptions. C'est à tort que M. Duranton, *Cours de droit civil*, t. XIX, p. 344, note 1, a prétendu le contraire.

3. La loi n'exige d'une façon absolue aucun de ces renseignements à peine de nullité, et veut seulement que le débiteur soit désigné clairement dans l'inscription. Il y a donc là une question de fait laissée à l'appréciation des tribunaux.

conscription d'un même bureau, quand bien même ils ne seraient pas individuellement désignés.

Cela est complétement exact pour les immeubles présents.
A l'égard de ceux que le comptable acquiert après l'époque
de sa nomination, la loi semble exiger une inscription spéciale, car l'article 7 de la loi de 1807 impose aux conservateurs l'obligation de l'effectuer, sans distinguer entre les immeubles situés dans un arrondissement où il existe déjà une
inscription générale sur le comptable, et ceux qui se trouvent dans une autre circonscription.

L'utilité de cette mesure se conçoit à la rigueur pour les
immeubles acquis à titre onéreux ; car ils ne sont pas grevés seulement d'une hypothèque, mais aussi d'un privilège.
Il n'en est pas de même pour les acquisitions à titre gratuit ; à leur égard elle ne paraît nullement utile, quand il
existe une inscription générale déjà prise sur les registres
du bureau. Toutefois l'article 7 de la loi de 1807 est formel ;
nous ne pensons donc pas que les conservateurs puissent se
dispenser de prendre des inscriptions spéciales toutes les
fois que le comptable acquiert des biens nouveaux, car elles
pourraient devenir utiles si, pour un motif quelconque, la
première était déclarée nulle.

Renouvellement des inscriptions. — Les inscriptions
prises ainsi sur les comptables sont soumises à la péremption
établie par l'article 2154 du Code civil. Il n'en était pas de
même sous l'Empire, de la loi de brumaire an VII. L'article 23, en effet, portait que les inscriptions prises sur les
biens des comptables conserveraient leur efficacité pendant
toute la durée de leurs fonctions, jusqu'à l'apurement du
dernier compte et encore pendant les six mois suivants. Cette
exception ne s'étant pas trouvée reproduite dans l'article
2154 du Code civil, un arrêt du Conseil d'État du 15 décem-

bre 1807 (1) décida qu'elle avait été abrogée. Toutes les inscriptions prises au nom du Trésor doivent donc, sous peine de perdre leur effet, être renouvelées avant l'expiration du délai de dix années.

Bien qu'au premier abord cela paraisse peu conforme à l'esprit de la loi de 1807, le même arrêt a décidé que les receveurs de l'enregistrement et les conservateurs des hypothèques n'étaient nullement tenus d'effectuer d'office les renouvellements. Pour notre part nous avouons que les considérants adoptés par le Conseil nous paraissent assez faibles. Le conservateur, dit-on, ignorera au bout de dix ans, si la créance de l'État existe toujours. Cela est assez peu vraisemblable ; car si la créance de l'État n'existait plus, il est bien évident que le comptable aurait requis la radiation des inscriptions qui pèsent sur ses biens. S'il ne l'a pas fait, à moins de circonstances exceptionnelles, on peut présumer qu'il est encore débiteur de l'État. Dans ces conditions, les conservateurs auraient donc toujours pu renouveler sans inconvénient. Toutefois les arrêts interprétatifs du Conseil d'État avaient à cette époque force de loi : quelle que soit donc la valeur des motifs invoqués, il faut bien reconnaître que les conservateurs n'ont plus à l'égard des renouvellements des inscriptions existantes aucune des responsabilités, qui leur incombent relativement aux inscriptions premières, et que c'est aux agents du Trésor seuls qu'il appartient de leur adresser en temps utile les réquisitions à cet effet.

Délais accordés au Trésor pour prendre inscription. — A quelle époque les inscriptions doivent-elles être prises ? Pour répondre à cette question il faut distinguer entre le privilège et l'hypothèque simple ; aux termes de l'ar-

1. V. Collection Duvergier, t. XVI, p. 239.

ticle 3 de la loi de 1807, le privilège du Trésor, pour conserver sa qualité de privilège, doit être inscrit dans les deux mois de l'enregistrement de l'acte translatif de propriété ; l'hypothèque légale, au contraire, peut être inscrite à toute époque.

Mais ces délais existent-ils toujours en faveur du Trésor ? Ou bien peuvent-ils se trouver réduits par la survenance de quelques-uns des faits qui, en général, clôturent les délais utiles pour prendre inscription ? On a beaucoup discuté sur ce point.

Remarquons tout d'abord que le Trésor ne peut inscrire utilement son privilège sur un immeuble vendu par un comptable, après la transcription de l'acte d'aliénation. L'article 6 de la loi du 23 mars 1855 est, en effet, bien formel. Après la transcription, aucun créancier privilégié ne peut plus s'inscrire, sauf le vendeur et le copartageant. Mais cette règle est-elle applicable à l'hypothèque légale ? — La raison de douter viendrait de ce que l'article précité ne fait mention que des hypothèques judiciaires et conventionnelles. Nous pensons toutefois qu'il y a là un simple oubli de la loi, qui d'ailleurs existait déjà dans l'article 834 du Code de procédure (1). La pensée des législateurs est bien claire : toutes les hypothèques pour lesquelles une inscription est obligatoire doivent être inscrites avant la transcription. S'ils n'ont pas fait mention des hypothèques légales, c'est parce qu'ils n'ont songé qu'à celles des mineurs et des femmes mariées, pour lesquelles l'inscription est une simple mesure d'ordre, et non une condition essentielle d'efficacité ; mais

---

1. Néanmoins sous l'empire du Code de procédure, on admettait généralement que l'hypothèque du Trésor devait être inscrite au moins dans la quinzaine de l'acte de transcription. V. Pont, *Privilèges et Hypothèques*, 293, et les auteurs qu'il cite.

leur intention bien évidente a été d'empêcher que l'efficacité ne pût être conférée à une hypothèque constituée par le vendeur après que l'acquéreur a transcrit. La règle doit donc s'appliquer à toutes les hypothèques assujetties à l'inscription obligatoire, à celle du Trésor comme aux autres (1· Ajoutons qu'elle ne cause aucun préjudice à l'État, car on aura bien rarement l'occasion de l'appliquer. Dans son contrat de vente, le comptable doit, conformément à l'article 7 de la loi de 1807, mentionner sa qualité ; dès lors, au vu de cet acte, le conservateur inscrira les droits de l'État avant d'effectuer la transcription.

Ce que nous venons de dire de la transcription peut-il s'appliquer à la déclaration de faillite du comptable?

On est généralement d'accord pour reconnaître qu'aux termes des articles 2146 du Code civil et 448 du Code de commerce, le Trésor ne peut plus après ces événements inscrire utilement son hypothèque légale : en revanche on discute très vivement pour savoir si la même règle est applicable au privilège.

En effet, dit-on, l'État a pour prendre inscription un délai qui a été fixé par la loi à soixante jours à partir de l'enregistrement de l'acte translatif. Ce délai lui appartient tout entier, car il lui a été accordé en raison de l'impossibilité où il se trouve le plus souvent d'agir immédiatement, et la faillite du débiteur ne saurait rien changer à cela (2); d'ailleurs, ajoute-t-on, décider en sens inverse, ce serait favoriser les fraudes les plus scandaleuses et rendre illusoire, en cas de

---

1. *Sic* Pont, *Privilèges et Hypothèques*, 1859, p. 1017, § 1120; Dalloz, *Privilèges et Hypothèques*, p. 199, § 715. — V. aussi Pallain et Dumesnil, *Législation du Trésor public*, p. 279, n° 255.

2. Le Trésor ne connaît, en effet, les acquisitions des comptables qu'au moment de l'enregistrement des actes.

faillite, le privilège de l'État sur le mobilier. En effet, le comptable qui connaît sa situation, n'aura qu'à convertir son actif mobilier en un immeuble et si l'acquisition peut demeurer secrète jusqu'au jour où éclatera la faillite (1), l'État, ne pouvant plus s'inscrire, se trouvera primé par la femme dont l'hypothèque est dispensée d'inscription (2).

A cela notre réponse est fort simple. « Les droits de privilège et d'hypothèque, dit l'article 448 du Code de commerce, peuvent être inscrits jusqu'au jour du jugement déclaratif. » Or, si la loi a pris soin de déclarer que les inscriptions *peuvent être prises jusqu'au jugement*, il faut bien, sous peine de la déclarer dénuée de tout sens, reconnaître qu'il n'en serait plus de même après cette époque. Cette interprétation tire, d'ailleurs, une force toute particulière des circonstances dans lesquelles l'article actuel a été rédigé. Il eut pour but de remplacer l'article ancien qui annulait les inscriptions prises, non seulement après le jugement déclaratif, mais même dans les dix jours qui avaient précédé. Trouvant cette règle trop dure pour les créanciers hypothécaires, les législateurs de 1838 décidèrent : 1° que les inscriptions seraient valablement prises « jusqu'au jugement déclaratif; » 2° que les inscriptions prises dans les dix jours ayant précédé pourraient facultativement être annulées par le tribunal. Nous examinerons un peu plus loin ce qu'il faut entendre par ce second paragraphe, mais nous pouvons, dès maintenant, tenir pour évident qu'après le jugement déclarant un comptable en faillite, le Trésor ne peut prendre sur ses biens une inscription nouvelle opposable à la masse (3).

---

1. Il peut différer pendant trois mois l'enregistrement de son acte de vente.

2. V. Pont, *Privilèges et Hypothèques*, 1859, p. 867, n° 899.

3. *Contra* Pont, *Privilèges et Hypothèques*, 1859, p. 883, § 926.

Une règle analogue s'impose dans le cas où le comptable étant mort avant l'inscription, sa succession n'est acceptée que sous bénéfice d'inventaire. En effet, l'article 2146 du Code civil déclare que dans ce cas, l'inscription ne produit aucun effet à l'égard des créanciers de la succession (1).

Il n'est donc pas vrai de dire que l'État a toujours un délai de deux mois pour inscrire son privilège (2). Nous verrons dans la suite comment il faut entendre ce délai, et si on nous objecte que notre système peut avoir parfois pour le Trésor de fâcheuses conséquences, nous répondrons que la loi ayant cru devoir assujettir à certaines déchéances les droits soumis à l'inscription, il est juste que ceux de l'État en souffrent, comme ceux des particuliers ; car, ainsi que le disait Treilhard au Conseil d'État, il vaut mieux pour lui souffrir quelque dommage que d'obtenir, aux dépens des familles et de l'équité, des privilèges qui le rendraient odieux.

Nous pensons même qu'il faut aller plus loin et reconnaître aux tribunaux (3) le pouvoir d'annuler, quand ils le jugent convenable, les inscriptions prises au nom de l'État, dans les dix jours précédant la faillite, toutes les fois que la nomination du comptable ou l'acquisition du fonds est antérieure de plus de quinze jours à l'inscription. Cette solution du reste s'impose en pratique. Nous avons vu en effet, que l'État avait hypothèque sur les biens de tous ses comptables, quoiqu'il ne prenne inscription que sur quelques-

---

1. On discute vivement pour savoir si la règle est applicable au cas où la succession est déclarée vacante, bien que les motifs invoqués en faveur de l'article puissent s'appliquer le plus souvent à l'hypothèse d'une succession déclarée vacante.

2. *Sic* Mourlon, *Traité de la transcription*, t. II, p. 335, § 643 et suiv.

3 Art. 448, C. comm.

uns d'entre eux. En s'inscrivant à la veille d'une faillite, il pourrait donc, tout en ayant négligé pendant longtemps d'accomplir cette formalité, primer les créanciers chirographaires qui avaient cru libres les propriétés du comptable. C'est là précisément ce que le 2ᵉ § de l'article 448 du Code de commerce a pour but d'empêcher.

Toutefois, tout ce qui a été dit ci-dessus ne concerne que les inscriptions nouvelles ; c'est-à-dire celles qui confèrent l'efficacité à des hypothèques inutiles jusque-là. L'État, nonobstant la transcription de l'acte d'aliénation, la déclaration de faillite ou l'acceptation bénéficiaire de la succession du comptable, pourra donc toujours renouveler utilement les inscriptions déjà prises en son nom, toutes les fois qu'elles ne se trouveront pas périmées (1). C'est là, en effet, une simple mesure conservatoire, sur laquelle la déclaration de faillite ou le décès du comptable ne peuvent avoir aucune influence. Il n'en serait plus de même si l'inscription, bien qu'ayant été prise autrefois, se trouvait périmée au moment de la faillite ou du décès ; car alors l'hypothèque se trouverait destituée de tout effet et l'inscription à prendre aurait tous les caractères d'une inscription nouvelle.

Nous avons, dans ce qui précède, montré que le Trésor était loin d'avoir toujours deux mois pour inscrire son privilège ; il nous reste à indiquer en quoi consiste le délai mentionné dans l'article 5 de la loi de 1807.

Selon nous, cet article n'accorde pas à l'État une faculté ; il établit contre lui une déchéance (2). On sait, en effet, que

---

1. V. Dalloz, *Privilèges et Hypothèques*, p. 424, § 1417. V. dans le même sens un considérant de la cour de Metz, 28 février 1856 (Devilleneuve et Carette, 1856, 2ᵉ p. 521).

2. *Contra.* V. Pont., *Privilèges et Hypothèques*; loc. cit. ci-dessus. — *Sic* Duranton, *Cours de droit civil*, t. XIX, p. 341 ; Persil, *Régime hypothécaire*, p. 16.

la loi n'a accordé un privilège au Trésor, qu'à la charge de respecter toujours les droits acquis aux tiers. Or, si le privilège avait pu être manifesté à toute époque, le vœu du législateur n'aurait pas été rempli, car les créanciers hypothécaires du comptable, inscrits peut-être depuis longtemps, se seraient trouvés primés par l'État dont ils avaient ignoré les droits. Pour éviter ce résultat, on a limité à deux mois, à partir de l'enregistrement de l'acte translatif, le délai accordé pour prendre l'inscription. On a dit, non pas que le Trésor aurait toujours deux mois pour s'inscrire, mais, ce qui est bien différent, qu'il ne pourrait plus s'inscrire lorsqu'il se serait écoulé plus de deux mois depuis l'enregistrement de l'acte d'acquisition.

En résumé, la théorie bien évidente de la loi sur cette question est celle-ci: Inscrit dans le délai fixé, le privilège du Trésor aura son plein effet et primera par conséquent les hypothèques même déjà inscrites sur l'immeuble du chef de comptable (1). Lorsque, au contraire, le Trésor aura laissé passer les deux mois sans s'inscrire, il sera déchu de ce droit et ne pourra plus réclamer qu'une hypothèque légale qui prendra rang à la date de son inscription.

Immeubles sur lesquels porte le privilège ou l'hypothèque. — Il nous reste maintenant à préciser quels sont les biens frappés du privilège et quels sont ceux qui sont gre-

---

1. Certains auteurs ont cherché à contester ce principe; s'appuyant sur le 2ᵉ paragraphe de l'article 2098, ils ont soutenu que le privilège même inscrit dans les deux mois n'avait jamais aucun effet rétroactif, et que par conséquent, en supposant un créancier hypothécaire inscrit le quarantième jour après l'acquisition, si le Trésor ne s'inscrivait que le quarante et unième, le premier rang appartiendrait au créancier. Ce système qui, en réalité, assimilerait le privilège à une simple hypothèque, n'est du reste plus aujourd'hui adopté par personne.

vés d'une simple hypothèque. Aux termes de l'article 4 de la loi du 5 septembre 1807, le privilège s'exerce:

1° Sur les immeubles acquis à titre onéreux par les comptables depuis leur nomination.

2° Sur ceux acquis au même titre et depuis la nomination par leurs femmes, même séparées de biens, toutes les fois qu'elles ne peuvent légalement justifier que les deniers employés à l'acquisition leur appartenaient (1).

L'État, au contraire, n'a qu'une hypothèque simple :

1° Sur les immeubles dont le comptable était propriétaire à l'époque de sa nomination.

2° Sur ceux qu'il a acquis depuis sa nomination autrement qu'à titre onéreux.

3° Sur ceux même qu'il a acquis depuis sa nomination à titre onéreux, lorsque l'inscription n'a pas été prise dans le délai prescrit.

Remarquons d'abord que le point de départ du privilège n'est plus, comme dans l'ancien droit, l'entrée en fonctions, mais la nomination du comptable. L'entrée en fonctions, en effet était une date difficile à déterminer, et qui pouvait dans bien des cas donner lieu à des contestations. Pour les supprimer les législateurs ont substitué à cette époque incertaine, la date toujours précise de la nomination. Nous verrons un peu plus loin les inductions qu'on peut tirer de ce changement; pour le moment nous nous bornerons à constater que la loi actuelle considérant le privilège du Trésor comme une des charges de la qualité de comptable, il est rationnel de lui assigner le même point de départ qu'à cette qualité.

En second lieu, constatons qu'aujourd'hui les immeubles,

1. L'État n'a qu'un droit réel sur les biens de la femme, sans avoir jamais contre elle aucun droit personnel.

acquis par la femme séparée depuis la nomination, sont grevés du privilège du Trésor, sans qu'il y ait lieu, comme avant 1789, de rechercher si la séparation remonte ou non à une époque antérieure à la nomination.

Ce n'est d'ailleurs pas pour assurer à l'État des avantages particuliers sur le patrimoine de la femme que ce dernier privilège a été établi. Le but unique de l'article est d'empêcher que les comptables ne rendent illusoire le privilège immobilier du Trésor sur leurs biens en effectuant leurs acquisitions sous le nom de leurs femmes. Aussi laisse-t-on parfaitement libres tous les immeubles appartenant à la femme au moment de la nomination. Mais à partir de cette époque, la loi la considère, jusqu'à preuve du contraire, comme le prête-nom de son mari, et, au point de vue du privilège, assimile ses acquisitions à celles du comptable. De là il résulte que les receveurs de l'enregistrement et les conservateurs doivent avoir, quant à ces acquisitions, la même responsabilité que pour les biens acquis par les comptables eux-mêmes. Nous pensons donc que, quand la qualité du mari se trouve mentionnée à l'acte, ils doivent effectuer d'office l'inscription, et que c'est à la femme, lorsque l'immeuble a été acquis de ses deniers, à leur fournir un certificat analogue à celui qui est mentionné dans le 3' § de l'article 7 de la loi de 1807.

D'ailleurs, il y aurait lieu de répéter ici les observations déjà faites à propos du mobilier. Il n'est pas nécessaire que la femme soit séparée de biens pour être admise à prouver que les deniers employés à l'acquisition étaient sa propriété. Si la loi n'a prévu que le cas de séparation, c'est parce qu'elle a statué sur le *plerumque fit*. Toute femme serait reçue à faire cette preuve, si elle lui était possible.

Ajoutons de plus que la présomption établie par la loi contre la femme n'existe qu'au profit du Trésor et dans son

intérêt seulement. Les créanciers du mari ne seraient donc.
pas admis à l'invoquer pour se faire attribuer l'excédent du
prix de l'immeuble une fois le Trésor désintéressé, et ils ne
pourraient atteindre le fonds, acquis au nom de la femme,
qu'à la condition de prouver, selon le droit commun, que
l'acquisition résultait d'un concert frauduleux intervenu
entre les époux (1).

Fondement du privilège. — Le privilège qui grève les
immeubles acquis par la femme depuis la nomination de son
mari, est donc uniquement destiné à rejeter sur la femme
l'obligation de prouver sa sincère et légitime propriété. Quel
est maintenant le fondement de celui qui frappe les immeubles acquis par le comptable depuis la même époque? Nous
allons le rechercher.

Nous avons vu, dans les chapitres précédents, qu'avant
1789 tous les biens acquis à titre onéreux par les comptables
depuis leur entrée en fonctions, étaient légalement présumés
avoir été payés avec les fonds de leur caisse. Nous avons
montré comment les législateurs de la période intermédiaire
cherchèrent à donner au privilège du Trésor une base nouvelle, et nous avons constaté que, dans l'exposé des motifs
de la loi de 1807 (2), Jaubert avait, par une erreur déplorable, invoqué l'antique présomption à l'appui du privilège
qu'il proposait de voter. Doit-on conclure de là que les législateurs de 1807 eurent l'intention de rétablir les anciens
principes, et que, actuellement encore, si le Trésor a un privilège sur les immeubles acquis par ses comptables à titre
onéreux depuis leur nomination, c'est parce que la loi les
présume payés avec les deniers publics? Malgré la multi-

1. *V. Mourlon, *Comm. sur les Privilèges et Hypothèques de Troplong*, t. II, p. 104.

2. V. Réimpression du *Moniteur universel*, t. XXXVI, p. 928.

plicité des auteurs qui ont admis l'affirmative, nous n'hésitons pas à répondre : **Non!** Car nous allons prouver que, d'une part, cette présomption est le plus souvent en opposition directe avec la réalité des faits, et que, de l'autre, elle ne suffit pas à expliquer les dispositions de la loi.

Nous disons d'abord que, dans la plupart des cas, la présomption irait à l'encontre des faits les plus évidents. En effet, tous les comptables en retard ne sont certainement pas des voleurs. La régularité et les perfectionnements introduits dans la comptabilité publique, ont permis d'assujettir ces agents à une responsabilité plus étroite que dans l'ancien droit, de sorte qu'aujourd'hui ils peuvent être mis en débet pour des faits constituant de simples négligences. Ainsi nous verrons qu'ils doivent compte à l'État, non seulement des sommes qu'ils ont effectivement reçues, mais même de celles qu'ils ont omis d'encaisser ; non seulement des valeurs qu'ils ont eux-mêmes détournées, mais de toutes celles que leurs subordonnés ont diverties ou ont laissé soustraire faute d'une surveillance assez étroite ; non seulement enfin des deniers qu'ils pourraient avoir employés à leur profit, mais même de tous ceux qu'ils ont employés dans l'intérêt de l'État, lorsqu'ils ont négligé d'exiger toutes les justifications prescrites par les règlements. Or, qu'on nous permette de passer en revue quelques-unes des espèces qui se présentent le plus fréquemment, et l'on verra si l'État peut prétendre que les sommes qu'il réclame ont servi à acheter les immeubles sur lesquels il exerce son privilège.

1ʳᵉ Espèce. — Un comptable avait une recette à effectuer. Il ne l'exécute pas. Le fait est incontestable ; la feuille sur laquelle le débiteur devait émarger est blanche, ou bien la quittance qui devait lui être délivrée est encore attachée à sa souche. Toutefois, la Cour des comptes juge qu'il y a lieu de mettre à la charge du comptable la somme qu'il n'a pas recouvrée, et, suivant le terme consacré, le « force en recette » du montant de ce qu'il n'a pas perçu. La gestion a été jusque-là irréprochable; néanmoins la somme est grosse, et l'agent judiciaire du Trésor se décide à saisir et à faire vendre un immeuble que le comptable a acquis et payé depuis sa nomination, mais bien avant l'époque où il devait effectuer la recette en question, ainsi que cela résulte d'actes authentiques. Aux termes de l'art. 3 de la loi du 5 septembre 1807, l'État sera néanmoins colloqué par privilège sur le prix. Cependant il est difficile à dire que le comptable a employé les fonds à acquérir l'immeuble.

2ᵉ Espèce. — Un comptable a payé une dépense ; l'acquit de la partie prenante est produit à l'appui de ses comptes. Néanmoins, le payement est irrégulier, parce qu'il a été fait sans ouverture préalable de crédit, par exemple ; ou bien, si l'on veut, il avait pour but d'acquitter le prix d'un immeuble acheté par l'État ; et le comptable a négligé de se faire représenter le contrat de mariage du vendeur. Il se trouve que l'immeuble était dotal et que, sur la poursuite de la femme, l'État a été obligé de délaisser. La Cour des comptes met la dépense à la charge du comptable en raison de sa négligence, en termes de comptabilité, « refuse d'allouer la dépense à sa décharge ». Le Trésor saisit et fait vendre un immeuble que le comptable a acquis à titre onéreux depuis sa nomination, et, en vertu de son privilège, s'en fait attribuer le prix. Pourquoi? Parce que, disent nos adversaires, la somme dont le comptable **a** été constitué en débet a dû servir à l'acquisition de l'immeuble! Mais, précisément, ce qu'on lui reproche, c'est d'avoir payé !

Mais, dira-t-on peut-être, la loi suppose qu'il a pu y avoir collusion entre le comptable et les tiers qui ont consenti à ne pas retirer leur quittance, ou ont donné un acquit de complaisance. A cela, nous pouvons répondre que de la part du comptable, ces faits constitueraient des crimes et que les crimes ne se présument pas. Mais, il n'est pas difficile de trouver des hypothèses dans lesquelles la bonne foi du comptable est inattaquable.

3ᵉ Espèce. — Un vol a été commis dans une caisse publique. Le comptable est d'abord soupçonné et arrêté, quoique sa gestion ait été irréprochable jusque-là. Mais une ordonnance de non-lieu ou une ordonnance d'acquittement intervient bientôt en sa faveur, de sorte que son innocence est passée à l'état de chose jugée. Sur ces entrefaites le voleur même est arrêté, condamné au criminel, et ensuite au civil à restituer la somme volée, ce qu'il est incapable de faire, parce qu'il l'a dissipée. Néanmoins l'administration met le déficit à la charge du comptable, comme ayant négligé de prendre certaines précautions réglementaires : il n'a pas fait griller ses fenêtres par exemple. Le montant du débet est attribué au Trésor par privilège sur le prix des immeubles acquis à titre onéreux par le comptable depuis sa nomination : est-ce parce que la loi les suppose acquis avec les deniers volés?... Il y a deux décisions ayant force de chose jugée, qui établissent le contraire!

4ᵉ Espèce. — Un percepteur prend la fuite en emportant les fonds qu'il avait entre les mains. En vertu de l'Ordonnance du 19 novembre 1826, article 10, le receveur particulier, dans l'arrondissement duquel il exerçait, est tenu de couvrir immédiatement le déficit de ses deniers personnels, et ne peut, dans l'espèce, obtenir décharge de cette responsabilité, parce qu'il se trouve avoir négligé quelques détails de la surveillance prescrite. Le percepteur est, comme dans le cas précédent, condamné. L'État n'en aura

pas moins le droit de se faire attribuer par privilège, le prix
de tous les immeubles acquis par le receveur particulier
après sa nomination, jusqu'à l'acquittement complet du déficit. Mais ici, les résultats sont plus bizarres encore que
dans les hypothèses précédentes. On a vu qu'en général, on
ne reconnaissait à l'État ni privilège, ni hypothèque sur les
biens des percepteurs. Supposons donc que le percepteur en
question ait acquis des biens, depuis son entrée en fonctions,
sans qu'on puisse établir que ces acquisitions aient été frau-
duleuses. Sur le prix de ces immeubles sa femme ayant une
hypothèque légale primera l'État (1). Pendant ce temps,
l'État poursuivant le receveur particulier en payement du
déficit du percepteur dont il est responsable, primera, en
vertu de la loi de 1807, la femme de ce receveur, non seulement sur les immeubles acquis par son mari depuis sa nomination, mais, même sur ceux qu'elle-même a acquis personnellement depuis la même époque. Et la seule raison d'être
de cette différence si peu logique, serait que la loi suppose les
immeubles du receveur acquis avec les deniers volés par le percepteur, alors qu'elle n'a pas cru pouvoir admettre la même
présomption à l'égard des immeubles acquis par le percpeteur
fugitif. Non, la loi n'a pas pu être inconséquente à ce point.

Peut-être dira-t-on : Oui, la présomption est souvent en
opposition directe avec les faits, mais c'est là une de ces fic-
tions, comme la loi a cru devoir en établir dans certains cas
afin d'éviter des inconvénients plus graves, et lorsqu'elle a
agi ainsi, elle a créé une sorte de vérité légale, qu'elle entend
faire prévaloir même sur celle des faits. Cette théorie, on le
reconnaîtra, est au moins bizarre. Pour l'accepter, faudrait-
il encore qu'elle permît d'expliquer d'une manière claire et

---

1. En fait, l'État poursuit pour le tout le receveur particulier, qui
exerce son recours contre le percepteur comme il le peut.

précise toutes les dispositions du texte. Malheureusement,
il n'en est rien. Nous avons vu que, contrairement à l'ancienne législation qui assignait un point de départ différent
au privilège et à l'hypothèque légale du roi (1), la loi de 1807
frappait du privilège tous les immeubles acquis à titre onéreux depuis le jour de la nomination, sans se préoccuper de
savoir si le comptable était, ou non, entré dans ses fonctions.
Or, imaginons l'espèce suivante : La veille de sa nomination
un comptable a reçu le montant d'une créance de 100.000
francs qu'il avait trouvée dans la succession de son père, ainsi
que cela résulte d'un inventaire authentique. Les fonds sont
restés chez le notaire, et quelques jours après, ils sont employés à payer une acquisition d'immeuble faite depuis la
nomination (2). Sur ces entrefaites le comptable tombe gravement malade, et ne peut être installé que plusieurs mois
après. Suivant les termes formels de l'article 4 de la loi de 1807,
l'immeuble n'en sera pas moins grevé du privilège du Trésor.
Peut-on donner de cela une raison plausible, si l'on admet
que le privilège a pour fondement la présomption précitée.

Comment d'ailleurs, dans cette théorie, expliquer la distinction faite par la loi entre les comptables du Trésor et
ceux des communes et établissements publics? Ne sait-on
pas que ce sont ces derniers qui malversent bien plutôt que
les comptables du Trésor, et cela parce qu'ils sont moins bien
surveillés, moins bien recrutés, moins bien payés, etc.

Les exemples que nous citons ne sont pas, on le remar-

1. L'hypothèque légale, en effet, existait à compter de la date des
provisions ou nominations, tandis que le privilège ne frappait que les
immeubles acquis depuis l'entrée en fonctions (édit de 1669).

2. Nous verrons un peu plus loin que cet argument a paru tellement sérieux à quelques-uns des partisans de la présomption, que
pour y échapper, ils n'ont pas hésité, malgré les termes formels
de la loi, à déclarer que l'immeuble acquis et payé dans ces conditions
n'était grevé que d'une hypothèque simple.

quera, des espèces d'école péniblement forgées pour les besoins d'une argumentation. Nous les avons choisis au hasard, parmi les cas qui se présentent le plus fréquemment dans la pratique, et sur lesquels la Cour des comptes est le plus souvent appelée à statuer. Dès lors, il faut bien le reconnaître, non-seulement la présomption par laquelle on cherche à expliquer le privilège se trouve en opposition fréquente avec la vérité des faits, mais elle est même impuissante à donner de plusieurs des dispositions de la loi une explication satisfaisante.

Reste en sa faveur un dernier argument : les paroles du rapporteur, qui, au moment où il déposait le projet de la loi de 1807, a formellement déclaré que le privilège immobilier du Trésor, était fondé sur la présomption de fraude qui s'attachait à certaines acquisitions. Quant à nous, nous ne craignons pas de le dire, cette objection nous paraît très faible. Nous avons déjà montré que l'exposé des motifs de la loi de 1807 était loin d'être un modèle d'exactitude et de logique. On peut y trouver à peu près tout ce que l'on veut, la théorie de l'intérêt public, comme celle de la présomption. Le rapporteur y a entassé tous les arguments qu'il a crus propres à convaincre les législateurs, sans remarquer qu'il fallait choisir entre eux. D'ailleurs à cette époque, les lois étaient votées sans discussion ; il est donc impossible de savoir quels sont les motifs qui ont dirigé les députés dans leur vote. Beaucoup d'entre eux, sans doute, n'avaient pas renoncé aux idées qu'ils avaient émises lors de la rédaction du Code civil, et il est permis de supposer qu'en sanctionnant le projet du gouvernement, ils n'entendirent pas approuver sans réserve tous les principes sur lesquels on l'appuyait, mais seulement rétablir en faveur du Trésor, des garanties, dont le besoin se faisait chaque jour sentir davantage.

Ainsi donc, les travaux préparatoires de la loi de 1807, pas plus que les dispositions de cette loi, pas plus que l'expérience des faits ne sont favorables à la théorie de la présomption. Ajoutons, qu'au contraire, toutes ces difficultés disparaissent si l'on admet, que le privilège du Trésor a pour fondement l'intérêt public, ou comme disait Denisart « la nécessité ». L'insolvabilité des comptables pouvait causer à la société de graves préjudices ; on a cherché à s'en garantir le plus possible, en accordant au Trésor un privilège sur leurs biens. Toutefois ce privilège ne devait pas lui être accordé aux dépens de l'équité et des droits acquis aux tiers ; voilà pourquoi on a exempté les biens appartenant au comptable avant sa nomination ; à l'inverse, s'il existe même sur les immeubles acquis avant l'entrée en fonctions, c'est parce qu'étant une charge de la qualité de comptable, il peut prendre naissance, aussitôt que cette qualité existe chez l'agent. S'il ne frappe que les biens des agents du Trésor, c'est parce qu'on a pensé que les intérêts confiés aux autres n'étaient pas suffisants pour légitimer à leur égard une mesure qui a toujours des inconvénients pour le crédit public. Enfin puisqu'il était reconnu indispensable à la sécurité de l'État, on devait chercher à éviter que les comptables ne pussent y soustraire leurs acquisitions ; voilà pourquoi on l'a étendu même aux biens acquis par la femme. Toutefois, comme c'était là un simple moyen d'éviter la fraude, on en a limité les effets aux cas où cette fraude était possible ; de là l'exemption totale accordée aux immeubles appartenant à la femme avant la nomination du mari, et à ceux pour lesquels elle peut justifier d'une cause légitime d'acquisition. Voilà la loi de 1807 ; voilà les principes au moyen desquels on peut rationnellement l'expliquer.

Reste une seule objection : la distinction maintenue par la

loi entre les immeubles advenus au comptable à titre gratuit, et ceux qu'il acquiert à titre onéreux. Or, elle perd beaucoup de son importance en présence de tous les arguments qui militent en faveur du système que nous venons d'exposer. On voulait rétablir le privilège du Trésor ; un fâcheux esprit de routine fit qu'on remit en vigueur la règle ancienne sans remarquer que le principe sur lequel elle s'appuyait autrefois avait cessé d'être applicable. Peut-être, pour agir ainsi, n'eut-on d'autres motifs que de faire accepter plus facilement la législation nouvelle, en montrant qu'elle n'était pas une innovation. Peut-être le gouvernement impérial n'osa-t-il pas réclamer un privilège plus étendu que ceux qui avaient appartenu au Trésor sous la royauté. Quant à nous, en présence de l'obscurité qui environne le vote de la loi de 1807, nous croyons plus juridique de voir dans la distinction maintenue par les articles 4 et 6, une singularité législative, dont il faut chercher à restreindre la portée, que d'établir sur ces articles une présomption, qui se trouverait en opposition continuelle et absolue avec les faits et la loi.

Quelle que soit l'autorité qui s'attache à ce système, on nous permettra donc de le répudier absolument et de dire que le privilège immobilier du Trésor sur les biens de ses comptables a pour fondement l'utilité publique et l'ordre de la loi. C'est là une charge imposée à ces agents, en raison de leurs fonctions et au même titre que l'obligation de prêter serment, ou de verser un cautionnement, au même titre surtout que l'obligation imposée aux comptables supérieurs de couvrir de leurs deniers les débets de leurs subordonnés. Dès lors, on le conçoit, le privilège doit être strictement limité aux immeubles sur lesquels la loi l'a établi expressément, et l'on ne saurait, par des considérations d'équité ou de droit, étendre, ou restreindre, les limites qui lui ont été assignées.

Conséquences du système. — La question que nous venons de discuter n'est pas, comme on pourrait le croire, purement théorique. Du système qu'on adopte dépend la solution d'un certain nombre de questions pratiques, très vivement controversées par les interprètes. En effet, toutes les fois que la loi prête à quelque doute sur la nature du droit que le Trésor possède à l'égard des immeubles d'un comptable, c'est à la manière dont ils ont été payés dans la théorie de la présomption, c'est à la date et au mode d'acquisition dans notre système, qu'on doit exclusivement s'attacher pour décider. Nous allons en donner quelques exemples, qui seront, comme on va le voir, autant d'arguments en faveur de la thèse que nous avons soutenue.

Immeubles acquis et payés depuis la nomination du comptable, mais avant son entrée en fonction. — Cette espèce met dans la plus grande perplexité les partisans de la présomption. On ne peut encore soupçonner le comptable d'aucune fraude ; cependant l'acquisition est postérieure à la nomination et faite à titre onéreux ; le privilège du Trésor est donc indiscutable. Néanmoins certains auteurs l'ont nié (1), préférant violer le texte plutôt que de reconnaître le vice de leur système. D'autres plus respectueux des termes de la loi, se sont contentés de l'appliquer sans essayer de l'expliquer (2). Pour nous, cette espèce n'a rien de difficile. Nous avons montré que si les biens possédés par le comptable avant sa nomination ne sont grevés que d'une

---

1. *Sic* Mourlon, *Comm. sur les Privilèges et Hypothèques de Trop-long*, t. I, p, 98, § 42.

2. *Sic* Persil, *Comment. sur le Régime hypothécaire*, p. 19, VII ; Duranton, *Cours de droit civil*, t. XIX, p. 344, note ; Pont, *Privilèges et Hypothèques*, p. 81 ; Troplong, *Privilèges et Hypothèques*, p. 114 ; Dalloz, *Privilèges et Hypothèques*, p. 155, n° 564.

simple hypothèque, c'est uniquement par respect pour le principe posé dans le 2ᵉ § de l'article 2098. Or, sur l'immeuble considéré le privilège ne lèse aucun droit acquis ; la solution de la loi est donc absolument rationnelle.

Immeubles acquis avant la nomination, mais payés depuis l'entrée en fonction. — Ici, nos adversaires sont plus embarrassés encore, car, s'il est une hypothèse où la présomption semble devoir s'appliquer, c'est bien celle-là. Aussi quelques auteurs seraient-ils disposés à déclarer que l'esprit de la loi, sinon son texte, exige que le Trésor ait privilège sur ces immeubles. Nous nous en tiendrons, au contraire au texte de l'article, et nous dirons que le Trésor ne peut prétendre sur eux qu'à une hypothèque simple (1).

Immeubles aliénés par le comptable avant sa nomination et recouvrés après l'entrée en fonction par l'exercice d'une clause de réméré. — La solution est la même que dans le cas précédent. L'exercice du réméré résout la vente; le comptable n'a donc jamais cessé d'être propriétaire et sa propriété remonte à une époque antérieure à sa nomination. Le bien n'est donc grevé que d'une hypothèque. D'ailleurs, remarquons-le, accorder dans ce cas un privilège au Trésor, ce serait le plus souvent violer l'article 2098 du Code civil, car il peut exister des hypothèques inscrites sur les immeubles du chef du comptable avant sa nomination.

Immeubles acquis par le comptable depuis sa nomination bien qu'ils aient été payés avant. — L'es-

---

1. *Sic* Pont, *Privilèges et Hypothèques*, p. 31 ; Aubry et Rau, *Cours de droit civil*, t. III, p. 182, note; Troplong, *Privilèges et Hypothèques*, t. I, p. 103 ; Mourlon, *Examen critique du Traité des privilèges de Troplong*, t. I, p. 98; Dalloz, *Privilèges et Hypothèques*, p. 156, § 564 ; Duranton, *Cours de droit civil*, t. XIX, p. 344, note.

pèce que nous proposons paraîtra peut-être singulière ;
néanmoins elle se présente en réalité toutes les fois qu'après
sa nomination, un comptable par suite d'une *datio in solu-
tum* reçoit un immeuble en payement d'une créance qu'il
possédait avant cette époque. En droit l'immeuble est acquis
à titre onéreux ; l'acquisition est postérieure à la nomination ;
le privilège du Trésor est donc constant. Toutefois quelques-
uns des auteurs qui admettent la présomption, ont cherché à
échapper à cette solution qui pour eux est inexplicable.
Voici leur raisonnement : les mots « à titre onéreux » n'ont
pas dans la loi de 1807 leur sens habituel, mais un sens tout
spécial, résultant du principe qui a présidé à la rédaction de
cette loi. A titre onéreux voudrait dire ici « moyennant un
versement de deniers ». Pour s'en convaincre, il suffirait,
dit-on, de jeter les yeux sur le § 2 de l'article 4, qui prévoit
uniquement le cas où la femme a acquis, moyennant un payement **en deniers**. On conçoit alors le système ; l'immeuble
considéré, ne serait pas acquis à titre onéreux dans le sens
qu'attache à ces mots la loi de 1807, puisque le comptable en
est devenu propriétaire moyennant l'aliénation d'une créance.
Ce ne serait donc pas l'article 4, § 1, mais l'article 6, § 2, qu'il
y aurait lieu d'appliquer.

Une solution analogue est proposée par les mêmes auteurs pour le cas d'un :

**Immeuble acquis depuis la nomination du compta-
ble par suite d'un échange** (1). — D'autres ont fait
une distinction (2). Ils ont dit, si l'immeuble est obtenu en
échange d'immeubles ou de meubles grevés du privilège, il

1. *Sic* Mourlon, *Commentaires sur Troplong*, t. I, p. 101 et la note ;
Pont, *Privilèges et Hypothèques*. t. I, p. 30 *in fine* ; Aubry et Rau,
4ᵉ éd., t. III. p. 182.
2. Duranton, *Cours de droit civil*, t. XIX, p. 343, note.

sera frappé d'un privilège ; s'il est obtenu moyennant l'aliénation d'un immeuble frappé d'une simple hypothèque, il ne
sera au contraire soumis qu'à une hypothèque (1).

Quant à nous, nous avouons ne guère comprendre toutes
ces subtilités. Les législateurs, en opposant dans la loi de
1807 les acquisitions à titre onéreux aux acquisitions à titre
gratuit, ont prouvé bien clairement qu'ils attribuaient à ces
mots leur sens habituel. Si, dans le deuxième paragraphe
de l'article 4, la loi n'a parlé que du cas où la femme aurait
acquis moyennant un prix en deniers, c'est parce qu'elle a
statué sur le *plerumque fit ;* mais il n'est pas douteux que
les mêmes règles seraient applicables, dans le cas où la
femme aurait acquis l'immeuble en échange d'autres biens
sur lesquels elle pourrait prouver sa légitime propriété.

Nous dirons donc qu'au cas d'échange d'immeubles par un
comptable, l'État a un privilège sur la nouvelle acquisition,
tout en conservant jusqu'à la purge ses droits sur l'immeuble
aliéné ; et si cette solution paraît trop dure au comptable, il
devra s'adresser à la Cour des comptes pour obtenir, s'il y a
lieu, la réduction ou la translation du privilège ou de l'hypothèque.

**Immeubles acquis depuis la nomination, mais dont
le prix est encore dû.** — On est allé plus loin encore. On
a dit que l'immeuble acquis par le comptable depuis sa nomination n'était pas grevé du privilège quand le prix en était
encore dû (2). Ainsi donc, pour que l'acquisition soit considérée par nos adversaires comme faite à titre onéreux, non
seulement il faudra que le prix consiste en argent, mais

1. V. Aubry et Rau, t. III, p. 182 ; Duranton, *Cours de droit civil*,
t. XIX, p. 343.

2. V. Mourlon, *Comm. sur le Traité des privilèges de Troplong*, t. I,
p. 103.

même il faudra qu'il soit payé ! La circonstance que le payement n'a pas encore été fait, suffira pour changer la nature
du contrat. Nous ne nous arrêterons pas à réfuter longuement ce système : pour le renverser, il suffit de rappeler les
termes de la loi, mais nous le retiendrons néanmoins, car il
montre à quelles conséquences la théorie de la présomption
entraîne fatalement les esprits logiques.

Immeubles acquis par personnes interposées. —
D'ailleurs, nous avons hâte de clore cette longue discussion
en examinant une question pratique dont la solution dépend
également des principes que nous venons de chercher à exposer. On sait que, dans l'ancien droit, non seulement la
jurisprudence considérait les enfants des comptables comme
personnes interposées, mais qu'elle permettait même à l'État
d'exercer son privilège sur tout immeuble, quel qu'en soit le
propriétaire, à la seule condition de prouver que les deniers
employés à l'acquisition avaient été fournis par un comptable en exercice. La loi de 1807, en ne parlant que de la
femme, a-t-elle entendu abroger cette règle ? Ou bien, aujourd'hui encore, le Trésor peut-il réclamer un privilège sur
les biens acquis par les enfants d'un comptable ou même par
toute autre personne, en prouvant seulement que les deniers
nécessaires à l'acquisition ont été fournis par un receveur (1) ?

A l'appui de ce dernier système, on a dit que l'immeuble
ayant été payé avec des deniers que la loi présumait deniers
publics, cela suffisait pour établir à son égard le privilège
du Trésor ; que, d'ailleurs, ce privilège serait un vain mot si
les comptables pouvaient éluder les dispositions de la loi en

1. V. Sirey, 1812, 2ᵉ p., p. 205 : Cour de Limoges, 22 juin 1808, aff.
Cuzinet ; Troplong, *Privilèges et Hypothèques*, t. II, p. 112, semble approuver ce système. V. aussi Dalloz, *Privilèges et Hypothèques*, p. 156.

effectuant leurs acquisitions sous le nom de leurs enfants ou de toute autre personne (1).

Hâtons-nous de le dire, ce système compte aujourd'hui peu de partisans. On a compris quel danger il y aurait pour le crédit public à permettre à l'État une semblable preuve, car tout citoyen pourrait alors être inquiété dans sa propriété, sous prétexte qu'au moment où il a acquis, il était le parent ou l'ami d'un comptable. D'ailleurs, il est élémentaire que les privilèges ne s'établissent pas par analogie, et on agirait de la sorte, si, en l'absence de toute fraude, on étendait celui du Trésor aux biens acquis par des non-comptables (2).

Ainsi donc : 1° Les droits accordés à l'État par la loi de 1807 n'existent rigoureusement que sur les biens des comptables et de leurs femmes ; 2° l'hypothèque légale accordée aux communes et établissements publics ne grève que les immeubles des seuls comptables; 3° à l'égard de toute autre personne, ces êtres moraux n'ont d'autres droits que ceux qui appartiennent aux particuliers. Ils ne pourront donc atteindre les acquisitions des tiers, qu'en établissant qu'elles sont le résultat d'un concert frauduleux entre les contractants et le comptable ; et, quand bien même les deniers auraient été fournis par un receveur, s'il est prouvé que les acquéreurs ont eu l'intention d'acquérir pour leur compte, sauf à se reconnaître débiteurs du prix, l'État ne

1. *Sic* arr. de la cour de Limoges du 22 juin 1808 (Sirey, 1812, 2ᵉ p. p. 205). Toutefois il y a lieu de remarquer que dans l'espèce soumise à la cour, le comptable avait exercé sous l'empire de la loi de 1790 et non sous celle de 1807, ce qui diminue singulièrement la portée de l'arrêt.

2. V. à cet égard Pont, *Privilèges et Hypothèques*, p. 31 ; Duranton. *Cours de droit civil*, t. 343 ; Mourlon, *Examen du Traité des privilèges de Troplong*, t. I, p. 104.

pourra exercer que l'action en remboursement conformément à l'article 1166 du Code civil.

Pour terminer ce qui concerne les comptables du Trésor,
il nous reste à énoncer rapidement quelques règles qui n'ont
pas encore pu trouver place jusqu'ici.

On a dit que le privilège existait sur les biens acquis à
titre onéreux par le comptable depuis sa nomination. En
principe, tous les biens sont présumés acquis dans ces conditions, et c'est au comptable qu'il appartient d'établir le
contraire, s'il y a lieu. D'ailleurs, les plus grandes facilités
devront lui être laissées pour cela, et si, par exemple, le
Trésor prétendait qu'une acquisition qui paraît faite à titre
gratuit cache en réalité un contrat à titre onéreux, ce serait
à lui à faire la preuve (1).

L'immeuble acquis par un comptable depuis sa démission
acceptée, mais avant sa décharge définitive, est-il grevé du
privilège du Trésor? En faveur de la négative on pourrait
dire que l'agent n'a plus en réalité la qualité de comptable,

---

1. Il est un cas où la nature de l'acquisition peut être difficile à déterminer. Un comptable possédait avant sa nomination des actions
de la Banque de France. Il les immobilise après sa nomination. Le
Trésor aura-t-il sur elles un privilège ou une hypothèque ? — Nous
pensons que l'État aura sur elles un privilège, car ce n'est pas là,
en réalité, un bien qui vient augmenter le patrimoine du comptable comme dans les acquisitions à titre gratuit, c'est une valeur qui vient y remplacer une autre valeur sur laquelle l'État avait
déjà privilège. Si le comptable avait aliéné ses actions et qu'il eût
employé le prix à en acquérir d'autres immobilisées, personne ne
douterait que l'acquisition ne soit faite à titre onéreux ; nous ne
voyons pas ce qui pourrait changer la solution, lorsque le comptable
immobilise des actions qu'il possédait déjà.

D'ailleurs, décider autrement serait favoriser la fraude, car les
comptables, en transformant leur actif mobilier en actions de la
Banque qu'ils immobiliseraient ensuite, pourraient rendre inutile le
privilège mobilier du Trésor et se procurer après leur nomination,
des biens sur lesquels leurs femmes primeraient l'État.

et que, dès lors, il n'est plus soumis aux charges qu'elle entraîne. Nous répondrons que ces charges ont été établies pour garantir le Trésor contre l'insolvabilité de ceux qui ont le maniement de ses deniers, et que par conséquent il n'y a aucun motif pour les en décharger, tant qu'ils n'ont pas apuré leurs comptes.

Ajoutons que les droits du Trésor et des établissements publics grèvent non seulement les biens des comptables, mais même ceux de la communauté, lorsque les agents sont mariés sous ce régime. On sait, en effet, que toutes les dettes du mari sont exécutoires sur les biens de la communauté ; il n'y a donc point lieu à ce point de vue de distinguer les biens communs de ceux qui lui appartiennent en propre.

Comptables soumis seulement à l'article 2121 du Code civil.

Dans ce qui précède nous avons presque toujours supposé qu'il s'agissait de comptables soumis à la loi de 1807, c'est-à-dire de comptables en deniers du Trésor (1). Les mêmes règles s'appliquent aux comptables des communes et établissements publics, ainsi qu'aux comptables en matières de l'État, sauf quatre exceptions :

1° Leurs meubles ne sont grevés d'aucun privilège.

2° Leurs immeubles ne sont jamais frappés que d'une hypothèque simple.

3° Leurs femmes ne sont pas légalement présumées personnes interposées. En effet, le Code civil n'en fait pas mention, et nous avons montré qu'en cette matière on ne pouvait procéder par assimilation.

1. V. ci-dessus, ch. i.

4° Enfin les receveurs de l'enregistrement n'ont, à l'égard des inscriptions à prendre sur ces comptables, ni les fonctions spéciales, ni la responsabilité qui leur sont imposées pour les comptables du Trésor par l'article 7 de la loi de 1807.

Ajoutons toutefois que les receveurs communaux et hospitaliers étant, aux termes de l'arrêté du 19 vendémiaire an XII (1), tenus, sous leur propre responsabilité, de faire inscrire toutes les hypothèques existant en faveur de la commune ou de l'établissement dont ils gèrent les deniers, ils doivent eux-mêmes prendre sur leurs biens l'inscription nécessaire, et l'autorité chargée de juger leurs comptes doit s'assurer périodiquement de l'accomplissement de cette formalité.

Comptables occultes.

Nous avons vu dans le chapitre premier que toutes les règles applicables aux comptables réguliers s'appliquaient également à certains comptables irréguliers qu'on nomme comptables occultes ou de fait. Nous n'y reviendrons pas ici et nous nous bornerons à dire que les comptables occultes seront soumis soit à la loi de 1807, soit seulement à l'article 2121 du Code civil, suivant que les comptables auxquels ils se sont irrégulièrement substitués auraient été soumis à l'une ou l'autre de ces législations.

Comme nous l'avons dit dans le chapitre premier, c'est la Cour des comptes ou le Conseil de préfecture qui arrêtent l'époque à laquelle le maniement occulte a commencé; c'est donc à cette date que les tribunaux ordinaires devront se référer pour décider si un bien se trouve grevé du privilège

1. V. Collection Duvergier, t. XIV, p. 420.

ou de l'hypothèque simple. Remarquons toutefois que le Trésor jouira rarement de son privilège immobilier sur les biens des comptables occultes, car l'inscription ne pouvant être prise qu'à l'époque où l'on découvre les irrégularités, se trouvera rarement faite dans les délais prescrits par l'article 5 de la loi de 1807. Le Trésor n'aura donc le plus souvent qu'une hypothèque légale.

Quelques auteurs ont cherché à échapper à cette conclusion. Pour cela, ils ont commencé par faire remarquer que les acquisitions de comptables occultes pouvaient, avec plus de raison que toutes autres, être présumées faites avec les deniers publics. Cela posé, ils ont ajouté que le défaut d'inscription dans les délais de la loi ne pouvait être opposé au Trésor, en vertu de la règle : *Contra agere non valentem non currit præscriptio*. Ce système a trouvé peu de partisans, car l'inscription est une mesure d'ordre public dans l'intérêt des tiers et aucune considération juridique ne peut la suppléer, lorsqu'elle n'a pas été prise à temps.

CHAPITRE III

DETTES GARANTIES PAR LE PRIVILÈGE ET L'HYPOTHÈQUE

Le privilège et l'hypothèque, réglés par l'art. 2121 du Code civil et la loi de 1807, garantissent toutes les créances résultant de faits de charge, c'est-à-dire toutes les créances que l'État, les communes ou les établissements publics possèdent contre leurs comptables, à raison des abus ou irrégularités commis dans la gestion de leurs deniers. Nous ne pouvons ici entrer dans le détail de ces questions complexes, qui nous obligeraient à faire une étude spéciale de la responsabilité des agents des finances. Pour rester dans le cadre assigné à ce travail, nous nous contenterons donc d'indiquer sommairement les principales sources de déficits ou de débets.

Et tout d'abord, quelle est la signification de ces deux mots? Tous deux expriment la situation d'un comptable qui ne peut représenter l'intégralité des deniers qui devraient exister dans sa caisse ; néanmoins, il y a entre eux une différence remarquable. Le déficit est un fait actuel, résultant de l'insuffisance des deniers trouvés dans une caisse, lors d'une vérification matérielle ; le débet, au contraire, est la constatation du même fait prononcée à la suite de l'examen d'un compte, soit par l'autorité administrative, soit par l'autorité judiciaire. On caractérise assez souvent cette différence en disant que le déficit est un état de fait, tandis que le débet est une situation juridique (1).

En dehors des cas de vols ou de détournements, les déficits ou les débets peuvent résulter de trois causes :

1° Omission de recettes ;

2° Dépenses irrégulières ;

3° Application de la responsabilité.

1° Omissions de recettes. — Aux termes de l'ordonnance des 8 décembre 1832 et 4 janvier 1833, art. 1ᵉʳ (2), tous les comptables ressortissant au ministère des finances sont pécuniairement responsables du recouvrement des droits liquidés sur les redevables et dont la perception leur est confiée. En conséquence, à moins d'avoir obtenu une décharge spéciale, ils sont tenus, sous peine d'être constitués en débet, de verser de leurs deniers personnels les sommes qui n'auraient pas été recouvrées par eux aux époques prescrites.

2° Dépenses irrégulières. — Les agents du Trésor n'ont pas à répondre seulement de leur négligence dans le recouvrement des recettes : avant de procéder au payement des ordonnances et mandats délivrés sur leur caisse, les payeurs doivent, sous leur responsabilité pécuniaire, s'assurer qu'ils sont réguliers, et ont pour effet d'acquitter une dette de l'État (3). Les comptables, avant de payer, sont donc obligés de vérifier si les dépenses portent sur un crédit ouvert, si le service a été réellement exécuté et si toutes les justifications prescrites par les nomenclatures ont été produites. Ils doivent, en outre, s'assurer de l'identité du porteur du mandat

1. Circulaire du procureur général près la Cour des comptes, du 5 septembre 1821. — V. Petetin, *Dictionnaire de la perception*, t. I, p. 413.

2. V. Collection Duvergier, t. XXXII.

3. Ordonn. 31 mai 1838, art. 317. V. Collection Duvergier, t. XXXVIII, p. 454.

et prendre toutes les précautions nécessaires à la validité de la quittance ; par exemple, exiger qu'il leur soit fourni une expédition du contrat de mariage, quand il s'agit d'une femme mariée, ou requérir l'assistance du curateur si le créancier n'est que mineur émancipé, etc.; et lorsque, par suite de l'inexécution de quelques-unes de ces prescriptions, le payement se trouve irrégulier, le comptable devient débiteur envers l'État de la somme induement payée.

3° — Enfin la loi rend certains comptables responsables de divers faits particuliers.

Ainsi les receveurs généraux de départements doivent acquitter de leurs deniers personnels tous les débets des receveurs particuliers placés sous leurs ordres (1). De même, les receveurs particuliers (2) sont tenus de couvrir immédiatement ceux des percepteurs et receveurs de communes ou d'établissements publics dont ils ont la surveillance (3).

De plus, l'arrêté du 19 vendémiaire an XII oblige les receveurs des communes et des établissements de bienfaisance à exercer certains actes conservatoires, tels que : interruptions de prescriptions, inscriptions d'hypothèques, diligences pour le renouvellement des baux, etc., et met à leur charge

1. Ordonn. 19-29 novembre 1826, art. 1. V. Collection Duvergier, t. XXVI, p. 319.

2. Ordonn. 17 septembre-1er octobre 1837. Collection Duvergier, t. XXXVII, p. 282.

3. Sous l'ancienne monarchie (édit. de janv. 1782). V. Répertoire Guyot, t. XIV, p. 495), les receveurs particuliers ne pouvaient être nommés qu'avec l'agrément du receveur général sous lequel ils devaient exercer. L'arrêté du 1er pluv. an VIII autorisa les receveurs généraux à les nommer directement. Ils étaient donc alors plutôt les employés du receveur général que les agents de l'État. Depuis qu'ils sont nommés exclusivement par le pouvoir central, la responsabilité des comptables supérieurs à leur égard n'a plus d'autre raison d'être que l'ordre positif de la loi qui a cherché par ce moyen à rendre la surveillance plus effective.

tous les dommages qui pourraient résulter de leur négligence à cet égard.

Enfin, tous les comptables sont responsables des accidents survenus à leur caisse, tels que vols, incendies, etc., lors même qu'ils proviennent de cas de force majeure, toutes les fois qu'ils n'ont pas pris pour s'en préserver toutes les précautions prescrites par les règlements.

Tels sont, sommairement, les principaux motifs pour lesquels un comptable peut être constitué en débet, et par conséquent les principales créances garanties par le privilège et l'hypothèque légale. La loi, toutefois, a établi aux règles précédentes un tempérament qui atténue ce qu'elles pourraient avoir parfois de trop rigoureux. Lorsque les déficits se sont produits dans des circonstances telles qu'aucune faute ne soit imputable à l'agent, il peut adresser au ministre une demande en décharge (1). Celui-ci statue après avis de la section des finances du Conseil d'État, et sa décision, si elle est favorable, forme pour le comptable une pièce régulière de dépense qu'il produit à l'appui de son compte à l'autorité chargée de le juger (2).

Amendes prononcées par la Cour des comptes. — Deux observations nous restent à faire. Lorsqu'un comptable ne produit pas ses comptes dans les délais prescrits par les règlements, la Cour des comptes ou le conseil de préfecture peuvent le frapper d'une amende qui varie avec la durée du retard (3). Le recouvrement de ces amendes est-il garanti par le privilège ou l'hypothèque ? On se l'est demandé plusieurs fois. La raison de douter viendrait, dit-on, de l'art. 68 de la

1. Au directeur, pour les comptables des régies financières..

2. Ordonn. 12 novembre 1826, 3 décembre 1832 ; loi du 18 juillet 1837, art. 18.

3. Loi du 16 septembre 1807, art. 12.

loi du 18 juillet 1837, qui déclare ces amendes assimilées aux débets des comptables. Nous pensons néanmoins que le Trésor ne peut se prévaloir de son privilège à leur égard. La loi de 1807, comme l'art. 2121, eurent pour but de rétablir les règles qui avaient régi les biens des comptables avant la Révolution. Or, notre ancien droit, pas plus que la législation romaine, n'admettait que l'État eût privilège ou hypothèque pour le recouvrement des condamnations pénales. Ce n'est donc pas là ce qu'a voulu exprimer l'article précité. Il a simplement eu pour but d'établir que les amendes seraient recouvrées dans les mêmes formes que les débets, et, comme le marque la dernière phrase, d'autoriser en cette matière la contrainte par corps, aujourd'hui supprimée (1).

Le privilège et l'hypothèque ne garantissent que les dettes envers l'Etat, les communes et les établissements publics. — Enfin le privilège et l'hypothèque de la loi de 1807 et de l'art. 2121 n'existent jamais pour dettes envers les particuliers, quand bien même ceux-ci auraient une action contre le comptable pour faits accomplis par lui dans l'exercice de ses fonctions. Supposons par exemple qu'un comptable ait opéré des perceptions non autorisées ; quoique ce soit bien là un acte effectué en qualité de comptable et que l'action en répétition soit ouverte au contribuable, il ne jouira pour le remboursement d'aucun des avantages énoncés ci-dessus. Pour un motif analogue, les privilèges et les hypothèques ne garantissent pas non plus les opérations relatives aux achats de rentes que les receveurs généraux sont obligés d'effectuer pour les particuliers

1. « Le recouvrement des amendes pourra être poursuivi par corps. » V. article 68, *in fine.* Conférer. Dalloz, *Cautionnements des fonctionnaires et comptables,* n° 74.

en vertu de la loi du 14 avril 1819 ; car elles n'engagent pas leur responsabilité vis-à-vis de l'Etat.

Ajoutons que toutes les questions relatives à la responsabilité et aux comptes des comptables sont de la compétence des tribunaux administratifs. La Cour des comptes ou le Conseil de préfecture peuvent donc seuls arrêter définitivement le débet d'un comptable. Mais une fois la somme souverainement arrêtée par eux, c'est aux tribunaux ordinaires (1) qu'il appartient de statuer sur toutes les difficultés que soulèvent les poursuites hypothécaires.

1. Même dans le cas où le comptable serait tombé en faillite. — V. arr. C. cass., 9 mars 1808 ; Dalloz, *Faillite*, p. 98, n° 233, note 3.

CHAPITRE IV

RANG DES PRIVILÈGES ET HYPOTHÈQUES DE L'ÉTAT,
DES COMMUNES ET ÉTABLISSEMENTS PUBLICS
SUR LES BIENS DES COMPTABLES.

Dans les chapitres précédents nous avons successivement étudié les quatre points qui forment, si l'on peut s'exprimer ainsi, les quatre termes de tout droit hypothécaire : le créancier, le débiteur, les biens grevés, les créances garanties. Il nous reste maintenant à rechercher le rang des privilèges et hypothèques ainsi constitués et à indiquer brièvement les manières dont ils prennent fin.

A l'égard du rang, la loi a posé quatre règles :

1° L'hypothèque légale de l'Etat, des communes et établissements publics des comptables prend rang à dater du jour de son inscription.

2° Le privilège du Trésor sur les biens mobiliers des comptables ne s'exerce qu'après les privilèges généraux et particuliers énoncés aux art. 2101 et 2102 du Code civil.

3° Le privilège sur les immeubles ne prend rang qu'après les privilèges énoncés aux art. 2101 et 2105 du Code civil, toutes les fois que les créanciers se sont conformés aux règles prescrites par la loi pour la conservation et l'exercice de leurs droits.

4° Enfin en aucun cas les privilèges du Trésor ne peuvent préjudicier aux tiers qui auraient sur les biens des droits acquis antérieurs à ceux de l'Etat ; spécialement le privilège sur les acquisitions des comptables n'est pas opposable aux créanciers, qui avaient sur l'immeuble des hypothèques légales ou autres du chef du précédent propriétaire.

Privilèges. — Ainsi donc, sur les biens tant mobiliers qu'immobiliers de ses comptables le Trésor ne vient jamais qu'après tous les créanciers qui ont privilège, en vertu des articles du Code civil. En outre, comme nous l'avons déjà remarqué, l'obligation de respecter les droits acquis aux tiers fait que son privilège immobilier se trouve primé par toutes les hypothèques qui existaient régulièrement sur l'immeuble avant lui. Ce privilège, en somme, diffère donc assez peu de l'hypothèque. Il n'a sur elle que deux avantages : 1° Il prime les hypothèques soit légales, soit judiciaires, qui frappent l'immeuble au moment de son acquisition par le comptable. 2° Il prime également les hypothèques conventionnelles inscrites avant lui dans les deux mois de l'enregistrement de l'acte d'acquisition.

Deux questions toutefois ont été soulevées : On s'est demandé d'abord, si le privilège immobilier du Trésor n'existait pas seulement à défaut du privilège sur les meubles ; et en second lieu, quel était son rang sur les biens des comptables par rapport aux autres privilèges du Trésor ?

A l'égard de la première question l'affirmative ne semble pas douteuse (1). On a cependant cherché à la contester ; on a dit notamment que la règle en cette matière ne devait pas

---

1. *Sic* Persil, *Régime hypothécaire*, p. 221 ; Dalloz, *Privilèges et Hypothèques*, p. 70 ; Troplong, *Comment. sur les Privilèges et Hypothèques*, p. 119, t. I ; Pallain, *Législation du Trésor public*, p. 282 ; Duranton, *Cours de droit civil*, t. XIX, p. 345, note.

être tirée par analogie de l'art. 2105 du Code civil; que d'ailleurs à l'époque où l'article 2105 a été rédigé, le Trésor n'avait pas de privilège sur le mobilier, sauf en matière de contribution directe, et que précisément alors il n'était pas dans ce cas assujetti à la discussion préalable du mobilier. Enfin on ajoute que, si la règle posée par les premiers mots de l'article 2105 se conçoit à l'égard des privilèges de l'article 2101 qui garantissent des créances modiques, on ne saurait la comprendre pour des créances aussi considérables que peuvent l'être les créances du Trésor (1).

Ces arguments ne nous paraissent rien moins que concluants. En effet, dans le projet primitif l'article 2104 était ainsi conçu :

« Les privilèges qui portent à la fois sur les meubles et les immeubles sont : 1° Les privilèges pour frais de justice, frais funéraires etc., 2° Le privilège du Trésor public sur les biens de ses comptables » ; et l'article 2105 ajoutait : « Lorsqu'à défaut de mobilier les créanciers désignés en l'article précédent se présenteront pour être payés sur le prix d'un immeuble en concurrence avec les créanciers privilégiés sur l'immeuble, les payements se feront dans l'ordre suivant, etc. » On avait donc bien alors l'intention de n'accorder au privilège sur les meubles que des effets subsidiaires.

Nous avons vu par quel concours de circonstances l'article 2104 fut tronqué lors de la discussion. Ce ne fut évidemment pas pour soustraire le privilège du Trésor à l'application des principes contenus dans l'article 2105, que d'ailleurs personne ne contestait. On ne saurait donc pas prétendre, qu'en rédigeant ce dernier article, les législateurs ne songèrent nullement au privilège du Trésor. Le deuxième argu-

1. V. conclusions de l'avocat général Poirel devant la cour de Metz (Troplong, t. I, p. 119.)

ment n'est pas plus fondé. Il est de règle que lorsqu'un créancier a pour une même créance deux sûretés différentes, il doit d'abord faire valoir celle qui cause le moins de préjudice au débiteur : or, tout le monde admet que l'exécution sur les meubles est une mesure moins grave que l'expropriation des immeubles. Remarquons d'ailleurs que les créanciers chirographaires n'ont aucun motif valable de combattre le système que nous défendons ; car, ou l'actif couvre le passif ou bien il lui est inférieur. Si l'actif est supérieur au passif, les créanciers seront désintéressés quel que soit l'ordre dans lequel l'Etat exercera son privilège. Si, au contraire, le débiteur est insolvable, il est légitime de faire supporter cette insolvabilité par les chirographaires plutôt que par les créanciers hypothécaires. Ajoutons même que le système inverse aurait des conséquences déplorables, car, en permettant à l'Etat de n'exercer son privilège que sur les immeubles, il lui donnerait la facilité de favoriser frauduleusement les chirographaires au détriment des créanciers hypothécaires d'un rang inférieur au sien (1). La loi ne peut sanctionner un pareil résultat; il faut donc bien admettre que l'Etat sera déchu de tout droit de préférence sur les immeubles d'un comptable, lorsqu'il aura laissé distribuer le prix du mobilier sans opposer son privilège.

On a soulevé une autre question. Nous avons vu que la loi de 1807 avait déterminé fort exactement le rang des privilèges qui grèvent les biens des comptables par rapport à ceux qui sont prévus par le Code civil. Mais quel est d'un autre côté le rang de ces privilèges comparés aux autres privilèges du Trésor ? Au premier abord, la question peut sembler singulière, car dès l'instant que le créancier privilé-

---

1. V. Persil, *Régime hypothécaire,* p. 223.

gié est toujours l'État, peu importe le privilège au moyen duquel il absorbe l'actif du débiteur. Elle a cependant dans beaucoup de cas un intérêt pratique très sérieux. Exemple : Un receveur particulier en débet possède dans un département, autre que celui où il exerce ses fonctions (1), un immeuble dont la contribution foncière n'a pas été payée depuis un an. Le trésorier-payeur général dont il dépend et qui a dû couvrir le déficit de ses deniers personnels, aura, comme subrogé aux droits de l'État, privilège sur l'immeuble, les meubles qu'il contient et les fruits qu'il produit jusqu'à parfait payement des débets de charge ; à qui toutefois appartiendra le premier rang sur ces fruits ? Sera-ce à l'État pour les contributions ou au trésorier-payeur général pour le montant du débet ? — On pourrait concevoir même des espèces plus complexes. Supposons que dans le cas précédent, l'arriéré des contributions ait été versé par le percepteur du canton où se trouve l'immeuble, et que d'un autre côté le receveur insolvable ait été l'objet d'une poursuite criminelle. Le percepteur jouira du privilège de l'administration des contributions pour le recouvrement des sommes dont il a fait l'avance, et l'État aura pour les frais de la poursuite le privilège spécial organisé par la loi de 1807 (2). Dans quel ordre le trésorier-payeur général, le percepteur et l'État devront-ils être colloqués sur les fruits ? Dans quel ordre l'État et le trésorier-payeur général viendront-ils sur l'immeuble et les meubles qu'il contient ?

1. Cette observation est importante, car sans cela le receveur général serait tenu de verser de ses deniers le montant des contributions arriérées.

2. Loi du 5 septembre 1807, pour le remboursement des frais de justice en matière criminelle, correctionnelle et de police.

Peut-être nous dira-t-on, que les droits du trésorier-payeur général et du percepteur ne pourront jamais être opposables au Trésor, car en matière de subrogation, *Nemo contra se subrogasse videtur*. Il n'en est rien car l'adage qu'on nous oppose excellent entre particuliers ne saurait s'appliquer aux comptables. Ceux-ci, en effet, en désintéressant l'État, n'agissent ni dans l'intérêt du débiteur, ni dans leur propre intérêt; ils font simplement à l'État l'avance des sommes qu'ils sont chargés de recouvrer, en usant pour cela de tous les avantages attachés à la créance. Ils ne désintéressent pas l'État en leur propre nom: ce qui le prouve bien, c'est que plus tard, ils pourront encore obtenir décharge de leur responsabilité et, s'il en est ainsi, rentrer dans leurs fonds. Dès lors ce ne sont plus des subrogés ordinaires, ils sont simplement *procuratores in rem suam* dans toute l'acception que les Romains primitifs donnaient à cette expression, et ils peuvent exercer les avantages accordés à l'État même contre l'État lui-même. Il y a donc parfois un grand intérêt pratique à connaître le rang respectif des différents privilèges accordés au Trésor (1).

Les privilèges, à raison des contributions directes et indirectes et celui accordé à l'administration des douanes sur les biens des redevables par la loi du 22 août 1791, ont évidemment un rang supérieur à celui qui frappe les meubles des comptables, car les lois qui les ont établis leur ont accordé un rang préférable même à la plupart des privilèges du Code civil.

1. D'ailleurs, au point de vue même de l'administration, il peut être intéressant de savoir si une somme attribuée à l'État doit être portée à tel ou tel chef de recettes. De même, si le comptable avait fourni caution pour l'une des dettes, il serait important de savoir laquelle est acquittée, etc.

Il n'en est pas de même de celui qu'une loi datée également du 5 septembre 1807 a accordé au Trésor sur les biens des condamnés pour le recouvrement des frais de poursuite en matière criminelle. Ce privilège, en effet, ne prend rang qu'après ceux énoncés aux articles 2101, 2102 et 2103 du Code civil et nous pensons même qu'il sera primé par celui qui frappe les biens des comptables. En effet, d'après la loi d'institution, le privilège pour frais de justice n'est jamais opposable au défenseur du condamné ; or, ce dernier n'est qu'un simple créancier chirographaire, qui par conséquent ne pourrait être payé qu'après le Trésor poursuivant le payement des débets pour fait de charge.

D'ailleurs sur les immeubles, le privilège pour frais de justice ne passe qu'après les hypothèques qui se trouvaient inscrites au moment où le mandat d'arrêt a été lancé. Or, supposons qu'un comptable, nommé le 1er juillet 1880, ait acquis un immeuble à titre onéreux le 1er juillet 1881 et qu'inscription ait été prise au nom du Trésor le 1er août 1881. Le 1er juillet 1882 une hypothèque est inscrite sur l'immeuble et le 1er juillet 1883 un mandat d'arrêt a été décerné contre le comptable qui est condamné le 1er novembre. D'après la théorie de la loi, l'hypothèque inscrite le 1er juillet 1882 sera primée par le privilège pour débets de charge et primera celui pour frais de justice. Le premier est donc nécessairement préférable au second (1).

Hypothèque. — Nous avons dit, en tête de ce chapitre, que l'hypothèque légale de l'État des communes et des établissements publics prenait rang à la date de son inscription. Cette inscription n'a donc pas, comme celle prise sur les biens

---

1. Remarquons que l'hypothèse inverse ne saurait se présenter, car un individu ayant été condamné pour crime, ne pourrait être nommé comptable public.

du tuteur ou du mari, un effet rétroactif au jour de la nomination du comptable ou de l'acquisition. On conçoit le motif de cette différence : l'hypothèque légale du mineur ou de la femme existant indépendamment de l'inscription, on comprend qu'on en puisse faire remonter les effets à une époque où cette inscription n'existait pas encore, tandis que la même raison ne peut être invoquée pour l'hypothèque de l'État, qui n'existe qu'à charge d'inscription.

En sens inverse, on a dit parfois que l'hypothèque du Trésor n'avait pas pour chaque immeuble une date unique, mais qu'elle prenait rang pour chaque débet à partir du jour où il était judiciairement ou administrativement constaté. Nous ne nous arrêterons pas à ce système qui procède d'une conception très fausse de l'hypothèque accordée à l'État. Ce qu'elle garantit, en effet, ce n'est pas telle créance déterminée, mais la créance éventuelle de l'État contre le comptable, ou plutôt l'obligation générale que contracte le comptable au jour de sa nomination de rendre compte et d'apurer son débet (1).

1. V. Pallain et Dumesnil, *Législation du Trésor public*, p. 279, n° 256.

CHAPITRE V

EXTINCTION DU PRIVILÈGE ET DE L'HYPOTHÈQUE

Il nous reste, pour terminer notre travail, à examiner brièvement comment prennent fin les privilèges et hypothèques du Trésor, des communes et des établissements publics.

Aux termes de l'article 2180 du Code civil, les privilèges et hypothèques s'éteignent :

1° Par l'extinction de l'obligation principale ;

2° Par la renonciation du créancier ;

3° Par l'accomplissement des formalités de la purge ;

4° Par la prescription.

Nous allons examiner sommairement ces quatre causes d'extinction, et chercher à déterminer les conditions et les limites dans lesquelles elles s'appliquent aux droits que nous avons à étudier.

§ Ier. — **Extinction de l'obligation principale.** — L'obligation principale des comptables étant de rendre compte de leur maniement et de solder leurs débets, l'extinction de l'obligation à leur égard ne saurait résulter évidemment que de l'apurement complet de leur gestion. Cet apurement est constaté par la déclaration de *quitus* qui leur est donnée, par l'autorité chargée de les juger, à la fin de l'arrêt définité rendu sur le dernier compte produit.

Au vu de cet arrêt, l'agent judiciaire du Trésor ou le préfet du département (1) délivre les mainlevées authentiques qui, d'après les décisions ministérielles des 28 novembre 1808 et 24 janvier 1809, peuvent seules autoriser le conservateur à effectuer la radiation. Pour les comptables subordonnés, les mains-levées sont accordées sur la présentation des déclarations de quitus délivrées par le supérieur sous la responsabilité duquel ils ont géré.

Des règles analogues sont applicables aux comptables justiciables des conseils de préfecture, et les autorisations de radiation sont alors délivrées au vu des arrêtés du conseil par les receveurs en exercice.

Enfin les préfets étant chargés d'arrêter souverainement les comptes des économes des établissements charitables, c'est à eux qu'il appartient d'autoriser en fin de gestion la radiation des inscriptions prises sur leurs biens.

§ II. — **Extinction par la renonciation du créancier.** — L'hypothèque existant en faveur de l'État, des communes et des établissements publics en vertu d'une disposition légale, ces êtres moraux ne peuvent jamais y renoncer d'une manière absolue. Ils peuvent seulement renoncer provisoirement à s'inscrire, c'est-à-dire à prendre rang immédiatement, tout en conservant la faculté d'accomplir plus tard cette formalité si les circonstances venaient à l'exiger (2).

Cela posé, il y a lieu de faire une distinction : à l'égard des comptables mentionnés dans l'article 7 de la loi de 1807, ainsi que des receveurs des communes et établissements de bienfaisance, la loi (3) ayant obligé certains agents à requérir

1. V. Pallain et Dumesnil, *Législation du Trésor public*, p. 289. V. aussi Persil, *Régime hypothécaire*, p. 298.

2. Toutefois le privilège devant, à peine de déchéance, être inscrit dans un délai déterminé, il en résulte qu'à son égard la renonciation à l'inscription équivaut à la renonciation au droit.

3. L. 5 septembre 1807, art. 7 ; arrêté du 19 vendémiaire an XII.

l'inscription sous leur propre responsabilité, il en résulte, comme nous l'avons vu, qu'elle doit être prise dans tous les cas sauf dispense expresse. Au contraire, sur les biens des autres comptables, l'inscription ne pouvant avoir lieu qu'en vertu d'une décision spéciale, l'inaction de l'administration équivaudra à une renonciation tacite.

Tout ce que nous venons de dire suppose que l'hypothèque ou le privilège n'ont pas encore été inscrits ; mais, une fois l'inscription prise, quelle est l'autorité compétente pour en autoriser la radiation ou la restriction? Certains auteurs ont pensé que ce droit appartenait, dans tous les cas, à l'administration supérieure qui pouvait, sous sa responsabilité, affranchir tout ou partie du patrimoine des comptables (1). Nous croyons toutefois qu'il y a lieu de faire une distinction. Pour tous les comptables autres que ceux désignés dans l'article 7 de la loi du 5 septembre 1807, l'autorité administrative étant libre de prendre ou de ne pas prendre l'inscription, pourra évidemment *a fortiori* autoriser la radiation, lorsque les circonstances lui paraîtront de nature à rendre possible cette mesure. Il n'en est pas de même pour les comptables prévus par l'article 7 de la loi précitée. A leur égard, la loi a considéré que l'inscription était impérieusement exigée par l'ordre public ; elle l'a rendue obligatoire, et elle a même pris le soin d'indiquer l'autorité qui pourrait accorder les dispenses. Tout, en cette matière, se trouve réglé par des textes auxquels on ne peut se soustraire par des raisonnements plus ou moins spécieux. « La Cour des comptes, dit la loi du 16 septembre 1807, prononce sur les demandes en radiation, réduction et translation d'hypothèques formées

1. *Sic* Grenier, *Traité des hypothèques*, t. I, n° 293 ; Troplong, t. III, n° 765. V. aussi Pallain et Dumesnil, *Législation du Trésor public*, p. 287, n° 263.

par les comptables en exercice. » C'est donc à elle seule qu'il appartient de statuer sur ces matières toutes les fois que le législateur a rendu l'inscription obligatoire, car, en agissant ainsi, il a précisément voulu soustraire cette question à l'arbitraire administratif.

Certains auteurs ont cependant proposé un système différent : L'administration, ont-ils dit, a le droit d'accorder à l'amiable la radiation ou la restriction de l'hypothèque. La compétence de la Cour des comptes, au contraire, n'existe qu'en cas de contestation, et le comptable ne peut s'adresser à elle, que lorsque sa demande a été repoussée par les agents administratifs (1).

Ce système est évidemment fondé à beaucoup de points de vue. Il est certain que tous les comptables peuvent se pourvoir devant l'autorité chargée de juger leurs comptes à l'effet de faire rayer une partie des inscriptions qui pèsent sur eux (2). Mais ce que nous contestons, c'est que les

1. *Sic* Dalloz, *Privilèges et Hypothèques*, p. 846, n° 2641.

2. Quelques auteurs toutefois ont contesté qu'on pût, même devant la Cour des comptes, intenter, en vertu de l'article 2161, une demande judiciaire à l'effet de faire réduire les privilèges et hypothèques de l'État, des communes, etc. Ils ont dit notamment que les créances à garantir étant de leur nature essentiellement indéterminées, les règles d'appréciation posées par l'article 2162 n'étaient pas applicables, que surtout la réduction ne saurait se concevoir à l'égard des biens grevés du privilège, car la loi les présumant acquis avec les deniers publics, nul ne pouvait les affranchir. — V. Persil, *Régime hypothécaire*, p. 361. Nous avons déjà maintes fois répondu au dernier argument. Pour réfuter les autres, il suffit d'observer que les hypothèques légales des femmes et des mineurs, bien qu'indéterminées, sont cependant susceptibles de réduction. D'ailleurs, les articles 2161 du Code civil et 15 de la loi du 16 septembre 1807 ne permettent pas le plus léger doute ; car le premier déclare l'action en réduction ouverte à tous les débiteurs dont les biens sont grevés d'une hypothèque portant à la fois sur les biens présents et sur les biens à venir ; et le second, attribuant à la Cour des comptes la compétence en cette matière, établit implicitement que la question peut se présenter.

comptables soumis à l'article 7 de la loi de 1807, puissent jamais former une demande devant une autre autorité. De deux choses l'une : ou l'article 7 a eu pour but d'imposer une règle à l'autorité administrative, et alors on ne peut reconnaître au ministre le droit d'accorder les dispenses, car ce serait aller directement contre le but de la loi ; ou bien l'article n'a pas eu pour objet de lier l'administration, et alors on conçoit peu son utilité.

Ajoutons que la loi elle-même a pris soin de prévenir toute équivoque. Elle a admis la compétence de l'administration dans un seul cas, celui où il s'agit d'une aliénation sur le point d'être effectuée, et, par cette mention spéciale, elle a marqué bien clairement que c'était là une dérogation à la règle générale suivant le vieil adage « *Qui dicit de uno negat de altero* ». La Cour des comptes sera donc seule compétente. D'ailleurs, les créances à garantir n'étant susceptibles d'aucune évaluation fixe, elle jouira pour sa décision d'une liberté absolue, et devra chercher à concilier, autant que faire se pourra, les droits possibles de l'État avec l'intérêt du comptable.

Des règles à peu près analogues sont applicables aux comptables justiciables des conseils de préfecture, car les inscriptions prises en faveur des communes et établissements publics ne pouvant êtres réduites ou rayées qu'avec l'autorisation de ces conseils, c'est eux qui dans tous les cas auront à prononcer (1).

Pour terminer cette question, nous ajouterons que les réductions peuvent être accordées de deux manières : ou bien on réduit l'hypothèque à certains biens déterminés, ou bien on en exempte certains fonds spécialement désignés.

---

1. Loi du 11 thermidor an XII. — V. Dalloz, *Hospices*, p. 67.

Cette distinction est importante au point de vue des acquisitions ultérieures du comptable ; car dans le premier cas, elles seront affranchies des droits du Trésor ou des communes, tandis que dans le second, elles s'en trouveront frappées, sauf décision contraire. Enfin, si les biens auxquels l'inscription a été restreinte devenaient, par suite de circonstances nouvelles, insuffisants pour garantir les créances de l'État ou des établissements publics, les agents administratifs devraient se pourvoir devant la Cour des comptes ou le conseil de préfecture pour obtenir des suppléments d'hypothèque.

§ III. — **De la Purge**. — Les privilèges de l'État, des communes et des établissements publics peuvent comme tous les droits de cette nature se trouver éteints par l'accomplissement des formalités de la purge. Les articles 9 de la loi du 5 septembre 1807 et 2183 du Code civil déterminent les conditions de cette purge à l'égard du Trésor.

L'acquéreur doit tout d'abord requérir la transcription de son contrat. Cela fait, il notifie au Trésor, conformément à l'article 2183 du Code civil :

1° Un extrait de l'acte d'acquisition énonçant la date et la qualité du titre, la désignation précise du cédant, l'indication exacte du domaine cédé, le prix et les charges portées au contrat ;

2° Un extrait de l'acte de transcription ;

3° Un tableau en trois colonnes faisant connaître la date des hypothèques inscrites sur l'immeuble, les noms des créanciers et le montant des créances garanties.

Ces notifications doivent être faites, dans les départements, aux préfets et sous-préfets, et à Paris à l'agent judiciaire du Trésor, au plus tard dans le délai d'un mois à partir de la

sommation de délaisser, régulièrement signifiée à l'acquéreur.

Cela posé, deux cas peuvent se présenter : ou bien le
comptable se trouve en débet, et alors l'article 8 de la loi
de 1807 oblige les agents du Trésor à poursuivre immédiatement le recouvrement des sommes dues (1) dans la forme
ordinaire (2) ; ou bien il ne se trouvera pas « *constitué redevable* », et alors dans un délai de trois mois à compter des
notifications indiquées ci-dessus, l'administration sera tenue
de déposer, au greffe du tribunal, de la situation des biens
un certificat constatant la situation du comptable. Pour
cela on procédera à l'arrêté de son compte, puis on men-
tionnera dans le certificat l'excédent de recette dont, au
moment de l'aliénation il se trouvait responsable envers le
Trésor (3), et cette déclaration aura pour effet de restreindre
à la somme indiquée les droits de l'État sur l'immeuble,
ainsi que cela avait déjà lieu dans notre ancien droit (4).

A défaut de cette déclaration dans les délais prescrits, la

1. Aux termes de la loi du 21 février 1827, le Trésor peut même
surenchérir sans donner caution. Toutefois, cette surenchère doit
être requise dans le délai de quarante jours à partir des notifications.
V. Pallain et Dumesnil, *Législation du Trésor public*, p. 37.

2. Aux termes de l'avis du Conseil d'État du 3 mai 1806, les biens
des comptables ne peuvent plus être vendus administrativement.

3. V. Instruction de l'enregistrement du 15 octobre 1807. — Pallain et Dumesnil, *Législation du Trésor public*, p. 286.

4. Déclaration du 18 mars 1788 (Denisart, I, p. 576) : « A l'avenir
tous ceux qui acquerront d'un comptable ayant le maniement de nos
deniers... seront tenus de signifier les contrats d'acquisition à nos
procureurs généraux en les chambres de comptes et cours des aides...
S'il n'y a aucun compte à rendre par le vendeur..., ni aucune condamnation au profit du Roi, les procureurs généraux doivent donner
leur consentement aux lettres de ratification, quand bien même les
comptes ne seraient pas encore corrigés. S'il y a des débets de
charge, les procureurs généraux devront former opposition, et les
offices ou rentes vendus ne pourront être tenus à *plus grandes charges
que celles mentionnées aux dites oppositions.* »

mainlevée de l'inscription a lieu de plein droit et il en est de même, lorsque le certificat constate que le comptable ne se trouve pas débiteur envers le Trésor public. Toutefois, on admet généralement que la radiation ne pourra être obtenue qu'en produisant au conservateur l'original des notifications indiquées ci-dessus, et un certificat du greffier constatant que le Trésor n'a déposé aucune pièce établissant la situation du comptable ou que la déclaration administrative établit qu'il n'est rien dû par lui (1).

Des règles analogues sont applicables aux communes et aux établissements publics, sauf deux modifications : d'abord les significations doivent être faites aux maires ou aux administrateurs des établissements. En second lieu, ces êtres moraux ne jouissant pas des avantages accordés au Trésor par la loi de 1807, n'auront pas pour agir un délai de trois mois. Ils devront donc, par conséquent, produire à l'ordre dans les mêmes conditions que les particuliers.

§ IV. — **Prescription.** — Depuis le Code civil, la prescription court contre le Trésor, les communes ou les établissements publics au même titre que contre les simples particuliers. Les privilèges et hypothèques qui nous occupent pourront donc s'éteindre par prescription et à ce point de vue deux cas sont à distinguer :

1°. Si l'immeuble reste entre les mains du comptable, l'hypothèque ne pourra se trouver prescrite qu'avec la dette qu'elle garantit. Or, comme l'obligation garantie est d'une manière générale, l'obligation contractée par le comptable d'apurer sa gestion, il en résulte que la prescription ne commencera à courir que du jour où la gestion aura cessé. Les immeubles ne pourront donc se trouver affranchis par

1. Pallain et Dumesnil, *Législation du Trésor public*, p. 287, n° 266.

prescription que trente ans après la fin de la gestion.

2° Au contraire, lorsque l'immeuble vient à être aliéné par le comptable, la prescription commence à courir du jour où l'acquéreur a transcrit. Elle s'effectue alors par dix ou vingt ans, lorsque l'acquéreur est de bonne foi, par trente ans dans le cas contraire, et ne peut être interrompue que par une sommation de délaisser.

§ V. — Enfin, ajoutons que le privilège et l'hypothèque s'éteignant par la perte de la chose ou la résolution du droit du constituant, le Trésor ou les communes n'auraient aucun droit sur le fonds qui serait sorti du patrimoine du comptable par l'exercice d'un réméré, de même que les communes ou les établissements publics n'auraient aucun privilège sur l'indemnité payée par une compagnie d'assurances, à la suite de l'incendie d'un immeuble de leur receveur.

CONCLUSION

En terminant cette étude, il nous reste à ajouter une réflexion. La législation que nous venons d'exposer est très rarement appliquée. Sauf en ce qui concerne les receveurs généraux et les receveurs particuliers, l'administration, en pratique, ne prend inscription sur les biens d'aucun comptable, et, lorsque quelque déficit grave survient, des faits récents prouvent qu'elle préfère recourir à des moyens dont l'équité et la légalité sont parfois discutables, plutôt que d'appliquer la loi.

Cette situation est fâcheuse. Si la loi de 1807 est utile, il faut l'appliquer ; si elle est devenue trop rigoureuse, il faut en demander aux Chambres l'abrogation ou la modification ; mais, comme nous l'avons dit maintes fois, un intérêt public évident peut seul justifier les dispositions exceptionnelles qu'elle contient, et si cet intérêt n'existe plus, on ne saurait conserver dans nos Codes des règles surannées qui nuisent au crédit d'un grand nombre de citoyens.

EXTRAITS

DES

TABLES DE SALPENSA ET MALACA

D'APRÈS LA RESTITUTION DE MOMSEN

V. Ch. Giraud, *Lettres sur les Tables de Salpensa et Malaca*, p. 179 et suiv.

§ 60. — Ut de pecunia communi municipum caveatur ab is qui IIviratum quæsturamve petet.

Qui in eo municipio IIviratum quæsturamve petent, quod pauciorum nomine quam oportet professio facta esset, nominatim in eam conditionem rediguntur, ut de his quoque suffragium ex hac lege fieri oporteat, quisque eorum, quo die comitia habebuntur, ante quam suffragium feratur, arbitratu ejus qui ea comitia habebit, prædes in commune municipum dato pecuniam communem eorum, quam in honore suo tractaverit, salvam is fore. Si de eâ re is prædibus minus cautum esse videbitur, prædia subsignato arbitratu eïusdem. Isque ab iis prædes prædiaque sine dolo malo accipito quod recte cautum sit, uti quod recte factum esse volet. Per quem eorum, de quibus IIvirorum quæstorumve comitiis suffragium ferri oportebit, steterit, quominus recte caveatur, ejus qui comitia habebit rationem ne habeto.

§ 63. — De locationibus legibusque locationum proponendis et in tabulas municipi referendis.

Qui II jure dicundo præerit, vectigalia ultroque tributa,

sive quid aliud communi nomine municipum eïus municipi locari oportebit, locato. Quasque locationes fecerit, quasque leges dixerit, quanti quid locatum sit et qui prædes accepti sint, quæque prædia subdita subsignata obligatave sint quique prædiorum cognitores accepti sint, in tabulas communes municipum ejus municipi referantur facito et proposita habeto per omne reliquom tempus honoris sui, ita ut de plano recte legi possint, quo loco decuriones conscriptive proponenda esse censuerint.

§ 64. — De obligatione prædum, prædiorum cognitorumque.

Quicumque in municipio Flavio Malcitano in commune municipum ejus municipi prædes facti sunt erunt, quæque prædia accepta sunt erunt, quique eorum prædiorum cognitores facti sunt erunt : ii omnes et quæ cuiiusque eorum tum fuerunt erunt, cum præs cognitorve factus est erit, quæque postea esse, cum ii obligati esse cœperunt, cœperint, qui eorum soluti liberatique non sunt non erunt aut non sine dolo malo sunt erunt, eaque omnia, quæ eorum soluta liberataque non sunt non erunt aut non sine dolo malo sunt erunt, in commune municipum eiius municipii item obligati obligataque sunto, uti ii eave populo Romano obligati obligatave essent, si apud eos, qui Romæ ærario præessent ii prædes iique cognitores facti eaque prædia subdita subsignata obligatave essent. Eosque prædes eaque prædia eosque cognitores, si quit eorum, in quæ cognitores facti erunt, ita non erit, qui quæve soluti liberati saluta liberataque non sunt non erunt aut non sine dolo malo sunt erunt, IIviris, qui ibi jure dicundo præerunt, ambobus alterive eorum ex decurionum conscriptorumque decreto, quod decretum cum eorum partes tertiæ non minus quam duæ adessent factum erit, vendere legemque his vendundis dicere jus potestasque adesto; dum eam legem his rebus vendundis dicant, quam legem eos, qui Romæ ærario præerunt, e lege prædiatoria prædibus prædiisque vendundis dicere oporteret, aut, si lege prædiatoria, emptorem non inveniet, quam legem in vacuom vendundis dicere oporteret; et dum ita legem dicant, uti pecunia in foro municipi Flavi Malcitani referatur luatur solvatur. Quæque lex ita dicta erit, justa rataque esto.

§ 65. — Ut jus dicatur e lege dicta prædibus et prædis vendundis.

Quos prædes quæque prædia quosque cognitores Ilviri municipii Flavi Malcitani hac lege vendiderint, de iis quicumque jure dicundo præerit, ad quem de ea re jus aditum erit, ita jus dicito judiciaque dato, ut ei, qui eos prædes cognitoresque ea prædia mercati erunt, prædes socii heredesque eorum iisque, ad quos ea res pertinebit de is rebus agere easque res petere persequi recte possit.

*Loi du 5 septembre 1807, relative aux droits
du Trésor public sur les biens des comptables.*

Article premier. — Le privilège et l'hypothéque mainte-
nus par les articles 2098 et 2121 du Code civil, au profit du
Trésor public, sur les biens meubles et immeubles de tous
les comptables chargés de la recette ou du payement de ses
deniers, sont réglés ainsi qu'il suit :

Art. 2. — Le privilège du Trésor public a lieu sur tous les
biens meubles des comptables, même à l'égard des femmes
séparées de biens, pour les meubles trouvés dans les maisons
d'habitation du mari, à moins qu'elles ne justifient légalement que lesdits meubles leur sont échus de leur chef, ou
que les deniers employés à l'acquisition leur appartenaient.
Ce privilège ne s'exerce néanmoins qu'après les privilèges
généraux et particuliers énoncés aux articles 2101 et 2102
du Code civil.

Art. 3. — Le privilège du Trésor public sur les fonds de
cautionnement des comptables continuera d'être régi par les
lois existantes.

Art. 4. — Le privilége du Trésor public a lieu ; 1° sur les
immeubles acquis à titre onéreux pas les comptables, postérieurement à leur nomination ; 2° sur ceux acquis au même
titre, et depuis cette nomination, par leurs femmes, même
séparées de biens. Sont exceptées néanmoins les acquisitions à titre onéreux faites par les femmes lorsqu'il sera légalement justifié que les deniers employés à l'acquisition
leur appartenaient.

Art. 5. — Le privilège du Trésor public mentionné en
l'article 4 ci-dessus a lieu conformément aux articles 2106

BIBLIOGRAPHIE

INTRODUCTION

Humbert. — Origines de la Comptabilité sous la République romaine.
    — Les Douanes et les Octrois chez les Romains. (Mémoire présenté à l'Académie de législation.)
Dupont. — Les Magistratures sous la République romaine.
Laboulaye. — Essai sur la responsabilité des magistrats pendant la République romaine.
Willems. — Droit public romain.
Desobry. — Rome au siècle d'Auguste.
Gothefroy. — Code Théodosien.
Naudet. — Changements introduits dans l'administration romaine sous le règne de Dioclétien.
Bouchard. — Etude sur l'administration des finances pendant les derniers siècles de l'Empire romain.
Béchard. — Droit municipal dans l'antiquité.
Maynz. — Cours de droit romain. Introduction. — Etc.

DROIT ROMAIN

Cujas. — Passim.
Donnellus. — De pignoribus et hypothecis.
Voet. — Commentarius ad Pandectas. Passim.
Faber. — Rationalia. Idem.
Negusantius. — De Hypotheca.
Glück. — Erlæuterung der Pandekten. Tome XIX.
Vangerov. — Lehrbuch der Pandekten. Tome I.
Dernburg. — Ræmisches Pfandrecht.
Bachofen. — Pfandrecht.
Sintenis. — Idem.

Leyser. — Meditationes ad Pandectas.

Walter. — Geschichte des rœmischen Rechts.

Jourdan. — Hypothèque romaine.

Rivière. — Untersuchungen über die Cautio prædibus prædiisque.

Giraud. — Lettres sur les tables de Salpensa.

Laboulaye. — Idem.

Momsen. — Staatsrecht von Salpensa.

Hellfeld. — Dissertatio de tacita hypotheca fisci præsertim in bonis post contractum quæsitis.

Eberhard. — Dissertatio de jure fisci et de tacita hypotheca fisci in bonis administratorum suorum. (Un exemplaire de cet opuscule très rare se trouve à la bibliothèque de la Faculté de Droit de Paris.)

Villemain. — Du concours entre créanciers gagistes. (Thèse pour le Doctorat.)

Zimmern. — Abhandlungen.

Zimmern et Neustetel. — Rœmischrechtliche Untersuchungen.

Demangeat. — De fundo dotali.

Müllenbruch. — Cession des Forderungs rechts.

Journal des Savants. — Edit du Préfet d'Egypte Tiberius Julius Alexander. (Année 1821.)

Rudorf. — Das Edict des Tiberius Julius. (Rheinisches Museum. 2e Année.)

Klenze. — Ueber die gesetzliche Vorzüge fiskalischer Forderungen. (Zeitschrift für geschichtliche Rechtswissenschaften. Tome VIII.)

Savigny. — Heidelberger Jahrbuch 1809, etc.

ANCIEN DROIT

Boutaric. — La France sous Philippe le Bel.

Recueils d'Ordonnances de : Laurière, Isambert, Fontanon, Guénois, Néron, etc.

Charondas. — Code de Henri III.

Répertoires de : Denisart, Guyot, Ferrières, etc., aux mots : Comptables, Fermiers, etc.

Chopin. — Traité du Domaine.

Lebret. — Traité de la Souveraineté.

Pothier. — Traité des Hypothèques.

DROIT INTERMÉDIAIRE

Fénet. — Travaux préparatoires du Code civil.

DROIT MODERNE

Duranton. — Cours de Droit civil. Tome XIX.

Aubry et Rau. — Droit civil.

Persil. — Régime hypothécaire.

Grenier. — Traité des Hypothèques.

Merlin. — Répertoire, au mot: Comptable.

Dalloz. — Répertoire, aux mots : Privilèges, Hypothèques et Trésor public.

Troplong. — Privilèges et Hypothèques.

Pont. — Idem.

Thézard. — Idem.

Mourlon. — Examen critique du Traité des Privilèges et Hypothèques de Troplong.

Pallain et Dumesnil. — Traité de la législation spéciale du Trésor public.

Lamache. — Revue critique 1851. (Article sur les Caisses d'épargne.)

Batbie. — Droit administratif.

Ducrocq. — Idem.

Dufour. — Idem.

Durrieu et Roche. — Répertoire de l'administration des Etablissements de bienfaisance.

Lanjalley. — Recueil des modifications au décret du 31 mai, 1862.

Pétetin. — Extraits annotés de l'Instruction du 20 juin 1859 sur la comptabilité publique.

Mgr Affre. — Traité de l'administration temporelle des paroisses.

Carré. — Du gouvernement des paroisses.

De Champeaux. — Droit ecclésiastique.

Gaudry. — Législation des Cultes.

Notes de la première présidence de la Cour des comptes, sur les Comptables occultes.

Bluntschli. — Théorie générale de l'Etat, etc.

TABLE DES MATIÈRES

DROIT ROMAIN

INTRODUCTION.   1

CHAPITRE PRÉLIMINAIRE

APERÇU HISTORIQUE SUR L'ADMINISTRATION DES FINANCES ROMAINES.

§ I. — Période royale et républicaine   5
§ II. — D'Auguste à Constantin. 15
§ III. — Bas-Empire. 22
§ IV.— De l'administration des finances dans les cités. 23

CHAPITRE I

JUS PRÆDIATORUM.

§ I.— Généralités.— Formes du contrat.— Acceptation des *prædes* et des *prædia*.— *Cognitores* . . . 34
§ II. — *Prædes*. — Condition des *Prædes*. — Formes
de la vente. — Système de Momsen.— Théorie
de l'*usureceptio* 36
§ III. — Des *prædia*.—Systèmes divers sur les effets
de la *subsignatio*. —Théorie du gage prædiatorial. 49
§ IV.— Moyens répressifs employés contre les comptables de l'ærarium sous la République 53

CHAPITRE II

Établissement de l'hypothèque légale du fisc sous l'empire.

Système de Bœcking.—Édit du préfet d'Égypte.—Rescrits d'Antonin Caracalla. — Développements successifs de l'hypothèque du fisc. — Texte d'Hermogénien . . . 56

CHAPITRE III

Explication des lois 21, D., Qui potior in pignore et 28, D. de jure fisci. 68

§ I. — Systèmes qui tendent à expliquer par des circonstances de fait la préférence accordée au fisc par la loi 28. 71

§ II. — Systèmes qui l'expliquent par une prétendue différence entre l'hypothèque légale et l'hypothèque conventionnelle.. 79

§ III.— Systèmes des auteurs qui voient dans la loi 28 la preuve d'un avantage spécial accordé au fisc . . 85

CHAPITRE IV

Explication de la règle : fiscus habet semper jus pignoris.

Fonctionnaires. — Primipiles. — Amendes. — Cas où le fisc succède à un créancier chirographaire. — Sens de la loi 46, § 3, D., *de jure fisci.* — Sur quels biens portent le privilège et l'hypothèque du fisc 94

CHAPITRE V

Droits des cités 112

ANCIEN DROIT

Ordonnance du 13 août 1669. — Création des cautionnements en numéraire. — Hypothèque des villes et établissements charitables. — État de la législation en 1789. 119

DROIT INTERMÉDIAIRE

Assemblée constuitante. — Période conventionnelle. — Consulat.— Loi du 11 brumaire an VII.— Discussion et rédaction du Code civil. — Article 2098 du Code civil.— Loi du 5 septembre 1807. — Résumé. 141

DROIT MODERNE

CHAPITRE I

QUELS SONT LES FONCTIONNAIRES DONT LES BIENS SONT SOUMIS AU PRIVILÉGE ET A L'HYPOTHÈQUE. 163

SECTION I. — *Comptables soumis à la loi du 5 septembre 1807.*

Controverses. — Recherche des caractéres auxquels on peut reconnaître les comptables. — Systèmes divers. — C'est dans les lois en vigueur, vers l'époque de la rédaction du Code civil, qu'il faut chercher ces caractéres.—Applications, ordonnateurs.—Débiteurs de l'État.— Comptables des Régies Financières. —. Percepteurs. — Intérimaires. — Agents qui reçoivent des avances. — Comptables d'ordre, etc. 164

SECTION II. — *Comptables soumis exclusivement à l'article 2121 du Code civil.*

§ I. — Receveurs de communes. — Préposés des octrois.

§ II. — Distinction entre les établissements publics et les établissements d'utilité publique. -- Controverses. — Applications diverses. — Hospices et établissements de bienfaisance. — Monts-de-piété. — Fabriques. — Caisses d'épargne. — Caisse des dépôts et consignations. — Légion d'honneur. — Caisse des invalides de la marine. — École centrale des arts et manufactures. — Lycées. — Départements et colonies. 180

SECTION III.— *Comptables occultes.* 213

CHAPITRE II

Quels sont les biens grevés du privilége et de l'hypothèque du Trésor.

§ 1. — *Comptables du Trésor chargés d'une gestion
de deniers*
Meubles. — Immeubles. — Responsabilité des comptables, des receveurs de l'enregistrement et des
conservateurs des hypothèques.— Certificats de dispense d'inscription. — Formalités des inscriptions.
— Renouvellement des inscriptions. — Délais accordés au Trésor pour prendre inscription. — Immeubles sur lesquels porte le privilège ou l'hypothèque. — Fondement du privilége. — Immeubles
acquis et payés depuis la nomination du comptable,
mais avant son entrée en fonctions. — Immeubles
acquis avant la nomination, mais payés depuis l'entrée en fonctions. — Immeubles aliénés par le comptable avant sa nomination et recouvrés après l'entrée en fonctions par l'exercice d'une clause de réméré. — Immeubles acquis par le comptable depuis
sa nomination, bien qu'ils aient été payés avant.—
Immeubles acquis depuis la nomination du comptable
par suite d'un échange. — Immeubles acquis depuis
la nomination du comptable, mais dont le prix est
encore dû. — Personnes interposées. — Règles
diverses   217
§ II. — *Comptables soumis exclusivement à l'article
2121 du Code civil.* . . . . . _   257
§ III. — *Comptables occultes.*   258

CHAPITRE III

Dettes garanties par le privilége et l'hypothèque. —
Amendes prononcées par la Cour des comptes ou le
Conseil de préfecture. — L'hypothèque n'existe qu'en
faveur de l'État, des communes ou des établissements
publics.   260

CHAPITRE IV

Rang des privilèges et hypothèques du Trésor sur les biens de ses comptables

Règles générales.— Le privilège immobilier n'existe qu'à défaut de biens mobiliers seulement.— Rang du privilège des comptables. — Hypothèque 266

CHAPITRE V

Extinction des privilèges et hypothèques du Trésor . Extinction de l'obligation. — Renonciation. — Réduction. — Purge. — Prescription 274

Extraits des tables de Salpensa et Malaca, d'après la restitution de Momsen 285

Loi du 5 septembre 1807 289

Bibliographie 293

Imp. de la Soc. de Typ.-Noisette, 8, r. Campagne-Première. Paris.